Peter Rinza / Heiner Schmitz · Nutzwert-Kosten-Analyse

Reihe: Betriebswirtschaft und Betriebspraxis

Nutzwert-Kosten-Analyse

Eine Entscheidungshilfe

Peter Rinza
Heiner Schmitz

Die Deutsche Bibliothek - CIP-Einheitsaufnahme
Rinza, Peter:
Nutzwert-Kosten-Analyse : eine Entscheidungshilfe /
Peter Rinza ; Heiner Schmitz. - 2. Aufl. -
Düsseldorf : VDI-Verl., 1992
ISBN 978-3-540-62129-4   ISBN 978-3-642-51504-0 (eBook)
DOI 10.1007/978-3-642-51504-0
NE: Schmitz, Heiner:

© VDI Verlag GmbH, Düsseldorf 1992

Alle Rechte, auch das des auszugsweisen Nachdruckes, der auszugsweisen oder vollständigen photomechanischen Wiedergabe (Photokopie, Mikrokopie) und das der Übersetzung, vorbehalten.

Herstellung: pro serv, Berlin

ISBN 978-3-540-62129-4

Vorwort zur 1. Auflage

Jeder ist heute sowohl beruflich wie auch privat häufig vor die Aufgabe gestellt, Auswahlentscheidungen zu treffen. Daraus folgt ein Bedarf an geeigneten Verfahren, mit denen die beste Auswahl getroffen werden kann. Solche Verfahren müssen anpassungsfähig und praktikabel sein, um eine breite Anwendung zu finden.

Diese Forderungen werden von der Nutzwert-Kosten-Analyse, die zur vergleichenden Bewertung verschiedener Alternativen geeignet ist, in hohem Maße erfüllt. Dabei ist die Nutzwert-Kosten-Analyse wie viele andere Managementverfahren auch prinzipiell ohne jegliche Hilfsmittel anwendbar.

Dieses Buch entstand mit dem Ziel, einen möglichst breiten Anwenderkreis mit dem Verfahren der Nutzwert-Kosten-Analyse vertraut zu machen und gleichzeitig ein Nachschlagewerk zu schaffen, mit dem alle bei ihrer Anwendung auftretenden Fragen geklärt werden können.

Wir sind dabei auch von der Überlegung ausgegangen, daß Managementverfahren, wie die Nutzwert-Kosten-Analyse, um so mehr benutzt werden, je besser ihre Transformation von wissenschaftlichen Grundüberlegungen in praktische Anwendungsrichtlinien gelingt. Eine breite Anwendung dieses Verfahrens könnte mit einem hohen betriebs- und volkswirtschaftlichen Nutzen verbunden sein.

In diesem Buch wird bewußt nicht auf wissenschaftliche Ableitungen mit mathematischer Beweiskraft eingegangen, um einen möglichst großen Personenkreis praxisnah anzusprechen. Es geht vor allem darum, diejenigen, die die Nutzwert-Kosten-Analyse noch nicht kennen, schnell in das Verfahren einzuführen und für den Erfahrenen ein einfach handhabbares Nachschlagewerk zu schaffen.

Für die Mitteilung von offen gebliebenen Fragen oder Schwierigkeiten bei der Bearbeitung von Nutzwert-Kosten-Analysen sowie kritischen Anmerkungen zu diesem Buch sind wir dankbar.

Essen, September 1977   *Peter Rinza*
                                            Heiner Schmitz

Vorwort zur 2. Auflage

Einen relativ großen Teil ihrer täglichen Arbeitszeit müssen Führungskräfte für Entscheidungsfindungen aufwenden. Am Ergebnis dieser Entscheidung wird letztlich ihre Qualifikation einer gemessen. Die in diesem Buch beschriebene Nutzwert-Kosten-Analyse vermag bei konsequenter Anwendung diese Arbeit zu unterstützen und zu erleichtern sowie die Effektivität des Entscheidungsprozesses wesentlich zu verbessern. Die Nutzwert-Kosten-Analyse ist ein Verfahren für all jene Fälle, in denen von mehreren Alternativen die günstigste herausgefunden werden muß; sie hat den besonderen Vorteil, daß neben den objektiv meßbaren Werten zur Auswahl stehenden Möglichkeiten auch das subjektive Wertsystem des Entscheidungsträgers berücksichtigt werden kann.

In der neuen Auflage dieses Buches haben wir unsere in der Zwischenzeit zusätzlich gesammelten Erfahrungen einfließen lassen und versucht, insbesondere den zusammenfassenden Leitfaden, Kapitel 7, praxisnah zu überarbeiten; dort wurde der Ablauf der gesamten Nutzwert-Kosten-Analyse in Vorgehensschritte gegliedert, jeder Schritt übersichtlich in Teilschritte zerlegt, sowie mit allen zu beachtenden Regeln noch einmal dargestellt. Weiterhin wurde das durchgängig angeführte und jeden Schritt erläuternde Beispiel für eine Nutzwert-Kosten-Analyse neugefaßt und um zwei weitere in sich abgeschlossene Anwendungsbeispiele in Kapitel 6 ergänzt.

Wir hoffen, daß auch diese überarbeitete Neuauflage all denjenigen hilft, die die Qualität des Entscheidungsprozesses zu erhöhen versuchen, die die Entscheidungsfindung effektiver zu machen gedenken und das Ergebnis der Auswahlentscheidung künftig besser verständlich darstellen wollen, um damit Entscheidungen auch leichter durchsetzen zu können.

In diesem Buch wird bewußt auf wissenschaftliche Ableitungen mit mathematischer Beweiskraft verzichtet, um einen möglichst großen Personenkreis praxisnah anzusprechen. Es geht vielmehr darum, diejenigen, die die Nutzwert-Kosten-Analyse noch nicht kennen, schnell in das Verfahren einzuführen und für die Erfahrenen ein Nachschlagewerk zu schaffen.

Für die Mitteilung von offen gebliebenen Fragen oder Schwierigkeiten bei der Bearbeitung von Nutzwert-Kosten-Analysen sowie kritischen Anmerkungen zu diesem Buch sind wir dankbar.

Essen, März 1992 *Peter Rinza*
Heiner Schmitz

Inhalt

1	**Einleitung**	**1**
2	**Abgrenzung und Einsatz der Nutzwert-Kosten-Analyse**	**6**
2.1	Kurzbeschreibung der Verfahren	9
2.2	Spezielle Abgrenzungen	12
2.3	Einsatzmöglichkeiten der Nutzwert-Kosten-Analyse	17
3	**Ablauf der Nutzwert-Kosten-Analyse**	**24**
3.1	Definition und Abgrenzung der Aufgabenstellung	27
3.1.1	Definition der Aufgabenstellung	29
3.1.2	Festlegung der „Unabdingbaren Forderungen"	33
3.2	Nutzwert-Analyse	36
3.2.1	Grundlagen	36
3.2.2	Ablauf der Nutzwert-Analyse	38
3.2.3	Aufstellen des Zielsystems (1. Schritt)	40
3.2.4	Gewichtung (2. Schritt)	49
3.2.5	Aufstellen der Wertetabellen und Wertefunktionen (3. Schritt)	65
3.2.6	Bestimmung und Bewertung der Alternativen (4. Schritt)	84
3.2.7	Berechnung der Nutzwerte und Ermittlung der Rangfolge (5. Schritt)	94
3.2.8	Empfindlichkeitsanalyse (6. Schritt)	102
3.2.9	Beurteilung und Darstellung der Nutzwert-Analyse-Ergebnisse (7. Schritt)	115
3.3	Aufwands-Analyse	124
3.3.1	Kosten-Analyse	126
3.3.2	Aufwandswert-Analyse	142
3.4	Nutzwert-Kosten-Gegenüberstellung und Auswahl der Alternative	145
3.4.1	Bestimmung der Nutzwert-Kosten-Quotienten	147
3.4.2	Graphische Darstellung im Nutzwert-Kosten-Diagramm	148
3.4.3	Bestimmung des kostenmäßigen Vorteils auf dem Markt	153
3.4.4	Transformation der Kosten in einen Nutzwert	155
3.4.5	Vergleichende Beurteilung der Verfahren zur Gegenüberstellung von Nutzwert und Kosten	158

3.4.6 Nutzen-Kosten-Gegenüberstellung 163
3.5 Dokumentation und Präsentation der Auswahlempfehlung 164

4 Wirtschaftlicher Einsatz der Nutzwert-Kosten-Analyse 170

4.1 Aufwand 170
4.2 Nutzen 174
4.3 Wirtschaftlichkeit 175

5 Begleitende Verfahren zur Nutzwert-Kosten-Analyse 178

5.1 Gewichtungsverfahren 178
5.1.1 Methode der direkten Gewichtung 178
5.1.2 Methode der absoluten Gewichtung 178
5.1.3 Methode der singulären Vergleiche 182
5.1.4 Methode der sukzessiven Vergleiche 183
5.1.5 Matrixverfahren 186
5.1.6 Vergleich der Gewichtungsverfahren 191
5.2 Skalierungsverfahren 193
5.2.1 Nominalskale 193
5.2.2 Ordinalskale 193
5.2.3 Kardinalskale 195
5.2.4 Verhältnisskale 196
5.2.5 Eignung der Methoden für die Nutzwert-Kosten-Analyse 196
5.3 Verfahren zur Mittelwertbildung 199
5.3.1 Arithmetisches Mittel 199
5.3.2 Geometrisches Mittel 200
5.3.3 Quadratisches Mittel 201
5.3.4 Medianwert 201
5.3.5 Mittelwert nach dem Differenzverfahren 202
5.3.6 Eignung der Verfahren für die Nutzwert-Kosten-Analyse 203

6 Darstellung des Verfahrens an einem Beispiel 205

6.1 Auswahl eines Kopierautomaten 205
6.1.1 Aufgabenstellung 205
6.1.2 Nutzwert-Analyse 207
6.1.3 Kostenanalyse 222
6.1.4 Nutzwert-Kosten-Vergleich 223

7	**Rahmenschema für die Nutzwert-Kosten-Analyse** **226**
8	**Begriffserklärungen** **239**
9	**Schrifttum** **242**
9.1	Schrifttum zur Nutzwert-Analyse 242
9.2	Schrifttum zur Nutzwert-Kosten-Analyse 249
9.3	Schrifttum zur Nutzen-Kosten- bzw. Nutzwert-Kosten-Analyse . . 250

1 Einleitung

Entscheidungen zu treffen wird immer schwieriger und komplexer; die Anzahl in Betracht kommender Möglichkeiten, Produkte, Verfahren usw. wird ständig vielfältiger; Beurteilungen sind von größter Bedeutung und Tragweite und müssen in immer kürzeren Abständen gefällt werden, wobei folgende Einflüsse in Technik, Wissenschaft und Wirtschaft zu beobachten sind:

- Die Geschwindigkeit von Veränderungen und Entwicklungen nimmt beständig zu, was sich z. B. in der je Zeiteinheit veröffentlichten Anzahl von Fachartikeln oder Patenten, in der immer kürzer werdenden Produktlebensdauer sowie in sinkenden Innovationszeiten zeigt, wodurch die Laufzeit kürzer und die Kapitalintensität von Projekten immer größer wird.

- In zunehmendem Maße müssen außer den rein technischen oder betriebswirtschaftlichen Gesichtspunkten einer Entscheidung auch soziologische und oft auch psychologische Bereiche berücksichtigt werden.

- Durch das Zusammenwachsen der Märkte und den raschen Fortschritt auf allen Wissenschaftsgebieten stehen für eine Entscheidung Lösungsmöglichkeiten in stetig wachsender Anzahl zur Verfügung.

Auf Grund dieser Trends nimmt der Schwierigkeitsgrad von Entscheidungsprozessen stetig zu. Wie die Praxis zeigt, sind es meist mehrere Kriterien, oft ein ganzes Bündel teilweise sehr heterogener Fakten, wie z. B. Wirtschaftlichkeit, Entwicklungsdauer, Entwicklungskosten, Qualität, Zuverlässigkeit, technische Realisierbarkeit usw., die beachtet, analysiert und beurteilt werden müssen, um die Auswahl einer der Alternativen zu ermöglichen.

Häufig werden Wirtschaftlichkeitsrechnungen oder Nutzen-Kosten-Analysen zur Entscheidungsfindung benutzt, bei denen nur monetär erfaßbare Kriterien Berücksichtigung finden können. Andererseits werden anstehende Entscheidungen oft einfach intuitiv trotz der erkennbaren Nachteile getroffen. Die Negativwirkungen einer derartigen Entscheidungsfindung können jedoch mit Hilfe von formalisierten Verfahren weitgehend abgebaut werden.

Derartig formalisierte Verfahren müssen, wenn sie erfolgreich angewendet werden sollen, bestimmte Forderungen erfüllen:

- Der Bewertungsvorgang muß transparent sein, d. h. alle Stationen der Bewertung bis hin zur Entscheidung müssen einfach nachvollziehbar sein.
- Der Aufwand für die Entscheidungsfindung muß der Wichtigkeit der Entscheidung leicht angepaßt werden können.
- Das Verfahren muß leicht verständlich und einfach handhabbar sein.
- Die erforderlichen Daten müssen in zweckorientierter Genauigkeit beschaffbar sein.
- Es müssen alle wesentlichen Zielkomponenten berücksichtigt werden können und nicht etwa nur die, die man ohne Schwierigkeiten in Geldeinheiten erfassen kann.

Diese Forderungen werden in besonderem Maße von der Nutzwert-Analyse und der Nutzwert-Kosten-Analyse erfüllt.

Ein einfaches Beispiel für eine Nutzwert-Analyse ist in Bild 1 dargestellt. Hierin ist das Gesamtziel, Kauf eines Personenkraftwagens, in fünf Teilziele zerlegt, die die Wünsche und Forderungen des Käufers möglichst vollständig beschreiben:

- gute Karosserieeigenschaften,
- gute Antriebseigenschaften,
- gute Fahreigenschaften, verbunden mit einem hohen Maß an Sicherheit,
- eine komfortable Ausstattung und
- ein geringer Wartungs- und Reparaturaufwand.

Diese Teilziele sind in Bild 1 in den Zeilen angegeben.

Das Gewicht G in der dritten Spalte in Bild 1 drückt die Bedeutung des Teilziels am Gesamtziel für den Käufer aus. Jeder der in Betracht kommenden Personenkraftwagen (Alt. 1, 2, 3, 4 oder 5) erfüllt die jeweiligen Teilziele mehr oder weniger. Je nachdem wie gut oder schlecht das Teilziel von den Alternativen erfüllt wird, um so höher oder niedriger fällt der Erfüllungsgrad aus. Das Produkt aus Gewicht und Erfüllungsgrad ergibt den Nutzwertanteil N dieses Teilziels (im folgenden "Alternativen" genannt) am Gesamtnutzwert.

Den so ermittelten Nutzwerten werden zweckmäßigerweise die Kosten der einzelnen Alternativen gegenübergestellt, denn Kosten und Nutzen

Nr.	Zielkriterium	Gew.	Alternat. 1		Alternat. 2		Alternat. 3		Alternat. 4		Alternat. 5	
			E	N	E	N	E	N	E	N	E	N
1	Karosserieeigenschaften	20%	4,23	0,85	4,26	0,85	4,64	0,93	3,81	0,76	4,68	0,94
2	Antriebseigenschaften	20%	4,51	0,90	4,21	0,84	4,78	0,96	3,80	0,76	4,49	0,90
3	Fahreigenschaften	25%	4,85	1,21	4,59	1,15	4,06	1,01	3,92	0,98	4,30	1,07
4	Komfort	25%	4,65	1,16	3,98	1,00	4,64	1,16	3,44	0,86	4,01	1,00
5	Wartung	10%	4,90	0,49	4,94	0,49	4,80	0,48	5,04	0,50	3,76	0,38
	NUTZWERT	100%		4,61		4,33		4,54		3,87		4,29
	RANGFOLGE			1		3		2		5		4

Bild 1. Bewertungstabelle für den Kauf eines Personenkraftwagens.

korrelieren miteinander. Je höher die Kosten sind, die für ein Vorhaben oder eine Investition aufgewendet werden müssen, um so größer wird der zu erwartende Nutzen sein. Daher ist zu empfehlen, daß solche Nutzwert-Analysen durch entsprechende Kosten-Analysen ergänzt werden, die ihrerseits eine Aussage über den Kostenaufwand machen, mit dem der zuvor ermittelte Nutzen erzielt wird. Wichtig ist eine Erfassung der Gesamtkosten der Alternativen, also aller festen (Abschreibungen, kalkulatorische Zinsen, etc.) und variablen (Energiekosten, Instandhaltung, etc.) Betriebskosten, entsprechend Bild 2.

Da zur Auswahl stehende Alternativen in der Regel unterschiedliche quantitative Zusammenhänge zwischen Nutzen und Kosten aufweisen, ist es sinnvoll, im Anschluß an die Nutzwert-Analyse und die Kosten-Analyse einen Nutzwert-Kosten-Vergleich durchzuführen und die erzielten Ergebnisse zu interpretieren. Erst dann kann eine fundierte und begründete Auswahl getroffen werden.

In Bild 3 wird dies wiederum am Beispiel des Personenkraftwagens verdeutlicht. Hier sind die Nutzwerte und die Kosten der verschiedenen Personenkraftwagentypen in Diagrammform dargestellt. In Abschnitt 3 ist ausführlich erläutert, zu welcher Entscheidung dieses Ergebnis der Nutzwert-Kosten-Analyse führt.

Kosten in Pfg/km	Alternativen				
	1	2	3	4	5
Abschreibung	32,4	28,5	27,9	27,4	26,7
Feste Betriebskosten	16,6	16,6	17,0	16,4	16,5
Variable Betiebskosten	16,5	19,7	21,9	20,2	21,2
Gesamtkosten des PKW	65,5	64,8	66,8	64,0	64,4
Rangfolge	4	3	5	1	2

Bild 2. Gesamtkosten eines Personenkraftwagens.

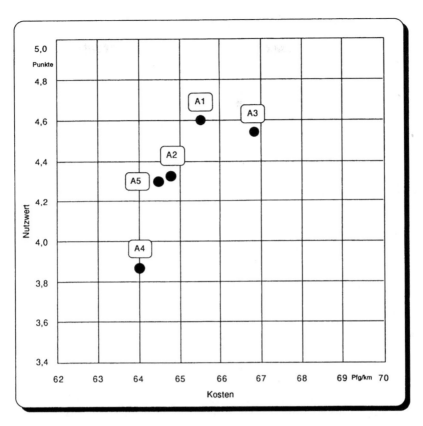

Bild 3. Nutzwert-Kosten-Diagramm.

2 Abgrenzung und Einsatz der Nutzwert-Kosten-Analyse

In Ergänzung zu konventionellen Methoden der Betriebswirtschaftslehre ist eine Reihe von Verfahrensweisen entwickelt worden, mit deren Hilfe die Auswahl aus einer Anzahl von Alternativen erleichtert werden soll. Bei Sichtung dieser Verfahren stellt man aber fest, daß keine einheitlichen, sondern sich widersprechende Begriffe verwendet werden. Allerdings bereitet es wegen der interdisziplinären Anwendung von Bewertungsverfahren tatsächlich große Schwierigkeiten, zutreffende Begriffe zu finden, die mit bereits geläufigen Definitionen kompatibel sind.

Einleitend zu einem Versuch der Abgrenzung der Nutzwert-Kosten-Analyse muß daher eine Begriffserklärung stehen; um diese zu systematisieren, wird eine Einteilung nach

- monetären oder
- nicht-monetären

Inhalten vorgenommen. Auf der Basis dieser Klassifizierungen kann die in Bild 4 gezeigte Zuordnung erfolgen; hierbei sind die in der Zeile 2 genannten Begriffe kompatibel mit den in der Betriebswirtschaft üblichen Begriffen; die Benennungen in Zeile 1 und 3 stammen nicht aus speziellen Fachbereichen, mit Ausnahme des Begriffes "Aufwand" in Zeile 1, Spalte e, dessen Definition in der Betriebswirtschaftslehre lautet:

Aufwand oder Aufwendungen sind die von einer Unternehmung während einer Abrechnungsperiode verbrauchten Güter und Dienstleistungen, die in der Erfolgsrechnung den Erträgen gegenübergestellt werden.

Im vorliegenden Buch wird "Aufwand" in der im allgemeinen Sprachgebrauch geläufigen Bedeutung verwendet, nämlich als Einsatz von Mitteln, Material, Energie und Zeit.

Auch ist darauf hinzuweisen, daß das ebenfalls im allgemeinen Sinne benutzte Wort "Ergebnis" nicht identisch ist mit dem in der Betriebswirtschaft verwendeten Begriff "Betriebsergebnis".

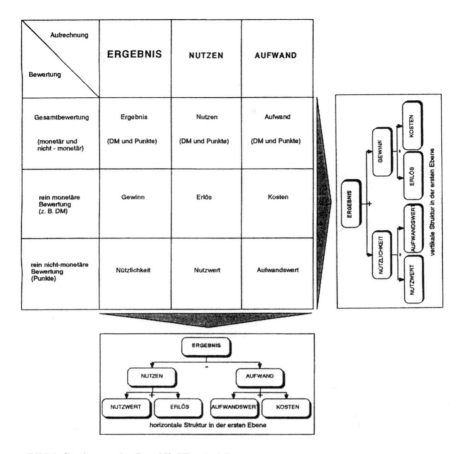

Bild 4. Strukturen des Begriffs "Ergebnis".

Die Begriffe in Bild 4 können in unterschiedlicher Form strukturiert werden: Bild 5 zeigt in Teil a eine Gliederung nach den Begriffen der Gesamtbewertung und in Teil b nach den Begriffen der Aufrechnung.

Über das Problem der Strukturierung hinaus bedarf es der mathematischen Verknüpfung der einzelnen Begriffe; hierzu sind folgende Vorschläge möglich:

Ergebnis	Gewinn (monetär, z. B. DM) und Nützlichkeit (nicht-monetär, z. B. Punkte)
Nutzen	Erlös (DM) und Nutzwert (Punkte)

		NUTZEN		
		nicht berücksichtigt	nicht monetär	monetär
AUFWAND	nicht berücksichtigt		NUTZWERT-ANALYSE mehrdimensional Punktwerte	ERLÖSRECHNUNG eindimensional DM
	nicht monetär	AUFWANDSWERT-SCHÄTZUNG eindimensional Punktwerte	NÜTZLICHKEITS-ANALYSE mehrdimensional Punktwerte/Punktwerte	in der Praxis nicht bekannt
	monetär	KOSTENVERGLEICHS-RECHNUNG eindimensional DM	NUTZWERT-KOSTEN-ANALYSE mehrdimensional Punktwerte/DM	WIRTSCHAFTLICH-KEITSRECHNUNG eindimensional DM (oder DM/DM)

Bild 5. Einteilung der Bewertungsverfahren.

Aufwand	Kosten (DM) und Aufwandswert (Punkte)
Ergebnis	Nutzen und Aufwand
Gewinn	Erlös (DM) - Kosten (DM) oder
	Erlös (DM)/Kosten (DM)
Nützlichkeit	Nutzwert (Punkte)/Kosten (DM)
spezifischer Nutzwert	Nutzwert (Punkte)/Kosten (DM)
spezifischer Erlös	Erlös (DM)/Aufwandswert (Punkte).

Damit sind die wesentlichen Interpretationsmöglichkeiten aufgezeigt, wobei anzumerken ist, daß die letzte Verknüpfung in der Praxis nicht üblich ist.

Ausgehend von diesen Begriffsdefinitionen kann nunmehr eine verständliche Strukturierung der gesamten Bewertungsverfahren erfolgen. In Bild 5 sind diese eingeteilt in solche Verfahren, die Kosten und/oder Nutzen

- nicht berücksichtigen,
- nicht monetär berücksichtigen oder
- rein monetär berücksichtigen.

Je nachdem, wieviele unterschiedliche Dimensionen (z. B. physikalische Kenngrößen) der Nutzwerte die einzelnen Verfahren berücksichtigen können, werden sie außerdem als eindimensionale und mehrdimensionale Verfahren gekennzeichnet.

2.1 Kurzbeschreibung der Verfahren

Die in der Tabelle genannten Verfahren werden im folgenden kurz erläutert und abgegrenzt.

a) Nutzwert-Analyse

Im Rahmen der Nutzwert-Analyse wird der Nutzen nicht-monetär bewertet. An Stelle des monetären Maßstabes wird eine dimensionslose Skalierung verwendet, d. h. jede Ziffer kennzeichnet einen ganz bestimmten Grad an Nützlichkeit. Eine sehr bekannte Skalierungsmethode ist die in unserem Schulsystem verwendete Benotung (s. a. Abschn. 3.2.2.3 und 7.2.2).

Die für die zur Auswahl stehenden Alternativen ermittelten Nutzwerte sagen sowohl etwas über die Nutzwert-Rangfolge aus, als auch über die Nutzwertrelationen, so daß die Nutzwert-Analyse sehr anschauliche und verständliche Aussagen über den Gebrauchswert der Alternativen liefert.

Die Nutzwert-Analyse sollte dann angewendet werden, wenn eine monetäre Bewertung des Nutzens nicht möglich oder nicht ausreichend ist; dies kann z. B. dann der Fall sein, wenn der Nutzen nicht monetär bewertbar ist und die nicht-monetären Bewertungskriterien gegenüber den monetären eine erheblich größere Bedeutung aufweisen, oder wenn die Zeit für die oft mühsame und aufwendige Transformation von Nutzengrößen in Geldwert nicht zur Verfügung steht.

b) Erlösrechnung

Im Rahmen der Erlösrechnung wird der Nutzen rein monetär bewertet; hierzu wird ein geeignetes Mengengerüst erstellt und mittels bestimmter Kalkulationsverfahren in monetäre Beträge umgesetzt. Die Summe aller einzelnen Erlöse ist ein Maßstab für den monetären Nutzen.

c) Aufwandswert-Analyse

Als Aufwandswert-Analyse wird definitionsgemäß die nicht-monetäre Bewertung des Aufwandes verstanden, die nur dann angewendet wird, wenn eine monetäre Bewertung des Aufwandes nicht oder noch nicht möglich ist, z. B. weil man sich in einem sehr frühen Projektstadium befindet.

Ebenso wie bei der Nutzwert-Analyse wird an Stelle des monetären Maßstabes ein dimensionsloser Punktemaßstab verwendet, bei dem jede Ziffer einen ganz bestimmten Aufwand kennzeichnet.

d) Kostenrechnung

Die Kostenrechnung ist das Gegenstück zur Erlösrechnung, so wie die Aufwandswert-Schätzung zur Nutzwert-Analyse; zur monetären Bewertung des Aufwandes wird auch hier eine geeignete Kostenstruktur erstellt und mit Hilfe spezieller Kalkulationsverfahren in monetäre Beträge umgesetzt.

e) Nützlichkeits-Analyse

Die Nützlichkeits-Analyse deckt das Feld

- der nicht-monetären Aufwandsbewertung und
- der nicht-monetären Nutzenbewertung ab.

Da in beiden Fällen als Ergebnis Punktwerte ermittelt werden, wird zur Quantifizierung der Nützlichkeit zweckmäßigerweise

- der Quotient aus beiden Punktwerten gebildet oder
- beide Teilergebnisse in Form eines Nutzwert-Aufwandwert-Diagrammes dargestellt.

Eine Aufrechnung von beiden Punktwert-Ergebnissen ist aus dem in Abschnitt 3.2.2.1 dargelegten Gründen nicht empfehlenswert.

f) Nutzwert-Kosten-Analyse

Bei der Nutzwert-Kosten-Analyse wird die Nutzwert-Analyse durch eine Kostenrechnung ergänzt. Man erhält ein Ergebnis, in dem der Nutzen nicht-monetär, die Kosten aber monetär bewertet sind. Für das Resultat wird der Quotient aus Punktwerten zu Geldwerten gebildet und/oder beide Teilergebnisse in Diagrammform dargestellt.

Die Nutzwert-Kosten-Analyse hat außer der konventionellen Wirtschaftlichkeitsrechnung eine sehr breite Anwendung gefunden; beide Verfahren ergänzen sich sinnvoll und können die meisten Aufgabenstellungen im Bereich der Nutzen-Aufwand-Bewertungen lösen.

g) Erlös-Aufwandswert-Analyse

Prinzipiell läßt sich auch der monetäre Erlös dem nicht-monetären Aufwandswert gegenüberstellen; das Ergebnis wäre dann ein Quotient mit der Dimension DM/Punkte.

In der Praxis wird dieses Verfahren jedoch nicht angewendet. Einer der Gründe mag sicherlich sein, daß in der Regel der Aufwand monetär bewertet werden kann, wenn auch der Nutzen monetär bewertbar ist.

h) Wirtschaftlichkeitsrechnung

Entsprechend den bisherigen Definitionen wird im Rahmen der Wirtschaftlichkeitsrechnung der (monetäre) Erlös mit den (monetären) Kosten verglichen; in der Betriebswirtschaft wird dieses Verfahren allgemein als Investitionsrechnung bezeichnet, bei der eine Aufteilung in die statischen und dynamischen Methoden vorgenommen wird.

Da Investitionsentscheidungen in ihren Auswirkungen gewöhnlich schwerwiegend sind, wurden besonders von Wirtschaftswissenschaftlern eine Vielzahl von Verfahren entwickelt, mit denen die Wirtschaftlichkeit alternativer Investitionen ermittelt werden kann. Bei diesen Verfahren kann man

- unter dem Gesichstpunkt der Gewinnmaximierung und der Berücksichtigung des damit verbundenen Risikos bestimmen, ob eine Investition vorteilhaft ist, sowie
- im Hinblick auf die Rendite ermitteln, wann die im Betrieb vorhandenen Anlagen durch neue ersetzt werden sollen.

Diese Verfahren haben aber, wenn auch nicht-monetär erfaßbare Nutzenanteile für die Entscheidung eine wichtige Rolle spielen, den Nachteil, daß sie nur die in Geldwerten gemessenen Kosten und Nutzen berücksichtigen können.

i) Nutzen-Aufwand-Analyse

In Bild 5 ist die Nutzen-Aufwand-Analyse nicht explizit ausgewiesen; sie folgt jedoch aus der Struktur in Bild 4. Wenn Nutzen und Aufwand in einigen Teilbereichen monetär sowie in anderen Teilbereichen nicht-monetär bewertet werden, so ist deren Zusammenfassung als Nutzen-Aufwand-Analyse zu bezeichnen.

Da sich die Nutzen-Aufwand-Analyse zusammensetzt aus den Ergebnissen

- der Nutzwert-Analyse mit der Dimension Punkte,
- der Erlösrechnung mit der Dimension DM,
- der Aufwandswert-Analyse mit der Dimension Punkte,
- der Kostenrechnung mit der Dimension DM,

ist die Verknüpfung der verschiedenen Dimensionen besonders problematisch. In der Regel wird eine zusammenfassende verbale Beschreibung gewählt; allerdings ist es auch möglich, die Geldbeträge in Punkte umzusetzen (s. Abschn. 3.4.4) und damit ein eindimensionales Ergebnis zu erzielen.

2.2 Spezielle Abgrenzungen

Im Anschluß an diese grundlegenden Abgrenzungen sollen die Unterschiede zwischen der Nutzwert-Kosten-Analyse und der Nutzen-Kosten-Untersuchung nach der Bundeshaushaltsordnung bzw. der Wertanalyse verdeutlicht werden.

a) Nutzen-Kosten-Untersuchungen gemäß der Bundeshaushaltsordnung

Entsprechend der Bundeshaushaltsordnung sind "für geeignete Maßnahmen von erheblicher finanzieller Bedeutung Nutzen-Kosten-Untersuchungen aufzustellen". Als geeignet für Nutzen-Kosten-Analysen gelten dabei Maßnahmen, "die gekennzeichnet sind durch eine Vielzahl von unmittelbaren und mittelbaren Vor- und Nachteilen für einzelne oder mehrere Kosten- und Nutzenträger, wobei die Auswirkungen räumlich und zeitlich unterschiedlich ausfallen können und die innerhalb eines Aufgabenbereiches unter Berücksichtigung der Gesamtausgaben des Haushalts einen maßgeblichen Anteil an den voraussichtlichen Finanzierungsmitteln des Bundes beanspruchen oder für Dritte von erheblicher finanzieller Bedeutung sind." *)

Nutzen-Kosten-Untersuchungen werden in der Bundeshaushaltsordnung folgendermaßen definiert:

- "Nutzen-Kosten-Untersuchungen gehen über finanzwirtschaftliche oder betriebswirtschaftliche Kostenvergleiche und Nutzenvergleiche hinaus, indem sie auch gesellschaftliche Nutzen und Kosten einbeziehen.

- Nutzen-Kosten-Untersuchungen beziehen sich auf vorgesehene Maßnahmen. Entsprechende Untersuchungen bei laufenden oder abgeschlossenen Maßnahmen sind Mittel der Ergebnisprüfung.

- Bei Nutzen-Kosten-Untersuchungen sind die einzelnen erfaßbaren Vor- und Nachteile einer Maßnahme in einer zum Zwecke des Vergleichs geeigneten Form nach Möglichkeit zu quantifizieren oder zumindest verbal zu beschreiben".

In der Bundeshaushaltsordnung zählen zu den Verfahren der Nutzen-Kosten-Untersuchungen (NKU) "die

- Kosten-Nutzen-Analysen (KNA); die Kosten und Nutzen der zu untersuchenden Maßnahmen werden möglichst in Geld bewertet und einander gegenübergestellt. Grundlage der Bewertung sind tatsächliche, berichtigte oder zu unterstellende Marktpreise;

---

*) Vorläufige Verwaltungsvorschriften zur Bundeshaushaltsordnung (Ministerialblatt des Bundesministers für Finanzen und des Bundesministers für Wirtschaft, 24. Jahrgang(1973) Nr. 13, S. 189 ff. und D. 293 ff.)

- Kostenwirksamkeitsanalysen (KWA); soweit bei Kosten oder Nutzen eine Quantifizierung in Geld nicht möglich oder nicht sinnvoll ist, wird eine Bewertung in nicht-monetären Einheiten vorgenommen. Maßstab der Bewertung sind das zugrunde gelegte Zielsystem und die Gewichtung der einzelnen Ziele."

Ohne daß für die Durchführung dieser Analysen hier differenzierte Einzelheiten angegeben werden, werden die in Bild 6 genannten "Stufen des Verfahrensmusters" erläutert. Hieraus ist ersichtlich, daß die "Nutzen-Kosten-Untersuchungen" der Bundeshaushaltsordnung vom Prinzip her den "Nutzen-Aufwand-Analysen" (gemäß Abschn. 2.1 Punkt i) analog sind. In beiden Fällen werden sowohl monetäre als auch nicht-monetäre Bewertungsgrößen berücksichtigt. Insbesondere

1. Stufe:	Vorklärung der Aufgaben (Problemdefinition)
2. Stufe:	Konkretisierung eines Zielsystems
3. Stufe:	Bestimmung des Entscheidungsfeldes
4. Stufe:	Auswählen und Darstellen der in der weiteren Analyse zu untersuchenden Maßnahmen (Vorauswahl)
5. Stufe:	Erfassen und Beschreiben der entscheidungsrelevanten Vorteile (Nutzen) und Nachteile (Kosten) der Maßnahmen; Prognose der Auswirkungen der Maßnahmen für den Fall ihrer Verwirklichung und Nichtverwirklichung
6. Stufe:	Bestimmung der Maßstäbe
7. Stufe:	Bewertung der monetär und nicht-monetär quantifizierbaren Nutzen und Kosten der Massnahmen
8. Stufe:	Bestimmung der Unsicherheitsfaktoren und ihrer Auswirkungen auf die Analyseergebnisse (Empfindlichkeitsanalyse)

[ ] Einsatz der Nutzwert-Kosten-Analyse

Bild 6. Stufen der Nutzen-Kosten-Untersuchungen gemäß Bundeshaushaltsordnung.

	NUTZWERT-ANALYSE	WERTANALYSE
Verfahrensziel	Aus mehreren Alternativen soll die für den Anwender günstigste ausgewählt werden.	Ein Gegenstand soll bei gleichen Funktionen in seinen Kosten minimiert bzw. bei gleichen Kosten bezüglich seiner Funktionen maximiert werden.
Voraussetzung	Es liegen Alternativen mit unterschiedlichen Nutzen- und Kostenwerten vor.	Ein Gegenstand muß technisch oder kostenmäßig verbesserbar sein.
Ergebnis	Die Alternativen werden entsprechend der Präferenzordnung des Anwenders in eine Rangfolge gebracht.	Der Suchvorgang führt zu einer kostengünstigeren Lösung oder zu einer Verbesserung der Funktionen.
Anwender	Jeder, der ein Entscheidungsproblem hat.	Jeder, der ein Optimierungsproblem hat.

Bild 7. Vergleich von Nutzwert-Analyse und Wertanalyse.

entspricht die Kostenwirksamkeitsanalyse weitgehend der in diesem Buch beschriebenen Nutzwert-Kosten-Analyse. Auch im Bereich der öffentlichen Verwaltung wird der Begriff der Nutzwert-Kosten-Analyse mit derselben Definition verwendet.

b) Abgrenzungen der Nutzwert-Analyse zur Wertanalyse

Weil die Begriffe Nutzwert-Analyse und Wertanalyse häufig wegen der Namensähnlichkeit beider Verfahren verwechselt werden, ist eine eindeutige Abgrenzung notwendig.

1. Vorbereitende Maßnahmen	1.1 Auswählen des Wertanalyse-Objektes und Stellen der Aufgabe
	1.2 Festlegen des quantifizierbaren Zieles
	1.3 Bilden der Arbeitsgruppe
	1.4 Planen des Ablaufs
2. Ermitteln des IST-Zustandes	2.1 Informationen beschaffen und Beschreiben des Wertanalyse-Objektes
	2.2 Beschreiben der Funktionen
	2.3 Ermitteln der Funktionskosten
3. Prüfen des IST-Zustandes	3.1 Prüfen der Funktionserfüllung
	3.2 Prüfen der Kosten
4. Ermitteln von Lösungen	4.1 Suche nach allen denkbaren Lösungen
5. Prüfen der Lösungen	5.1 Prüfen der sachlichen Durchführbarkeit
	5.2 Prüfen der Wirtschaftlichkeit
6. Vorschlag und Verwirklichung einer Lösung	6.1 Auswählen der Lösung(en)
	6.2 Empfehlen einer Lösung
	6.3 Verwirklichen der Lösung

☐ Einsatz der Nutzwert-Kosten-Analyse

Bild 8. Arbeitsplan der Wertanalyse nach DIN 69 910.

Die Nutzwert-Analyse ist eine Entscheidungshilfe, mit der aus einer großen Anzahl von Möglichkeiten (z. B. Produkten, Verfahren, Ideen usw.) unter Berücksichtigung einer Vielzahl von Bewertungskriterien die günstigste Alternative ausgewählt wird; dagegen wird die Wertanalyse als Optimierungsverfahren angewendet, um beispielsweise die Kosten eines Produktes bei gleichbleibenden Funktionen zu minimieren.

Um den Unterschied beider Verfahren deutlich zu machen, sind in Bild 7 die grundsätzlichen Merkmale von Nutzwert-Analyse und Wertanalyse gegenübergestellt. Da im Rahmen der Wertanalyse auch das Auswählen der Lösung(en) durchzuführen ist, kann natürlich hierbei die Nutzwert-Analyse zur Anwendung kommen, Bild 8.

2.3 Einsatzmöglichkeiten der Nutzwert-Kosten-Analyse

Die Nutzwert-Kosten-Analyse wird heute in nahezu allen Bereichen der Technik, Wirtschaft und des öffentlichen Lebens als Entscheidungshilfe benutzt. Sie hilft dem Entscheidungsträger mit detaillierten, überzeugenden Argumenten die Vor- und Nachteile verschiedener Alternativen zu erklären und zwar dadurch, daß die eigentlichen Probleme der Auswahlentscheidung und die Wichtigkeit dieser Probleme leichter erkannt und dadurch besser bearbeitet werden können.

Die Nutzwert-Kosten-Analyse hat sich hierfür inzwischen allgemeingültig qualifiziert, wie folgende Beispiele - aus dem Arbeitsbereich der Autoren und - aus zugänglichen Veröffentlichungen belegen. Dabei fällt insbesondere auf, daß eine relativ große Anzahl von Nutzwert-Kosten-Analysen auf die Verwaltungsvorschrift zur Bundeshaushaltsordnung zurückzuführen ist, wonach solche Untersuchungen für Maßnahmen von erheblicher Bedeutung und finanziellem Risiko durchgeführt werden müssen.

Beispiele für die Anwendung der Nutzwert-Kosten-Analyse aus den Arbeitsbereichen der Autoren:

- Nutzwert-Kosten-Analyse für die Rad-Kfz-Folgegeneration (Studie für das BWB, 1974)
- Bewertung von Lieferantenangeboten (Studie für ein Unternehmen, 1977)

- Risikobewertung von eisbrechenden Flüssiggastankern (Studie für das BMFT, 1978)
- Risikoanalyse von Anlageprojekten (Studie für ein Anlagenbauunternehmen, 1978)
- Nutzwert-Kosten-Analyse für die Auswahl eines Textautomaten (Studie für ein Unternehmen, 1978)
- Nutzwert-Kosten-Analyse für Offsetdrucker (Studie für ein Unternehmen, 1978)
- Systemanalyse von fünf Toilettensystemen für Reisezugwagen (Untersuchung für die Deutsche Bundesbahn, 1983)
- Auswahl eines Personalcomputers für den Einsatz in der kaufmännischen Verwaltung (Studie für ein Unternehmen, 1984)
- Auswahl eines Telefaxgerätes (Studie für ein Unternehmen, 1985)
- Auswahl geeigneter Projektmanagement-Software für den Einsatz bei F- u. E-Vorhaben (Studie für ein Unternehmen, 1986)
- Nutzwert-Kosten-Analyse für Kopiermaschinen (Studie für ein Unternehmen, 1986)
- Auswahl eines Kernspin-Tomographen (Untersuchung für ein Krankenhaus, 1987)
- Nutzwert-Kosten-Analyse von verschiedenen Wärmebehandlungsanlagen und Maschinen im Rahmen eines Investitionsprojektes eines mittleren Unternehmens (Studien 1988 bis 1990)
- Nutzwert-Kosten-Analyse eines neuen Rechnersystems für ein mittleres Unternehmen (Studie, 1991)
- Nutzwert-Kosten-Analyse zur Auswahl eines EDV-Netzwerkes für ein mittleres Unternehmen (Studie, 1991)

Beispiele für die Anwendung der Nutzwert-Kosten-Analyse entsprechend zugänglicher Veröffentlichungen finden sich im Literaturverzeichnis.

Besonders geeignet für die Anwendung in der Industrie erscheint die Nutzwert-Kosten-Analyse aufgrund bisheriger Erfahrung in folgenden Bereichen:

a) Während der Projektierungs- und Konstruktionsarbeiten von technischen Systemen müssen sehr häufig alternative Lösungsmöglichkeiten untersucht werden, bei denen technische Kriterien zu berücksichtigen sind, die monetär nicht oder nur sehr schwer erfaßt werden können. Je mehr solcher Kriterien beachtet werden müssen, um so sinnvoller ist der Einsatz der Nutzwert-Kosten-Analyse.

b) Die meisten produzierenden Unternehmen wenden einen großen Teil ihres Umsatzes (häufig mehr als 50 %) für die Beschaffung von Material und Dienstleistungen auf. Daher kommt der Auswahl des Lieferanten große Bedeutung zu. Es hat sich gezeigt, daß neben dem Angebotspreis auch andere Kriterien, wie z. B. Termintreue, Geschäftsverbindungen, Einhaltung von Leistungszusagen, Qualität und Schnelligkeit des Services, Zutritts- und Kontrollrechte, Referenzen, Marktstellung etc. eine wichtige Rolle spielen. Zur Unterstützung und Erleichterung der Auswahl hat sich die Nutzwert-Kosten-Analyse bestens bewährt.

c) Häufig stellt sich, insbesondere in der Industrie, die Aufgabe, Systeme aus marktgängigen Komponenten zusammenzusetzen. Hier kann die Nutzwert-Kosten-Analyse zur Optimierung des Systems verwendet werden. Wenn man beispielsweise für ein zu entwickelndes Sonderfahrzeug marktübliche Motoren, Getriebe, Achsen usw. beschaffen muß, stellt sich die Frage, welche Bauteile von welcher Firma ausgewählt werden sollen. Mit der Nutzwert-Kosten-Analyse kann man die Komponenten bestimmen, die bezüglich Kosten und Nutzwert die günstigsten sind. Ebenso besteht die Möglichkeit, bei einem begonnenen Projekt die Komponenten zu ermitteln, die verbessert werden sollen; denn durch die Zerlegung in Teilnutzen können sehr schnell die Elemente gefunden werden, die bei bestimmtem Verbesserungsaufwand den größten Nutzwertzuwachs erwarten lassen. (Bild 9)

d) Führt man an einem Entwicklungsprojekt während des Projektablaufs eine kontinuierliche Nutzwert-Kosten-Analyse durch, so kann man den jeweiligen Entwicklungsfortschritt messen. In den verschiedenen Entwicklungsstufen

- Konzeptionsphase,
- Definitionsphase,

| Lieferanten | Komponenten ||||||
| | Motor || Getriebe || Achsen ||
	Nutz-wert	Kosten TDM	Nutz-wert	Kosten TDM	Nutz-wert	Kosten TDM
Firma A	4,5	9,7	4,1	5,8		
Firma B	4,8	9,3	4,3	6,3	2,5	3,1
Firma C	4,3	8,9				
Firma D	3,8	8,5	4,8	6,5	4,5	3,2
Firma E					3,6	3,1
Firma F			2,2	5,5	3,8	2,9

Bild 9. Beispiel für die Anwendung der Nutzwert-Kosten-Analyse zur Auswahl optimaler Komponenten.

- Konstruktionsphase,
- Prototypenbau,
- Nullserie,
- Vorserie

kann man z. B. mit Hilfe dieser Methode nach jeder Phase neu bewerten, wie sich der Nutzwert wichtiger Entwicklungsparameter mit der Entwicklungszeit verändert hat.

Bild 10 versucht diese Thematik am Beispiel der Bremsverzögerung eines Pkw zu verdeutlichen: Die Mindestanforderungen liegen bei 9,2 m/s und der maximal anzustrebende Wert bei 9,7 m/s. Daraus folgt die dargestellte Füllungsgradfunktion, d. h. der Zusammenhang von physikalischen Werten und zugehörigen Erfüllungsgraden (s. auch Abschn. 3.2.5). Situation 1 kennzeichnet beispielsweise den am Ende des Prototypenbaus erreichten Status. Durch konstruktive Korrekturen am Bremssystem gelingt es, bis zur Nullserie eine Verbesserung auf den Wert 2

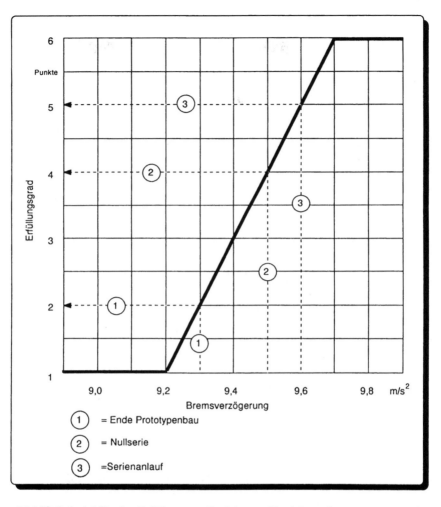

Bild 10. Beispiel für eine Erfüllungsgradfunktion zur Ermittlung des Projektfortschritts.

zu erreichen. Durch später verfügbares, höherwertiges Material an Bremsscheibe und Bremsbacken wird dann noch, z. B. während des Serienanlaufs, eine weitere Qualifizierung auf den Wert 3 erzielt.

Ebenso wie für dieses Beispiel der Bremsverzögerung kann man Wertefunktionen für andere wichtige Entwicklungsparameter aufstellen, wie z. B. das Gesamtgewicht, das Einbauvolumen, die Höchstleistung, das Drehmoment und bestimmte Abgaswerte; so würden nach jeder Entwicklungsphase Nutzwerte ermittelt, denen die bis dahin angefallenen Entwicklungskosten gegenübergestellt werden.

e) Die Nutzwert-Analyse läßt sich auch zur Personalbeurteilung anwenden. Für einen solchen Fall wird das Anforderungsprofil an den Mitarbeiter in Form eines hierarchisch gegliederten Strukturplans dargestellt und die einzelnen Anforderungskriterien werden je nach den firmenspezifischen Interessen und der speziellen Anforderung an den Arbeitsplatz gewichtet. In Bild 11 ist das Teilziel Leistungsfähigkeit beispielhaft in fünf Kriterien untergliedert. Der für die einzelnen Mitarbeiter ermittelte Nutzwert spiegelt die Wertigkeit des Mitarbeiters für das Unternehmen wider.

f) Auch von Verbraucherorganisationen, Fachzeitschriften usw. wird die Nutzwert-Kosten-Analyse immer öfter eingesetzt, um Produkte miteinander zu vergleichen; denn mit dem überschaubaren Ergebnis der Nutzwert-Kosten-Analyse können auch Laien vorzüglich über die Qualität und die dafür aufzuwendenden Kosten eines Produkts informiert werden. Gleichzeitig ist

KRITERIEN	Gewicht	E - Grad	Nutzwert
Fachkenntnisse	35 %	8	2,80
Leistungsbereitschaft	25 %	4	1,00
Termintreue	15 %	5	0,75
Kostenbewußtsein	15 %	5	0,75
Belastbarkeit	10 %	7	0,70
LEISTUNGSFÄHIGKEIT			6,00

Bild 11. Beispiel für die Anwendung der Nutzwert-Analyse zur Personalbeurteilung.

das Resultat aber auch so transparent und stichfest, daß es für den Produkthersteller kaum Ansatzpunkte für qualifizierte Kritik gibt.

Die aufgezeigten Anwendungsfälle der Nutzwert-Kosten-Analyse sind sicherlich nur ein kleiner Auszug aus dem tatsächlichen Anwendungsspektrum. Daher sei abschließend gesagt, daß man die Nutzwert-Kosten-Analyse überall dort sinnvoll anwenden kann, wo :

- in einer Entscheidungssituation auch nicht-monetäre Bewertungskriterien eine wichtige Rolle spielen

- die Entscheidung fundiert und nachvollziehbar sein muß,

- die Entscheidung viele Fachbereiche berührt,

- die Entscheidung von großer, finanzieller Tragweite ist,

- die Entscheidung vielen Personen verständlich gemacht werden muß.

Umgekehrt kann man feststellen, daß die Nutzwert-Kosten-Analyse dann nicht angewendet werden sollte, bzw. kann, wenn

- Nutzen und Kosten monetär bewertet werden können,

- die nicht-monetären Bewertungskriterien im Verhältnis zu den monetären unwichtig sind,

- probabilistische Elemente eine bedeutende Rolle für die Bewertung haben.

3 Ablauf der Nutzwert-Kosten-Analyse

Alle in der Systemtechnik, (wobei unter Systemtechnik die systematische Anwendung von geeigneten Verfahren und Vorgehensweisen bei zielorientierten komplexen Systemen verstanden wird) angewandten Verfahren weisen als gemeinsames Merkmal das stufenweise Vorgehen auf, so auch die Nutzwert-Kosten-Analyse. Dieses stufenweise Vorgehen verfolgt folgende Zwecke:

- Die Aufgabe wird in übersichtliche, klar abgegrenzte Pakete gegliedert.

- Für jedes dieser Pakete werden Teilziele definiert, die erreicht werden müssen, bevor der nächste Schritt begonnen wird.

Für die Durchführung von Nutzwert-Kosten-Analysen hat sich der in Bild 12 dargestellte Ablauf bewährt. Die einzelnen Schritte dieses Plans sind in den jeweiligen Abschnitten ausführlich erläutert. Mit Hilfe einer derartigen Ablaufplanung wird sichergestellt, daß das Ziel der Nutzwert-Analyse, nämlich die Auswahl von Alternativen zu erleichtern, bestmöglich erreicht wird. Insbesondere sind Vorteile darin zu sehen, daß

- die Entscheidungsproblematik systematisch untergliedert wird,

- subjektive Momente bei der Entscheidungsfindung weitgehend ausgeschaltet werden,

- das Verfahren durch das schrittweise systematische Vorgehen leicht erlernbar und mit geringer Fehlerwahrscheinlichkeit durchführbar ist,

- die Entscheidung durchschaubar und jederzeit nachvoll ziehbar ist.

Die Nutzwert-Kosten-Analyse für den Kauf eines Personenkraftwagens, der im folgenden als durchgängiges Beispiel verwendet werden soll, würde nach diesem Plan so ablaufen, daß zunächst die Aufgabenstellung definiert und abgegrenzt werden muß; anschließend würde man mit der Nutzwert-Analyse und parallel dazu mit der Kostenanalyse beginnen. Gleichzeitig oder zeitlich verschoben kann man die zu den Nutzwert- und Kostenberechnungen erforderlichen sachlichen und preislichen Informationen beschaffen und auswerten.

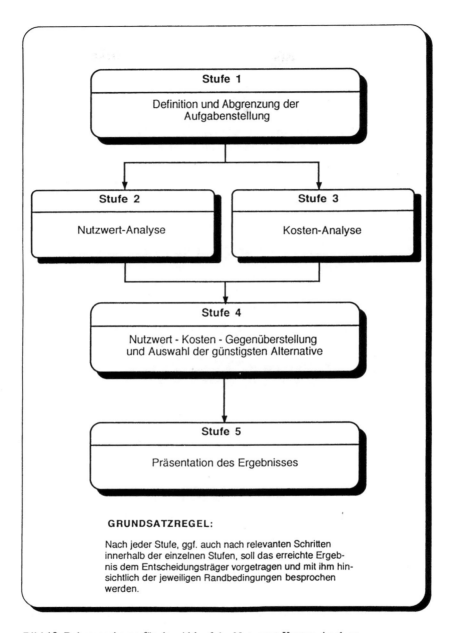

Bild 12. Rahmenschema für den Ablauf der Nutzwert-Kosten-Analyse.

1. Aussage des Ergebnisses bei Aufrechnung von Nutzwert und Kosten in einem gemeinsamen Zielsystem

	Alternative 1		Alternative 2	
	Eigenschaft	E-Grad	Eigenschaft	E-Grad
Nutzwert	150 km/h	3,0	160 km/h	3,5
Kosten	20 TDM	2,5	22 TDM	2,0
Ergebnis		5,5		5,5

Beide Alternativen sind gleich günstig

2. Aussage des Ergebnisses bei getrennter Nutzwert- und Kosten - Analyse

2.1 Nutzwert - Kosten - Quotient

	Alternative 1	Alternative 2
Nutzwert/Kosten $\frac{km/h}{TDM}$	7,50	7,25

Alternative 1 hat einen günstigeren Quotienten

2.2 Nutzwert - Kosten - Diagramm

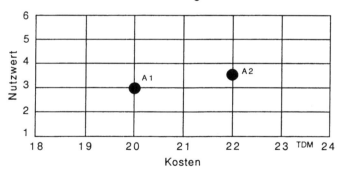

Alternative 2 hat einen um 0,5 Punkte höheren Nutzwert, kostet aber auch 2.000 DM mehr

Der abschließende Vergleich der verschiedenen Personenkraftwagen bezüglich ihrer Nutzwerte und der dazugehörigen Kosten ist dann objektive Grundlage für die darauffolgende Auswahl des günstigsten Personenkraftwagens.

In Bild 12 wird gezeigt, daß Nutzwert-Analyse und Kosten-Analyse zwei gesonderte Analysen sind. Gelegentlich trifft man in Fachzeitschriften und Büchern Tests an, in denen Nutzwerte und Kosten in einer Analyse miteinander verknüpft werden; dies erfolgt dann in der Form, daß Kosten in Nutzwerte umgerechnet werden. Höhere Kosten ergeben dann einen geringeren Nutzwert und umgekehrt.

Dies ist nach unserer Meinung im Normalfall nicht zulässig, es sei denn, man verfolgt damit definierte Zwecke (s. Abschnitt 3.4.4).

Eine Aufnahme der Kosten in das Zielsystem ist vor allem deshalb nicht zu empfehlen, weil sich in unserem Wirtschaftssystem der Nutzen im Preis widerspiegelt, und ein höherer Nutzen in der Regel mit einem höheren Preis verbunden ist. Ein erhöhter Preis aber ist von der Nutzentheorie her einem geringeren Nutzwert gleichzusetzen; bei einer gleichzeitigen Aufnahme von Nutzwert- und Kostenzielen in das Zielsystem würde man eine Aufrechnung von Nutzwert und Kosten bewirken und somit die bei einer getrennten Nutzwert- und Kostenanalyse erzielbare, originär vorhandene Transparenz und Differenzierung vermindern.

Bild 13 versucht, diesen Zusammenhang mit Hilfe eines Beispiels zu verdeutlichen. Hier sind zwei Personenkraftwagen beschrieben, bei denen Kosten und Nutzwerte einerseits in einem gemeinsamen Zielsystem einen gleichen Gesamtnutzen ergeben, während andererseits bei getrennten Darstellungen deutlich einer Alternative der Vorzug gegeben werden kann, wie die hier gewählten Beispiele des Nutzwert-Kosten-Quotienten und des Nutzwert-Kosten-Diagramms zeigen. Auf die Aussagekraft dieser beiden Darstellungsmethoden wird in Abschnitt 3.4 näher eingegangen.

3.1 Definition und Abgrenzung der Aufgabenstellung

Vor Anwendungsbeginn der Nutzwert-Kosten-Analyse ist das Entscheidungsproblem in der Regel nur global beschrieben. Daher muß

◀ Bild 13. Aufrechenbarkeit für Nutzwert und Kosten.

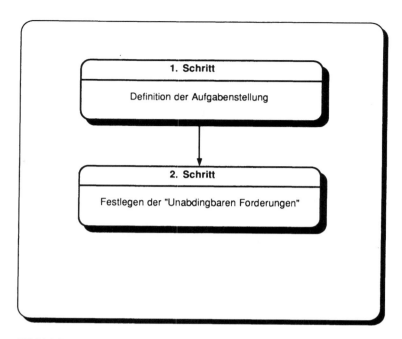

Bild 14. Rahmenschema für die Definition der Aufgabenstellung.

im ersten Schritt (s. Bild 14) versucht werden, die zu lösende Aufgaben zu konkretisieren, d. h. man muß sich ein möglichst vollständiges Bild des Problems verschaffen und das Bewertungsziel so scharf wie möglich herausarbeiten.

Anschließend wird im zweiten Schritt der Entscheidungsraum abgesteckt, indem ein Katalog sogenannter "Unabdingbarer Forderungen" definiert wird:

Es werden besonders wichtige charakteristische Daten ausgewählt. Für die Daten, die "sachliche Ziele" bedeuten, werden in der Regel Mindestforderungen und für die, die "preisliche Ziele" sind, Maximalforderungen festgelegt.

Diese unabdingbaren Mindest- oder Maximalforderungen, die man auch als "KO-Kriterien" bezeichnet, werden aufgelistet und bilden eine Art Filter, der es ermöglicht, ungeeignete Alternativen vor dem eigentlichen Bewertungsprozeß bereits auszuscheiden, um diesen nicht unnötig zu vergrößern.

3.1.1 Definition der Aufgabenstellung

Die Definition der Aufgabenstellung legt die Basis für die erfolgreiche Durchführung der Nutzwert-Kosten-Analyse. Wird die Aufgabenstellung nicht eindeutig und vollständig oder gar falsch definiert, dann wird auch zwangsläufig die Nutzwert-Kosten-Analyse ein unvollkommenes oder gar unkorrektes Ergebnis liefern. Jeder hat schon einmal die Erfahrung gemacht, daß ein Arbeitsergebnis (z. B. eine Studie, eine Konstruktion, eine Wirtschaftlichkeitsrechnung o. ä.) mit dem Kommentar kritisiert oder gar zurückgewiesen wurde: "Haben Sie nicht berücksichtigt, daß ... ?!" Um diese Situation zu vermeiden, muß man im Rahmen der Aufgabendefinition alle relevanten Parameter berücksichtigen.

Bild 15 versucht diese Aussage am Beispiel der Beschaffung eines Transportsystems (das durch einen öffentlichen Auftraggeber in größeren Stückzahlen bei einem von mehreren Anbietern zu beschaffen ist zu verdeutlichen.

Im ersten Fall werden von dem Bewertungsteam nur die Systemeigenschaften bewertet und das Ergebnis A erzielt; im zweiten Fall wird das Zielsystem (evtl. durch vorgesetzte Stellen) auch um Kriterien, die den Lieferanten betreffen, wie Vertragstreue, Kundendienstnetz, Qualität etc. erweitert, so daß das Ergebnis sich eventuell nach B verändert. Werden nun im dritten Fall noch politische Kriterien des Auftraggebers hinzugefügt, so erreicht man ggf. eine weitere Veränderung des Bewertungsergebnisses in Richtung C.

Dazu ist es zweckmäßig, ja sogar notwendig, die Aufgabenstellung mit allen Beteiligten durchzusprechen und gemeinsam zu verabschieden; besonders wichtig ist es, die Entscheidungsträger in diesem Stadium mit einzubeziehen. Ist eine Nutzwert-Kosten-Analyse für eine Unternehmensleitung durchzuführen, so muß diese die Definition der Aufgabenstellung bestätigen. Betrifft eine Nutzwert-Kosten-Analyse die Beschaffung technischer Systeme, so sind der technische und logistische Bereich sowie Nutzer des Bedarfsträgers (Käufers) zu beteiligen. Soll die Nutzwert-Kosten-Analyse für den Kauf eines PKWs für eine Familie erstellt werden, so sollten alle Familienmitglieder daran beteiligt werden, weil auch Frau und Kinder relevante Wünsche haben.

Sofern Nutzwert-Kosten-Analysen für komplexere Bewertungen und Auswahlentscheidungen durchzuführen sind, empfiehlt es sich, den Ablauf inhaltlich, zeitlich und kostenmäßig zu planen. Dies gilt insbe-

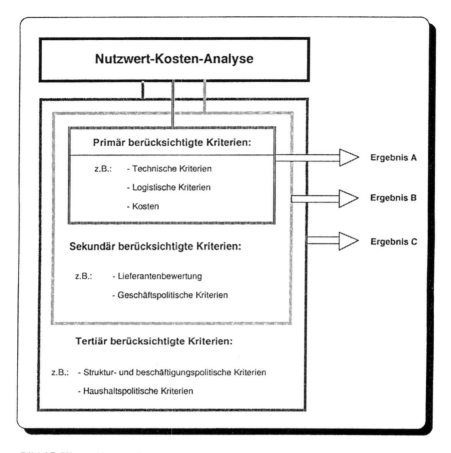

Bild 15. Hierarchie von Bewertungsebenen bei der Nutzwert-Kosten-Analyse.

sondere dann, wenn die Bewertung durch ein Team durchgeführt wird, deren Mitglieder ggf. aus verschiedenen Bereichen eines Unternehmens oder einer Institution stammen.

Wenn das Bewertungsergebnis einer vorgesetzten Instanz zur Zustimmung bzw. Entscheidung vorgelegt werden muß, sollte die Durchführungsplanung für die Bewertung mit dieser abgestimmt werden. Dabei sollte darauf geachtet werden, daß die jeweiligen Stufenergebnisse (siehe auch Bild 12) mit den Vorgesetzten durchgesprochen werden, um relevante Anmerkungen, z. B. zu Bewertungskriterien, zur Wichtigkeit dieser Kriterien, zu Anforderungen etc., rechtzeitig berücksichtigen zu können.

Für unser Fallbeispiel, den 'PKW-Kauf', ist eine spezielle, über das allgemeine Ablaufschema hinausgehende Durchführungsplanung nicht erforderlich, da die Bewertungsaufgabe relativ überschaubar ist. Wohl aber wird die Aufgabenstellung von den Familienmitgliedern besprochen.

Es geht um die Anschaffung eines familiengerechten PKWs, der ganz bestimmte Forderungen erfüllen soll:

> Der Familienvater benötigt den Wagen für die tägliche Fahrt zum Arbeitsplatz über eine Entfernung von 30 km, teilweise im Stadtverkehr und teilweise auf der Autobahn. Er legt besonderen Wert auf Komfort und Sicherheit, insbesondere in der Winterzeit. Die Fahrleistungen sollen dem Stand der Technik entsprechen, es wird eine Hochgeschwindigkeit von mindestens 170 km/h gefordert.
>
> Die Mutter benutzt den Wagen hauptsächlich abends und samstags zum Einkaufen und ist daher an einer einfachen Handhabung, vor allem im Hinblick auf Stadtverkehr und Zulademöglichkeiten interessiert. Die Kinder, 15 und 12 Jahre alt, erheben den Anspruch, bei Familienausflügen am Wochenende "vollwertige" Sitzplätze im Fond des Wagens zu haben. Die Familie fährt zweimal jährlich in Urlaub, über Ostern zum Skifahren und im Sommer an die See. Daher muß das Auto einen angemessenen Kofferraum mit mindestens 400 Liter Fassungsvermögen haben und auch bei voller Zuladung seine guten Fahreigenschaften behalten.
>
> Die Familie will kein "High-Tech-Auto" mit hoher Leistungs, sondern ein solides Fahrzeug in der Hubraumklasse über 1,5 Liter kaufen.
>
> Das Design des Wagens ist zweitrangig, jedoch soll es möglichst eine Limousine sein. Auf Wirtschaftlichkeit und daher auch auf die Möglichkeit einfache Wartungsvorgänge selbst vornehmen zu können, wird besonderer Wert gelegt.
>
> Die Familie setzt voraus, daß das Auto einen geregelten Katalysator hat, weil sie das Gebot zum Umweltschutz bejaht.
>
> Der Gesamtpreis für das Auto soll DM 30.000 nicht überschreiten.

Für den hier beschriebenen Schritt 1 "Definition der Aufgabenstellung" gelten die in Bild 16 genannten Teilschritte und Regeln.

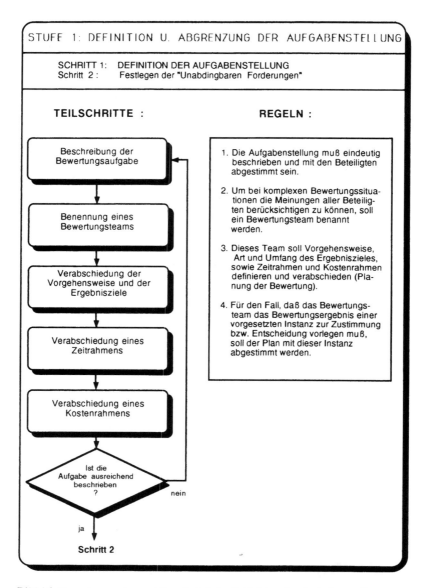

Bild 16. Vorgehensweise und Regeln bei der Definition der Aufgabenstellung.

3.1.2 Festlegung der "Unabdingbaren Forderungen"

Um einerseits sicherzustellen, daß die zur Auswahl stehen den Alternativen auch tatsächlich die Minimalforderungen der Bewertung erfüllen und um andererseits die Bewertung auf die speziell in Frage kommenden Alternativen zu begrenzen, definiert man "Unabdingbare Forderungen".

Im Nutzwert-Kosten-Diagramm in Bild 17 wird sichtbar, daß Alternativen aus der Bewertung ausscheiden, wenn sie "Unabdingbare Forderungen" in Bezug auf den Nutzen nicht erfüllen und wenn sie "Unabdingbare Forderungen" hinsichtlich der Kosten überschreiten.

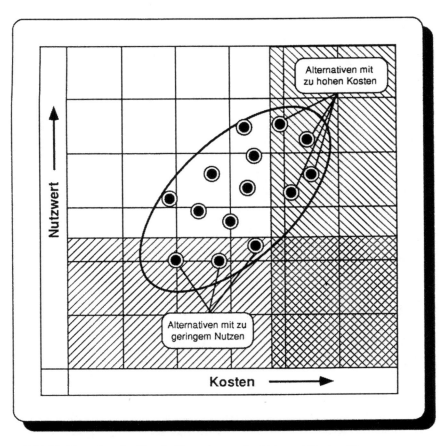

Bild 17. Abstecken des Entscheidungsraumes im Nutzwert-Kosten-Diagramm.

Im Extremfall könnte auch der Fall vorliegen, daß Alternativen im doppelt schraffierten Bereich liegen, also beide Forderungen sowohl Nutzen als auch Kosten nicht erfüllen.

In der Aufgabenstellung für den Pkw-Kauf in Abschnitt 3.1.1 sind die "Unabdingbaren Forderungen" aufgelistet, der Einfachheit halber jedoch noch nicht alle Bewertungskriterien. Diese werden in unserem Fallbeispiel von der Familie später an Hand von Prospekten, Fachzeitschriften und eigener Erfahrung zusammengestellt.

Die "Unabdingbaren Forderungen", die die Familie an den Pkw stellen, sind in Bild 18 zusammengetragen und bilden die Grundlage für eine erste Grobauswahl der auf dem Markt erhältlichen Personenkraftwagen.

Für den hier beschriebenen zweiten Schritt, Festlegung der "Unabdingbaren Forderungen", Stufe: 1: "Definition und Abgrenzung der Aufgabenstellung" gelten die in Bild 19 genannten Teilschritte und Regeln.

UNABDINGBARE FORDERUNGEN HINSICHTLICH:	
- DES NUTZWERTES :	
Hubraum	$\geq 1,5$ Liter
Höchstgeschwindigkeit	≥ 170 km/h
Sitzplätze	≥ 4
Kofferrauminhalt	≥ 400 Liter
Geregelter Katalysator	ja
- DER KOSTEN:	
Beschaffungskosten (ges.)	≤ 30.000 DM

Bild 18. Mögliche "Unabdingbare Forderungen" beim Kauf eines Personenkraftwagens.

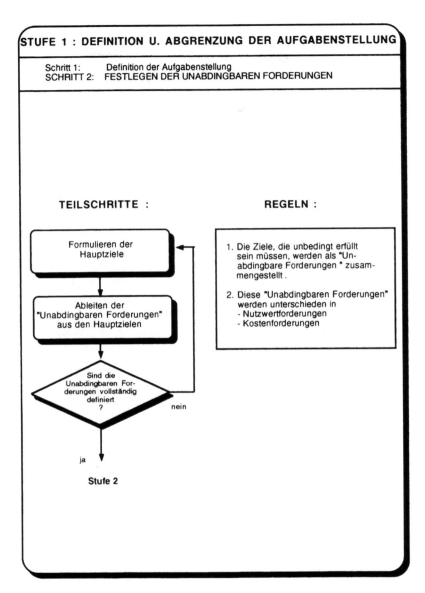

Bild 19. Vorgehensweise und Regeln bei der Festlegung der "Unabdingbaren Forderungen".

3.2 Nutzwert-Analyse

3.2.1 Grundlage

Wie in Abschnitt 2.3 dargelegt, kann die Nutzwert-Analyse überall dort sinnvoll eingesetzt werden, wo mehrere Alternativen zu vergleichen sind und eine große Anzahl von Zielen zu berücksichtigen ist. Es wird davon ausgegangen, daß jede Alternative für den Entscheidungsträger (z. B. Käufer, Verwender) einen ganz bestimmten Nutzen erbringt und zwar nicht nur einen monetär, sondern auch einen nicht-monetär bewertbaren (z. B. beim Auto die Sicherheit, der Komfort, das Prestige usw.).

Das Problem liegt nun darin, die Nutzenbeiträge, die sich aus ganz bestimmten Eigenschaften der Alternative ergeben, zu erfassen und in Nutzwerte zu transformieren. Dazu ist es erforderlich, die für die Entscheidung wichtigen Größen zu erkennen, sinnvoll zu ordnen und die Alternativen entsprechend den Wertvorstellungen des Entscheidungsträgers miteinander zu vergleichen.

Mit dem Darstellen und sinnvollen Ordnen der für die Entscheidung wichtigen Größen hat man den gesamten Entscheidungsraum in kleine, überschaubare Teile zerlegt; das Gesamtziel ist in Teilziele und in Unterziele, und diese wiederum in die zu ihrer Erfüllung erforderlichen Kriterien untergliedert. Für jedes dieser Teil- bzw. Unterziele werden Nutzwertbeiträge ermittelt, die dann für jede untersuchte Alternative zu einem Gesamtnutzwert gebündelt werden. Es gilt:

$$N_{ges} = f(N_1, N_2, N_3, ... N_n) \qquad (1)$$

mit N_{ges} als Gesamtnutzwert einer bestimmten Alternative, N_i als Nutzwertbeitrag des Kriteriums; also Beitrag des Kriteriums i am Gesamtnutzwert.

Der Verknüpfung der Nutzwertbeiträge kommt deshalb eine besondere Bedeutung zu, weil sie die Zuverlässigkeit des Bewertungsergebnisses beeinflußt.

Die einfachste und am häufigsten verwendete Art der Verknüpfung ist die Addition der einzelnen Nutzwertbeiträge,

$$N_{ges} = \sum_{i=1}^{n} N_i \qquad (2)$$

Man konnte durch den Vergleich mehrerer Verknüpfungsverfahren nachweisen, daß die additive Verknüpfungsart wesentlich genauer ist als die multiplikative.

Die Additionsverknüpfung verfälscht jedoch immer dann das Ergebnis, wenn die Bedingung besteht, daß das Ergebnis null wird, wenn ein Kriterium eine bestimmte Forderung nicht erfüllt. Für derartige Fälle bietet sich die multiplikative Verknüpfung an, bei der eine Alternative bei Nichterfüllung einer Forderung einen Gesamtnutzwert von Null erhält. Soll in anderen Fällen das Ergebnis einen niedrigen Wert haben, wenn der Erfüllungsgrad groß ist, so ist die Division die günstigste Verknüpfungsart. In der Praxis aber sind Division und auch Subtraktion selten angewandte Verknüpfungsmethoden; in den meisten Fällen werden die Nutzwertbeiträge addiert.

Nach Gl. (2) läßt die Nutzwert-Analyse zu, daß sich die einzelnen Nutzwertbeiträge gegeneinander aufrechnen, so daß also ein geringer Nutzwertbeitrag bei einem Ziel oder Bewertungskriterium durch einen hohen Nutzwertbeitrag eines anderen ausgeglichen wird; dies wird "Aufrechenbarkeit des Nutzens" oder "Substitution zwischen Zielen" genannt.

Der Nutzwertbeitrag eines Zieles oder Bewertungskriteriums hängt davon ab, wie wichtig dieses Kriterium ist und wie gut die zur Auswahl stehenden Alternativen die Vorstellungen des Bewerters erfüllen. Grundsätzlich läßt sich also sagen: Der Nutzwertbeitrag ergibt sich aus dem Grad, wie vollständig ein bestimmtes Ziel erreicht ist und der Bedeutung, die der Entscheidungsträger diesem Ziel beimißt:

$$N_i = w_i \cdot E_i \qquad (3)$$

darin ist w_i Bedeutung oder Gewicht des Kriteriums für den Gesamtnutzen N_{ges}, bzw. Anteil des Kriteriums i an dem Gesamtgewicht, E_i Erfüllungsgrad des Kriteriums i, d. h. der Grad, mit dem das Kriterium i die geforderte Eigenschaft erfüllt.

Mit Gleichung (3) wird offensichtlich, daß geringe Erfüllungsgradänderungen bei hohen Gewichten gleiche Nutzwertänderungen bewirken können, genauso wie große Erfüllungsgradänderungen bei kleinen Gewichten.

Die Erfüllungrade E_i hängen von den zu bewertenden Eigenschaften oder Leistungen L ab,

$$E_i = f(L_i) \qquad (4)$$

Der Nutzwertbeitrag N_i ergibt sich damit zu

$$N_i = w_i \cdot E_i = w_i \cdot f(L_i) \qquad (5)$$

Der Gesamtnutzwert wird damit entsprechend der Formel (6) ermittelt.

$$N_{ges} = \sum_{i=1}^{n} w_i \cdot E_i = \sum_{i=1}^{n} w_i \cdot f(L_i) \qquad (6)$$

3.2.2 Ablauf der Nutzwert-Analyse

Die eigentliche Nutzwert-Analyse erfolgt in sieben Teilschritten, die zunächst übersichtsweise vorgestellt werden und dann in den einzelnen Abschnitten ausführlich erläutert werden.

Entsprechend Bild 20 wird die Nutzwert-Analyse in folgenden Teilschritten durchgeführt:

1. Schritt: Aufstellen der Bewertungsziele in einem hierarchisch gegliederten Zielsystem. In diesem Zielsystem sind alle Ziele entsprechend ihrer logischen Verknüpfung aufgeführt.

2. Schritt: Festlegung der Gewichte der Ziele. Jedem Ziel wird ein relatives Gewicht zugeordnet, das seinen Anteil am Gesamtgewicht (mit 100 % beziffert) ausdrückt.

3. Schritt: Aufstellen der Wertetabellen oder der Wertefunktionen. Damit die Nutzwerte der zu bewertenden Alternativen möglichst objektiv und ohne Manipulation ermittelt werden können, werden - ohne Kenntnis der Eigenschaften der Alternativen - Wertetabellen und Wertefunktionen aufgestellt, die den Zusammenhang zwischen Erfüllungsgrad und Eigenschaften ausdrücken.

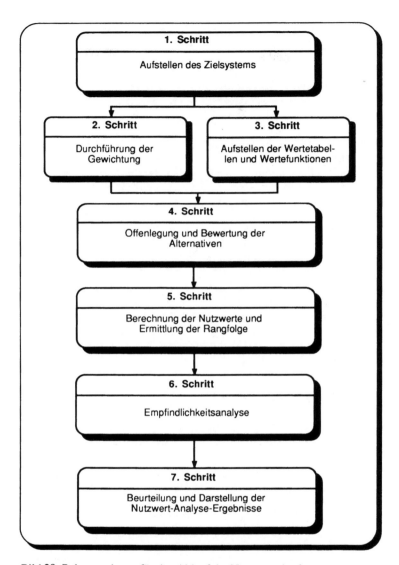

Bild 20. Rahmenschema für den Ablauf der Nutzwert-Analyse.

4. Schritt: Offenlegung und Bewertung der Alternativen. Die vorgelegten Alternativvorschläge werden erst in diesem Schritt bekanntgegeben und ihre Eigenschaften an Hand des Zielsystems zusammengestellt. Anschließend werden

	diese Eigenschaften mit Hilfe der Wertetabellen oder der Wertefunktionen in Erfüllungsgrade umgesetzt.
5. Schritt:	Berechnung der Nutzwerte. Mit den im zweiten Schritt festgelegten Gewichten und im vierten Schritt ermittelten Erfüllungsgraden werden die Nutzwertbeiträge berechnet und zum Gesamtnutzwert aufsummiert.
6. Schritt:	Empfindlichkeitsanalyse der ermittelten Nutzwerte. Da vor allem im zweiten Schritt bei der Gewichtung der Ziele, aber auch beim Festlegen der Punktwerte bei nicht quantifizierbaren Eigenschaften im Schritt 4 sowie beim Aufstellen der Wertetabellen und -funktionen subjektive Momente eine Rolle spielen können, wird abschließend eine Empfindlichkeitsanalyse (Abschnitt 3.2.8) der ermittelten Nutzwerte durchgeführt, mit der die Stabilität des Ergebnisses überprüft wird.
7. Schritt:	Beurteilung und Darstellung der Ergebnisse. Die im 5. Schritt berechneten Nutzwerte unddas Ergebnis der im 6. Schritt durchgeführten Empfindlichkeitsanalyse ermöglichen eine Beurteilung der Alternativen und sind die Grundlage für die abschließende Darstellung des Ergebnisses, vorzugsweise in Diagrammform.

3.2.3 Aufstellen des Zielsystems (1. Schritt)

Um das Entscheidungsproblem angemessen durch die Ziele beschreiben zu können, die für ein zufriedenstellendes Entscheidungsergebnis erreicht werden müssen, müssen diese zunächst in einer möglichst systematischen Weise gesucht, sinnvoll angeordnet und anschließend vervollständigt werden. Die Zielsuche und -ordnung ist ein kreativer Vorgang, für dessen Bearbeitung es zwar keine allgemeingültige Methode, wohl aber geeignete Verfahren der Ideenfindung und Strukturierung sowie der Moderation gibt. Jede neue Bewertung hat in der Regel ein anderes Ziel, so daß daher immer wieder ein neuer Zielkatalog geschaffen werden muß.

Folgenden grundsätzlichen Forderungen ist dabei Beachtung zu schenken:

- **Vollständigkeit**, d. h. alle wesentlichen Ziele müssen zusammengetragen und sinnvoll geordnet werden,

- **Angemessenheit**, d. h. die Anzahl der benutzten Ziele muß dem Entscheidungsumfang angemessen sein,
- **Systematik**, d. h. Kostenkriterien dürfen im Zielsystem nicht vorhanden sein,
- **Unabhängigkeit**, d. h. zwei Zielkriterien dürfen nicht auf verschiedene Weise dieselben Eigenschaften beschreiben; alle Ziele müssen auf Doppelbewertung und Überschneidungen hin überprüft werden.

Bei der Sammlung der Ziele muß beachtet werden, daß möglichst alle das Gesamtziel beeinflussende Faktoren aufgenommen werden. Voraussetzung hierfür ist, daß zuvor das Gesamtziel von allen Entscheidungsträgern exakt definiert wurde, auch wenn diese evtl. widersprüchliche Zielvorstellungen haben. Gerade in einem solchen Fall ist es wichtig, diese unterschiedlichen Zielvorgaben mit in die Nutzwert-Analyse aufzunehmen, um späteren Einsprüchen oder gar Widersprüchen vorzubeugen bzw. sie auszuschließen oder zu entkräften.

Für das Vorgehen bei der Sammlung des Zielkatalogs gibt es zwei Möglichkeiten:
- Im ersten Fall sammelt man intuitiv alle möglichen Bewertungsziele und ordnet sie danach in Form eines Strukturplans; dabei muß man nach geeigneten Oberbegriffen suchen, bzw. vorhandene Lücken schließen. Bei dieser Vorgehensweise können die hinlänglich bekannten Methoden der Ideenfindung zur Unterstützung eingesetzt werden.
- Beim zweiten Verfahren wählt man eine deduktive Vorgehensweise, indem man das Ziel der obersten Ebene zunächst in entsprechende Teilziele untergliedert und dann sukzessiv jedes Teilziel in jeweilige Unterziele bis zu den Zielkriterien aufteilt.

Beide Zielfindungsarten haben ihre Vorteile und werden in der Praxis nebeneinander angewendet.

Die Zusammenstellung der Ziele zum Zielsystem erfolgt am günstigsten derart, daß man die Ziele hierarchisch, in Form eines Strukturplanes, auflistet. Das umfassende Gesamtziel wird dabei über mehrere Ebenen hinweg immer weiter aufgegliedert. Beginnend in der obersten Ebene wird es zunächst in grobe Teilziele, in der zweiten Ebene in Unterziele und so fort immer weiter konkretisiert. Auf diese Weise entsteht eine Bewertungshierarchie, bei der das Gesamtziel in horizontaler und vertikaler Richtung aufgefächert wird, Bild 21.

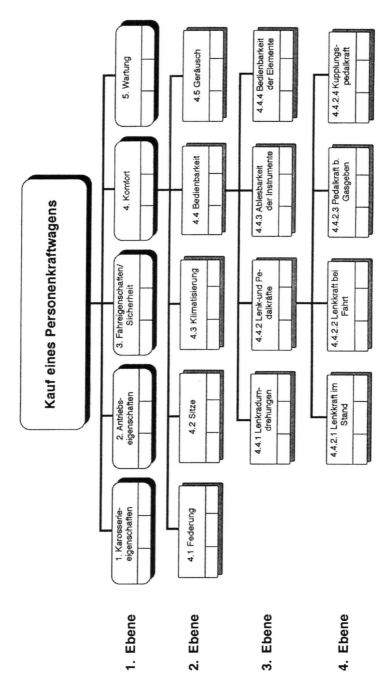

Bild 21. Aufbau eines hierarchischen Zielsystems.

Für die Sammlung und Zusammenstellung der Ziele hat sich das "Moderatorenprinzip" sehr bewährt: Die einzelnen Gruppenmitglieder werden durch einen Moderator aufgefordert, ihre Ziele auf großformatige Karten zu schreiben, die anschließend eingesammelt und auf einer Pinwand zunächst in Hauptgruppen vorsortiert und dann von der Gruppe in einer Zielhierarchie zueinander geordnet werden.

Die Ziele der untersten Bewertungsebene sind die eigentlichen Bewertungskriterien; nur sie werden zur Bewertung der Alternativen herangezogen. Für die spätere Bewertung der verschiedenen Alternativen ist es oft hilfreich, wenn die Zielkriterien nicht nur durch ein Stichwort angegeben, sondern durch eine verbale Beschreibung deutlich definiert und abgegrenzt werden.

Bei der Suche und insbesondere bei der Zusammenstellung der Ziele muß man bestrebt sein, die Funktionen, die die Erfüllung des Gesamtziels ausmachen, in den Vordergrund zu stellen und die technischen Merkmale der Alternative zur quantitativen Bewertung heranzuziehen. Beispielsweise ist es nicht primär entscheidend, ob ein Pkw mit einem Reihen- oder einen V-Motor, einem 4-Zylinder-Motor oder einem 6-Zylinder-Motor ausgerüstet ist; wohl aber ist es wichtig, welchen Beitrag diese Motorentypen zu den Funktionen "Motoreigenschaften" und "Komfort" liefern.

Sind alle Kriterien erfaßt, sollte man

- eine Überprüfung der gefundenen Kriterien auf Zugehörigkeit zu den Nutzwertkriterien und/oder zu den Kostenkriterien,
- eine kritische Durchsicht der übriggebliebenen Nutzwertkriterien im Hinblick auf Überschneidungen

durchführen.

Beim Aufsuchen von Nutzwertkriterien kann es durchaus vorkommen, daß auch Kostenkriterien genannt werden oder auch solche Kriterien, die sowohl in der Kostenanalyse wie auch in der Nutzwert-Analyse zu berücksichtigen sind.

Beispiele hierfür sind:

- Der Treibstoffverbrauch ist in erster Linie ein Kostenkriterium, denn er ist monetär bewertbar. Man kann allerdings darin auch ein Nutzenkriterium sehen; je geringer der Treibstoffverbrauch ist, um so weniger häufig muß man nachtanken. Da aber die Häufigkeit des Nachtankens auch vom Volumen des Tankinhalts abhängt, ist es empfehlenswert, diesen Aspekt durch das Kriterium "Reichweite einer Tankfüllung" abzudecken.

- Die Verfügbarkeit einer Servolenkung oder eines Antiblockier-Systems ist sowohl eine Frage des Nutzens als auch der Kosten.

Diese Beispiele machen deutlich, daß eine Überprüfung der Kriterien auf ihre Zugehörigkeit zu den Nutzwertkriterien und/oder den Kostenkriterien erfolgen muß. Eine Orientierungshilfe hierfür gibt Bild 22.

Durch die Überprüfung auf Überschneidungen soll sichergestellt werden, daß jedes Ziel völlig isoliert seinen Beitrag zum Gesamtnutzen liefert und daß das Ergebnis nicht durch Doppelbewertungen verfälscht wird.

Bild 23 stellt die Kriterienauswahl in bezug auf Überschneidungen prinzipiell dar:

- **Die vollständige Doppelbewertung**: Sie tritt dann auf, wenn z. B. Höchstgeschwindigkeit und Dauergeschwindigkeit bewertet werden.

- **Die teilweise Doppelbewertung**: Sie liegt beispielsweise dann vor, wenn man für die Zielhierarchie zur Auswahl eines

Fragestellung	Nutzwert-Analyse	Kosten-Analyse
Ist ein Kriterium nicht monetär bewertbar ?	X	
Ist ein Kriterium ein Kostenkriterium und auch gleichzeitig ein Nutzenkriterium ?	X	X
Ist ein Kriterium zwar ein Kostenkriterium, aber noch nicht monetär bewertbar ?	X	
Ist ein Kriterium eindeutig ein Kostenkriterium ?		X

Bild 22. Checkliste für die Einordnung der Kriterien in die Nutzwert- bzw. Kosten-Analyse.

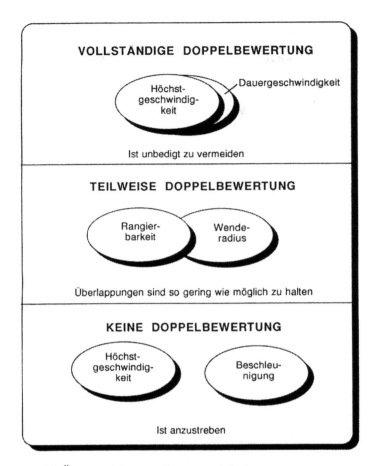

Bild 23. Überschneidung von Bewertungskriterien.

Personenkraftwagens die Ziele Rangierbarkeit und Wenderadius aufführen würde, denn die Rangierbarkeit hängt auch vom Wenderadius ab.

- **Keine Doppelbewertung**: Sie liegt z. B. bei den Zielen Höchstgeschwindigkeit und Beschleunigungsvermögen vor, denn beide sind völlig unabhängig voneinander.

Dagegen kann es durchaus geschehen, daß ein Kriterienname mehrfach unter verschiedenen Teilzielen genannt wird, ohne daß eine Doppelbewertung vorliegt. So kann beispielsweise in der Bewertung beim

Personenkraftwagenkauf das Kriterium Radaufhängung sowohl unter den Teilzielen Komfort als auch unter Sicherheit verzeichnet werden.

Zur Prüfung des Zielsystems auf Doppelbewertung eignet sich eine Matrix, bei der man alle Kriterien der Zielhierarchie jeweils in Zeilen und Spalten aufführt und zeilenweise jedes Kriterium mit jedem der übrigen Kriterien vergleicht und auf Doppelbewertung überprüft. Werden doppeltbewertete Kriterien gefunden, so sind sie, je nach Grad der Doppelbewertung, zu eliminieren, einzuengen oder schärfer abzugrenzen.

In Bild 24 ist eine solche Matrix für ein Zielsystem zum Kauf eines Personenkraftwagens, bestehend aus neun Kriterien, dargestellt. Dabei

Wirkung von → auf ↓	Startverhalten	Laufruhe b. Kaltlauf	Laufruhe b. Warmlauf	Umweltbelastung	Getriebeverhalten	Motor-Getriebe-Übersetzung	Ansprechverh. b. Gaswechsel	Höchstgeschwindigkeit	Beschleunigungsvermögen	Elastizität	Reichweite b. vollem Tank
Startverhalten	▨	+	-	-	-	-	-	-	-	-	-
Laufruhe b. Kaltlauf		▨	-	-	-	-	-	-	-	-	-
Laufruhe b. Warmlauf			▨	-	-	-	-	-	-	-	-
Umweltbelastung				▨	-	-	-	-	-	-	-
Getriebeverhalten					▨	-	-	-	-	-	-
Motor-Getriebe-Übersetzung						▨	-	-	-	-	-
Ansprechverh. b. Gaswechsel							▨	-	-	+	-
Höchstgeschwindigkeit								▨	-	-	-
Beschleunigungsvermögen									▨	-	-
Elastizität										▨	-
Reichweite b. vollem Tank											▨

Bild 24. Überprüfung der Bewertungskriterien auf Doppelbewertung.

wurden die Zeilen gegen die Spalten abgefragt. Bei Vorliegen einer Doppelbewertung ist dies mit Plus markiert; wenn dagegen keine Doppelbewertung vorhanden war, mit einem Minus. Bei Zielsystemen mit sehr vielen Kriterien ist der Aufwand relativ groß, doch gerade dann ist die Mehrarbeit gerechtfertigt, denn Doppelbewertungen, die bei einer großen Anzahl von Kriterien eher auftreten als bei einer kleinen, werden mit Hilfe dieser Prüfungsart aufgespürt.

Wenn man sicher ist, alle Nutzwert-Kriterien eindeutig abgegrenzt zu haben, kann man beginnen, sie in ein hierarchisches Zielsystem zu ordnen.

Bei der Aufteilung der Ziele in hortizontale Ebenen ist darauf zu achten, daß die Ziele einer Ebene alle eine in etwa gleiche Wichtigkeit aufweisen. Gleichzeitig muß aber auch die Tatsache bewußt bleiben, daß es natürlich nicht sinnvoll ist, ein Oberziel in allzu viele horizontale Teilziele aufzugliedern, denn je mehr Teilziele einem Oberziel zugeordnet werden, um so unübersichtlicher wird der Zielkatalog und um so schwieriger die spätere Gewichtung. In der Praxis hat es sich bewährt, ein Oberziel in nicht mehr als acht Teilziele aufzugliedern. Eine Analyse übersichtlicher Zielsysteme ergab im Mittel vier bis sechs horizontale Teilziele unter einem Oberziel.

Bei der Aufgliederung der Ziele in vertikaler Richtung müssen die einem Oberziel zugeordneten Teilziele logische Teile dieses Oberbegriffes sein und diesen möglichst voll ständig beschreiben; mit jedem weiteren Schritt in vertikaler Richtung wird das Ziel weiter konkretisiert. Sobald sich die Ziele ausreichend beschreiben und damit bewerten lassen, bedarf es keiner weiteren vertikalen Untergliederung, denn durch eine allzu große Detaillierung erhöht sich die Anzahl von Bewertungskriterien derart, daß für diese häufig Informationen nur schwer oder gar nicht zu beschaffen sind.

Auch bei der Gliederung eines Oberziels in vertikaler Richtung hat sich in der Praxis gezeigt, daß es ratsam ist, dieses in drei bis maximal vier Ebenen aufzufächern. Wird beispielsweise jedes Ziel des gesamten Zielsystems in nur vier Unterziele aufgeteilt, dann erhält man in der dritten Ebene bereits 64 Kriterien, die bewertet werden müssen, von denen jedes das Gesamtziel im Mittel mit 1,6 % beeinflußt; bei einer Untergliederung in vier Ebenen sind bereits 256 Kriterien zu bewerten, von denen jedes sich auf das Gesamtziels nur noch mit 0,4 % auswirkt.

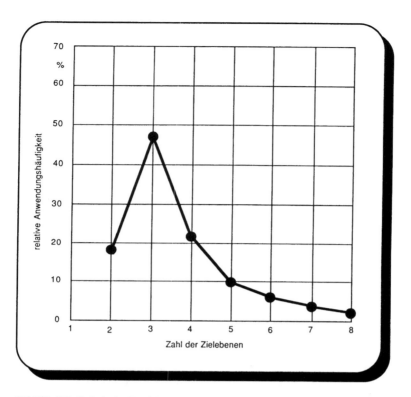

Bild 25. Häufigkeit der Zahl der Zielebenen bei ausgeführten Nutzwert-Analysen.

In Bild 25 sind veröffentlichte sowie von den Verfassern durchgeführte Nutzwert-Analysen bezüglich der Anzahl der Zielebenen ausgewertet. Es zeigt ganz eindeutig, daß mehr als vier Zielebenen nur noch in ganz wenigen Fällen benötigt werden.

Die Zahl der Kriterien, die das Zielsystem aufweisen sollte, ist abhängig von der Wichtigkeit des Bewertungssystems; beispielsweise erfordert eine sehr große Investition selbstverständlich ein umfangreicheres Zielsystem als eine kleine.

Sind sehr viele Alternativen zu bewerten, dann wird aus Zeit- und Kostengründen der Bewertungsprozeß phasenweise durchgeführt; d.h., es wird zunächst mit wenigen Kriterien eine Grobbewertung vorgenommen, durch die die ungünstigsten Alternativen schon ausgefiltert werden; zuletzt erfolgt dann mit einer größeren Anzahl von

Kriterien eine Endbewertung, wobei man in der ersten Stufe nur solche Kriterien wählt, für welche die Beschaffung von Informationen mit relativ niedrigem Aufwand möglich ist.

Als Richtgröße läßt sich angeben, daß eine Grobbewertung, der bis maximal 12 Kriterien zugrunde liegen, vorgenommen wird, wenn mehr als 60 Alternativen zu bewerten sind. Aus dieser Grobauswahl sollten nicht mehr als rd. 20 Alternativen in die Vorbewertung kommen, die mit sieben bis maximal 25 Kriterien durchgeführt wird. Von den hieraus verbleibenden rund sechs Alternativen, die mit 15 bis 55 Kriterien bewertet werden, kommen die zwei bis vier besten in die Endbewertung, die mit 20 bis 100 Kriterien vorgenommen wird.

Bei diesem Verfahren können auch Stufen übersprungen werden.

Bild 26 gibt einen Anhalt dafür, wieviel Kriterien das Zielsystem aufweisen sollte, wenn der Bewertungsaufwand in einem vernünftigen Verhältnis zum Investitionswert stehen soll. Wesentliche Abweichungen von diesen Richtwerten deuten darauf hin, daß der Kriterienkatalog entweder zu fein ist, wodurch die Bewertung unwirtschaftlich werden kann, oder daß er zu grob ist, so daß die Gefahr besteht, daß das Bewertungsergebnis ungenau werden kann. Selbstverständlich sind die in diesem Bild angegebenen Grenzen schwimmend und können nur Richtwerte darstellen. Letztlich muß für jede Bewertung individuell festgelegt werden, wie viele Kriterien berücksicht werden sollen.

Einen anderen Hinweis auf die zweckmaßige Zahl der Zielkriterien erhält man aus Bild 114 in Abschnitt 4.1, in dem derenAbhängigkeit von dem Geldwert der Enscheidungsalternativen dargestellt ist.

Unter Beachtung der zuvor genannten Regeln kann die endgültige Formulierung der Zielhierarchie erfolgen; für den Kauf eines Personenkraftwagens erhält man beispielsweise das in Bild 27 gezeigte Ergebnis; der Übersichtlichkeit bzw Lesbarkeit halber ist dieses Bild in mehrere Teilbilder aufgegliedert.

Für das Aufstellen des Zielsystems gelten die in Bild 28 aufgestellten Regeln.

3.2.4 Gewichtung (2. Schritt)

Durch die Gewichtung soll die relative Bedeutung der Zielkriterien zueinander berücksichtigt werden. Würde dies unterlassen, so besäße

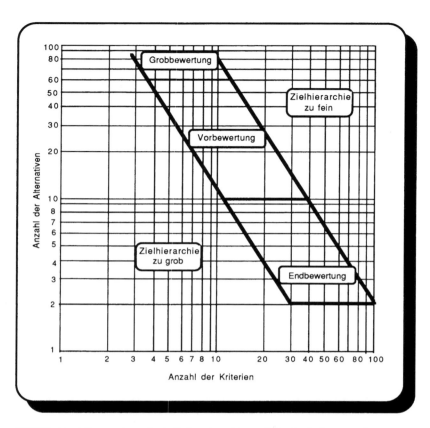

Bild 26. Abschätzung der erforderlichen Anzahl von Kriterien bei vorgegebener Anzahl von Alternativen.

jedes Ziel das gleiche relative Gewicht am Gesamtziel; und das ist immer dann ungenau, wenn die Ziele unterschiedliche Bedeutung haben.

Würde bei unserem Fallbeispiel "PKW-Kauf" die oberste Ebene des Zielsystems nicht gewichtet, dann würden die Kriterien

- Karosserieeigenschaften,
- Antriebseigenschaften,
- Fahreigenschaften/Sicherheit,
- Komfort und
- Wartung

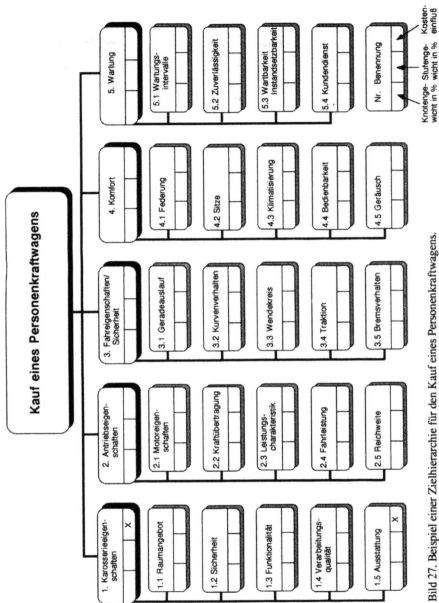

Bild 27. Beispiel einer Zielhierarchie für den Kauf eines Personenkraftwagens.

1. Karosserieeigenschaften

1.1 Raumangebot	1.2 Sicherheit	1.3 Funktionalität	1.4 Verarbeitungsqualität	1.5. Ausstattung
1.1.1 Innenraum	1.2.1 Passive Sicherheit der Karosserie	1.3.1 Bedienbarkeit der Karosserieelemente	1.4.1 Karosserie	1.5.1 Karosserie
1.1.2 Kofferraum	1.2.2 Stoßfänger	1.3.2 Einstieg	1.4.2 Lack	1.5.2 Antrieb
1.1.3 Raumflexibilität	1.2.3 Gurtsystem	1.3.3 Übersichtlichkeit	1.4.3 Türen / Hauben	1.5.3 Sicherheit
1.1.4 Max. Zuladung		1.3.4 Scheiben	1.4.4 Inneneinrichtung	1.5.4 Komfort
		1.3.5 Zugänglichkeit d. Kofferraums		

2. Antriebseigenschaften

2.1 Motoreigenschaften	2.2 Kraftübertragung	2.3 Leistungscharakter.	2.4 Fahrleistung	2.5 Reichweite
2.1.1 Startverhalten	2.2.1 Getriebeart	2.3.1 Motor-Getriebe-Übersetzung	2.4.1 Höchstgeschwindigkeit	2.5.1 Reichweite bei vollem Tank
2.1.2 Laufruhe bei Kaltlauf		2.3.2 Ansprechverhalten bei Gaswechsel	2.4.2 Beschleunigung	
2.1.3 Laufruhe bei Warmlauf			2.4.3 Elastizität	
2.1.4 Umweltbelastung				

Bild 27.1. Beispiel für die Aufgliederung des Teilziels "Karosserieeigenschaften" bis auf meßbare Kriterien.

Bild 27.2. Beispiel für die Aufgliederung des Teilziels "Antriebseigenschaften" bis auf meßbare Kriterien.

3. Fahreigenschaften / Sicherheit

3.1 Geradeauslauf	3.2 Kurvenverhalten	3.3 Wendekreis	3.4 Traktion	3.5 Bremsverhalten
3.1.1 Geradeauslauf	3.2.1 Unter-/Übersteuern	3.3.1 Min. Wendekreis	3.4.1 Traktion auf trockener Straße	3.5.1 Max. Bremsverzögerung
3.1.2 Seitenwindempfindlichkeit	3.2.2 Slalomverhalten		3.4.2 Traktion auf glatter Straße	3.5.2 Anfälligkeit gegen Bremsfading
3.1.3 Spurtreue beim Bremsen	3.2.3 Verhalten bei hoher Zuladung		3.4.3 Traktion am Berg	
	3.2.4 Verhalten bei Lastwechseln			

4. Komfort

4.1 Federung	4.2 Sitze	4.3 Klimatisierung	4.4 Bedienbarkeit	4.5 Geräusch
4.1.1 Federung u. Dämpfung b. unterschiedl. Straßenverhältnissen	4.2.1 Sitzkomfort	4.3.1 Belüftung	4.4.1 Anzahl der Lenkradumdrehungen	4.5.1 Motorgeräusch im Stand
4.1.2 Federung u. Dämpfung in Kurven	4.2.2 Verstellbarkeit der Sitze	4.3.2 Heizung	4.4.2 Lenk- und Pedalkräfte	4.5.2 Fahrgeräusch
4.1.3 Federung u. Dämpfung beim Bremsen		4.3.3 Aufheizen des Innenraums im Sommer	4.4.3 Ablesbarkeit der Instrumente	
			4.4.4 Bedienbarkeit der Elemente im Innenraum	

Bild 27.3. Beispiel für die Aufgliederung des Teilziels "Fahreigenschaften/Sicherheit" bis auf meßbare Kriterien.

Bild 27.4. Beispiel für die Aufgliederung des Teilziels "Komfort" bis auf meßbare Kriterien.

5. Wartung			
5.1 Wartungsintervalle	**5.2 Zuverlässigkeit**	**5.3 Wart-/Instandsetzbarkeit**	**5.4 Kundendienst**
5.1.1 Ölwechselintervalle	5.2.1 Gesamtzuverlässigkeit	5.3.1 Zugänglichkeit der Aggregate	5.4.1 Entfernung und Qualität der nächsten Werkstatt
5.1.2 Inspektionsintervalle		5.3.2 Notwendigkeit von Generalwartungen	5.4.2 Anzahl und Qualität der Werkstätten in Deutschland

Bild 27.5. Beispiel für die Aufgliederung des Teilziels "Wartung" bis auf meßbare Kriterien.

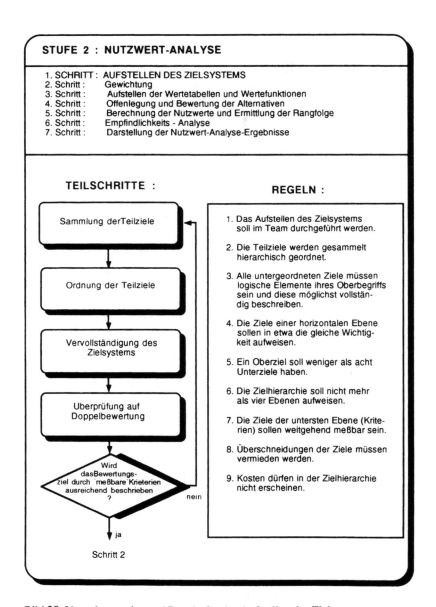

Bild 28. Vorgehensweise und Regeln für das Aufstellen des Zielsystems.

gleichwertig behandelt und nicht den unterschiedlichen Anforderungen der Familie entsprechen. Diese hat sich ja darauf verständigt, daß die Fahreigenschaften und der Komfort wichtiger sind als die Karosserieeigenschaften und die Antriebseigenschaften und daß die Wartung relativ unwichtig ist. Um diesen Aspekt noch deutlicher zu machen, soll der PKW-Kauf in diesem Abschnitt auch aus der Sicht eines sportlichen Fahrers, der Single ist und nicht auf die Interessen einer Familie Rücksicht nehmen muß, betrachtet werden; dieser könnte weitaus mehr Wert legen auf gute Antriebs- und Fahreigenschaften als auf Karosserieeigenschaften und Komfort.

Gemäß der Gleichung (6)

$$N_{ges} = \sum_{i=1}^{n} w_i \cdot E_i$$

ergibt die Summe aller Teilziele das Gesamtergebnis. Daher muß dafür gesorgt werden, daß die Summe aller Gewichte gleich 1,0 oder 100 % ist, wodurch gleichzeitig erreicht wird, daß der später errechnete Nutzwert die gleiche Skalenlänge wie die Erfüllungsgrade aufweist (s. auch Abschnitt 3.2.5).

In Bild 29 ist das Prinzip der Gewichtung zusammenfassend dargestellt. Man erkennt, wie sich die unterschiedlichen Präferenzordnungen einer Familie und eines sportlichen Autofahrers auf der obersten Ebene der Zielhierarchie widerspiegeln.

Eine solche Gewichtung der oberen Ebene des Zielsystems verursacht in der Regel keine Schwierigkeiten. Bei der Bearbeitung eines gesamten Zielsystems, wie z. B. in Bild 27, können aber Probleme auftreten, wenn bei der Gewichtung nicht systematisch vorgegangen wird. Wie schon im Abschn. 3.2.3 soll anhand von Bild 30 noch einmal die Bedeutung der Anzahl der Zielebenen auf die Gewichtung gezeigt werden. Wenn in der Zielhierarchie das Gesamtziel in fünf Unterziele aufgegliedert wird, so erhalten die Ziele der 1. Ebene ein mittleres Gewicht von 20 %; Kriterien der 2. Ebene haben in diesem Beispiel ein mittleres Gewicht von etwa 4 %; die 3. Ebene liegt auf einem Niveau von etwa 1 % und die 4. Ebene sinkt bereits unter 1 % ab. Oder mit anderen Worten: Ein Zielsystem mit 4 Ebenen hat in der Regel mehr als 100 Kriterien mit durchschnittlich weniger als 1 % Gewicht. Ein Zielsystem mit 3 Ebenen hat immer noch etwa 50 Kriterien mit 2 % Gewicht. Es wird damit deutlich, daß es meist wenig sinnvoll ist, eine Gewichtung auf einer 5. oder noch tieferen

Zielkriterium	Gewichtung in %		
	keine Dif-ferenzierung	Familie	Sportfahrer
Karosserieeigenschaften	20	20	15
Antriebseigenschaften	20	20	30
Fahreigenschaften	20	25	30
Komfort	20	25	15
Wartung	20	10	10
Summe	100	100	100

Bild 29. Möglichkeiten zur Berücksichtigung unterschiedlicher Präferenzen bei Familien und Sportfahrern am Beispiel "Kauf eines Personenkraftwagens".

Ebene vorzunehmen, weil dann nur noch eine formale, aber keine für das Bewertungsergebnis relevante Differenzierung in der Gewichtung zu erreichen ist, denn jedes Kriterium liefert ja nur einen seinem Gewicht gemäßen Nutzbeitrag zum Gesamtergebnis.

Zur Vorgehensweise bei der Gewichtung des Zielsystems gibt es zwei unterschiedliche Verfahren:

- **Die Gewichtung von oben nach unten:**
  Dabei werden die Kriterien jeweils eines Astes des Zielsystems gewichtet und die Gewichte der Kriterien eines untergeordneten Astes durch Multiplikation der Gewichte dieses Astes mit dem Gewicht des übergeordneten Kriteriums ermittelt. Diese Vorgehensweise muß bei komplexen Zielsystemen angewendet werden.

- **Die Gewichtung von unten nach oben:**
  Hierbei werden alle Kriterien der untersten Ebene aufgelistet und gewichtet. Das Gewicht eines übergeordneten Kriteriums errechnet sich dann durch Addition der Gewichte der unter-

geordneten Kriterien. Diese Vorgehensweise eignet sich für einfache Zielsysteme.

Die den Zielen eines Astes direkt zugeordneten Gewichte werden als "Knotengewichte" bezeichnet. Multipliziert man das Knotengewicht eines Kriteriums mit dem Knotengewicht des darüberliegenden Teilziels, so erhält man das "Stufengewicht" dieses Teilziels (siehe auch Bild 30).

Bei den bisherigen Beispielen wurde intuitiv gewichtet, d. h., es wurden Gewichte zugeordnet, die "rein gefühlsmäßig" für angemessen gehalten wurden. Für sehr einfach strukturierte Zielsysteme ist diese Vorgehensweise gut geeignet. Für komplexere Zielsysteme gibt es jedoch auch formale Verfahren der Gewichtung, die sich in der Praxis bewährt haben.

Diese Verfahren sind in Abschnitt 5.1 eingehend beschrieben und werden hier nur kurz zusammengefaßt angesprochen:

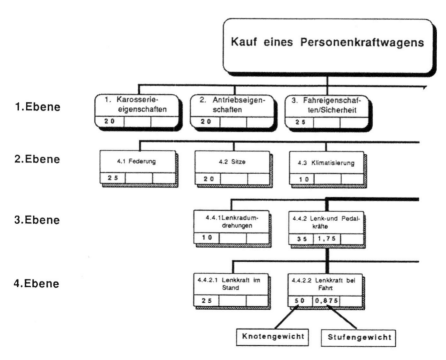

Bild 30. Berechnung der Stufengewichte.

- Die **Gewichtung mit einem absoluten Maßstab** wird benutzt, wenn man ein einfaches Verfahren anwenden will und keine besonders hohe Genauigkeit verlangt wird.

- Der **einfache singuläre Vergleich** wird angewendet, wenn nicht zu viele Kriterien gewichtet werden müssen und keine größere Genauigkeit verlangt wird.

- Der **verfeinerte singuläre Vergleich** wird angewendet, wenn zwischen fünf und zehn Kriterien zu gewichten sind und eine größere Genauigkeit erwartet wird.

- Der **sukzessive Vergleich** wird angewendet, wenn eine sehr große Genauigkeit verlangt wird und nicht zu viele Kriterien vorliegen.

- Das **Matrix-Verfahren** ist im Prinzip ein Verfahren zur Rangfolgenbildung und wird angewendet, wenn sehr viele Kriterien unter den einzelnen Oberzielen vorhanden sind und man auch bereit ist, einen größeren Aufwand in die Gewichtung zu stecken.

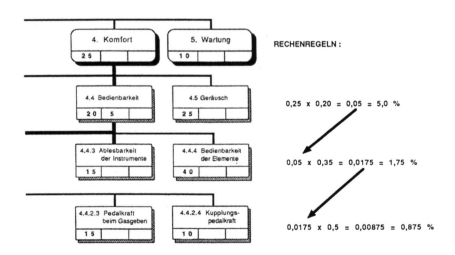

Kriterium ist	und erhält die Wertung
unwichtig	1
weniger wichtig	2
wichtig	3
sehr wichtig	4
äußerst wichtig	5

Bild 31. Definition von Gewichtungsziffern zur Erleichterung der Gewichte.

Bei dem Fallbeispiel ist die absolute Gewichtung zur Anwendung gekommen; dabei wird die in Bild 31 genannte Abstufung zugrunde gelegt.

Das Ergebnis einer solchen Gewichtung zeigt Bild 32 für die oberste (erste) Ebene des Zielsystems aus der Sicht der Familie und des Sportfahrers.

Nachdem damit die Hauptregeln für die Gewichtung angesprochen sind, sollen nun noch drei weitere Aspekte der Gewichtung genannt werden.

Erstens sollte man sich beim Entwurf eines Zielsystems darum bemühen, ein möglichst **"symmetrisches"** **Zielsystem** aufzubauen, d. h. ein Zielsystem mit einer jeweils etwa gleichen Anzahl von untergeordneten Kriterien. Es kann nämlich geschehen, daß die Gewichtung durch die Zahl der untergeordneten Kriterien beeinflußt wird. Dies soll an dem Beispiel in Bild 33 verdeutlicht werden. Hier ist das gleiche Teilziel mit einem Stufengewicht von 30 % einmal in zehn und einmal in fünf Kriterien aufgeteilt. Bei der Zehnerteilung ergibt sich so ein Knotengewicht von durchschnittlich 10 % und ein entsprechendes Stufengewicht von 3 %. Bei der Fünferteilung betragen die Knotengewichte durchschnittlich 20 % und die Stufengewichte ihrerseits 6 %. Dies kann durchaus korrekt sein. Es soll aber darauf hinge-

Zielkriterium	Familie 1)		Sportfahrer 2)	
	Wertung	relatives Gewicht (%)	Wertung	relatives Gewicht (%)
Karosserieeigenschaften	4	20	2	15
Antriebseigenschaften	4	20	4	31
Fahreigenschaften	5	25	4	31
Komfort	5	25	2	15
Wartung	2	10	1	8
Summe	20	100	13	100

1) Die relativen Gewichte errechnen sich durch Division der Gewichtsziffer durch deren Summe.
2) Die relativen Gewichte des Sportfahrers sind gerundet.

Bild 32. Beispiel für die Gewichtung mit Hilfe von Gewichtungsziffern.

wiesen werden, daß hier eine mögliche Fehlerquelle bei der Gewichtung entstehen kann. Denn wenn die Kriterien bei der Fünfterteilung nur 3 % betragen sollen, müßte das Stufengewicht des Teilziels von 30 % auf 15 % reduziert werden.

Die Schlußfolgerung aus diesen Zusammenhängen ist, daß bei sehr "unsymmetrischen" Zielsystemen, die sich nicht immer vermeiden lassen, die Gewichtung der übergeordneten Teilziele u. U. auch an der Anzahl der jeweils untergeordneten Kriterien orientieren kann.

Zweitens muß man geeignete Vorgehensweisen im Falle von **abweichenden Meinungen bei der Gewichtung** wählen. Wenn unterschiedliche Bedarfsträger oder Zielgruppen eine Nutzwert-Analyse vornehmen, treten erfahrungsgemäß bei der Gewichtung der Zielkriterien Unterschiede auf, was natürlich auf differierende persönliche Vorstellungen über die Bedeutung der einzelnen Ziele zurückzuführen ist.

Es tritt dann die Frage auf, in welcher Form diese unterschiedlichen Vorstellungen (Gewichte) in die Berechnung der Nutzwerte eingehen sollen.

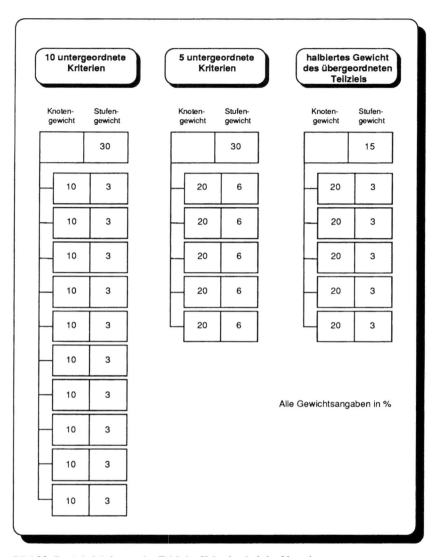

Bild 33. Berücksichtigung der Zahl der Kriterien bei der Vergabe von Stufengewichten.

In der Praxis läßt sich die Anzahl der Meinungen durch Aufklärung und Diskussion oft auf einige grundsätzliche Ansichten reduzieren. Durch die Beteiligung der höheren Entscheidungsgremien an diesem Prozeß ist meist die Einigung auf eine einzige Gewichtung möglich.

Gelingt die Einigung auf nur eine Gewichtung nicht, so besteht die Möglichkeit, die verschiedenartigen Gewichtssysteme, (s. Abschnitt 7.3).beschrieben, zu mitteln; hierbei muß man sich allerdings bewußt sein, daß nicht diejenigen Alternativen ausgewählt werden, die jeweils die Vorstellungen der einzelnen Bewerter am besten erfüllen, sondern die Alternativen, die gemäß einem mittleren Präferenzsystem am günstigsten sind. Es wird empfohlen, extreme Gewichte nicht in die Mittelwertbildung einzubeziehen, sondern mit ihnen gesondert Nutzwerte für die einzelnen Alternativen zu errechnen.

Bei dieser Arbeitsweise wird man mehrere - sicherlich häufig unterschiedliche - Rangfolgen erhalten und muß sich im Anschluß an die Hochrechnung der Nutzwerte, z. B. in Form von Diskussionen, damit auseinandersetzen, welche der Alternativen nun insgesamt am besten die Vorstellungen aller beteiligten Zielgruppen erfüllt.

Ein dritter Gesichtspunkt ist, daß das Gewicht bisher **statisch** in Abhängigkeit der Zeit betrachtet wurde. Für sehr weit in die Zukunft reichende Aufgabenstellungen besteht bei der Nutzwert-Kosten-Analyse auch die Möglichkeit, das **Gewicht der einzelnen Zielkriterien über der Zeit veränderlich** anzugeben. Dabei wird für jedes Zielkriterium eine Funktion festgelegt, die wiedergibt, wie sich das Gewicht in Abhängigkeit der Zeit verändert. In der Praxis wird dies jedoch selten angewandt, weil zum einen

- der viel höhere rechnerische Aufwand, verbunden mit der Schwierigkeit, abzuschätzen, wie sich das Gewicht im Laufe der Zeit verändern mag, in kaum tragbarem Verhältnis zu der gewonnen Aussage steht und weil zum anderen

- die in der betrieblichen Praxis durchgeführten Nutzwert-Kosten-Analysen, werden, selten so weit in die Zukuft reichen, daß eine Veränderung des Gewichts in Betracht kommt.

Nachdem alle Knotengewichte - unter Beachtung der vorgenannten Regeln - bestimmt worden sind, errechnet man die Stufengewichte so, wie es beispielhaft in Bild 30 dargestellt ist. Danach müssen die Stufengewichte von Kriterien der einzelnen Zielketten miteinander verglichen werden, um feststellen zu können, ob ein höheres Gewicht auch tatsächlich einer höheren Bedeutung des Kriteriums entspricht. Am einfachsten ist es, die Kriterien entsprechend ihrer Stufengewichte in eine Rangfolge zu bringen und zu prüfen, ob die Rangfolge auch mit der Bedeutungsfolge der Kriterien übereinstimmt. Unterscheiden sie sich voneinander, so müssen spezielle Korrekturen an den Knotengewichten der Kriterien oder ihren darüberliegenden Teilzielen vorgenommen werden.

Für das in Abschnitt 3.2.3 erarbeitete Zielsystem werden in den Bildern 34 und 35 die Gewichtungen für die Familie bzw. den Sportfahrern wiedergegeben. Deutlich sichtbar sind die abweichenden Interessen dieser beiden Zielgruppen in der Rangfolge der Zielkriterien.

Unter der Voraussetzung, daß die zuvor genannten Gewichte die tatsächlichen Wünsche der Familie und des Sportfahrers wiedergeben und die Überprüfung der Rangfolgen keine Änderung der Gewichtung erforderlich macht, können anschließend die gewichteten Zielsysteme mit Bild 36 und Bild 37 verabschiedet werden.

Rang	Nr.	Kriterium	Gewicht	kum. Gew.
1	3.2	Kurvenverhalten	6,25	6,25
1	3.5	Bremsverhalten	6,25	12,5
1	4.1	Federung	6,25	18,75
1	4.5	Geräusche	6,25	25
5	1.2	Sicherheit Karosserie	6,0	31
6	1.1	Raumangebot	5,0	36
6	2.3	Leistungscharakteristik	5,0	41
6	2.4	Fahrleistungen	5,0	46
6	3.1	Geradeauslauf	5,0	51
6	4.2	Sitze	5,0	56
6	4.4	Bedienbarkeit	5,0	61
12	1.3	Funktionalität	4,0	65
12	2.1	Motoreigenschaften	4,0	69
12	2.2	Kraftübertragung	4,0	73
15	3.3	Wendekreis	3,75	76,25
15	3.4	Traktion	3,75	80,5
17	1.4	Verarbeitungsqualität	3,0	83,5
17	5.2	Zuverlässigkeit	3,0	86,5
17	5.3	Instandsetzbarkeit	3,0	89,5
20	4.3	Klimatisierung	2,5	92
21	1.5	Ausstattung	2,0	94
21	2.5	Reichweite	2,0	96
21	5.1	Wartungsintervalle	2,0	98
21	5.4	Kundendienst	2,0	100

Bild 34. Überprüfung der Gewichtung beim Kauf eines Personenkraftwagens für eine Familie.

Rang	Nr.	Kriterium	Gewicht	kum. Gew.
1	2.4	Fahrleistungen	9,0	9
1	3.2	Kurvenverhalten	9,0	18
3	2.3	Leistungscharakteritik	7,5	25,5
3	3.5	Bremsverhalten	7,5	33
5	2.1	Motoreigenschaften	6,0	39
5	2.2	Kraftübertragung	6,0	45
5	3.1	Geradeauslauf	6,0	51
5	3.4	Traktion	6,0	57
9	4.4	Bedienbarkeit	4,5	61,5
10	1.2	Sicherheit Karosserie	3,75	65,25
10	1.3	Funktionalität	3,75	69
10	4.1	Federung	3,75	72,75
10	4.2	Sitze	3,75	76,5
14	1.4	Verarbeitungsqualität	3,0	79,5
14	5.2	Zuverlässigkeit	3,0	82,5
14	5.3	Instandsetzbarkeit	3,0	85,5
17	1.1	Raumangebot	2,25	87,75
17	1.5	Ausstattung	2,25	90
19	5.1	Wartungsintervalle	2,0	92
19	5.4	Kundendienst	2,0	94
21	2.5	Reichweite	1,5	95,5
21	3.3	Wendekreis	1,5	97
21	4.3	Klimatisierung	1,5	98,5
21	4.5	Geräusch	1,5	100

Bild 35. Überprüfung der Gewichtung beim Kauf eines Personenkraftwagens für einen sportlichen Autofahrer.

Die zuvor beschriebenen Teilschritte und Regeln des Gewichtens sind in Bild 38 zusammengestellt.

3.2.5 Aufstellen der Wertefunktionen und Wertetabellen (3. Schritt)

Im Abschnitt 3.2.1: Grundlagen der Nutzwert-Analyse wird gezeigt, daß sich der Nutzwert N aus dem Produkt des Gewichtsfaktors W und dem Erfüllungsgrad E errechnet. Um den Erfüllungsgrad E ermitteln zu können, benötigt man Wertefunktionen oder Wertetabellen; mit ihnen werden die unterschiedlichen Dimensionen der zu bewertenden Eigenschaften in eine einheitliche Dimension, den "Erfüllungsgrad" transformiert, einen Wert, mit dem das Maß der Zielerfüllung dargestellt werden soll. Da dieser eindimensional ist, nämlich Punkte hat,

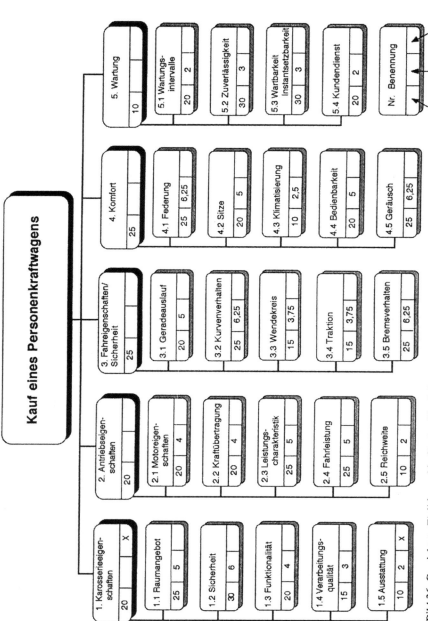

Bild 36. Gewichtete Zielhierarchie für den Kauf eines Personenkraftwagens für eine Familie.

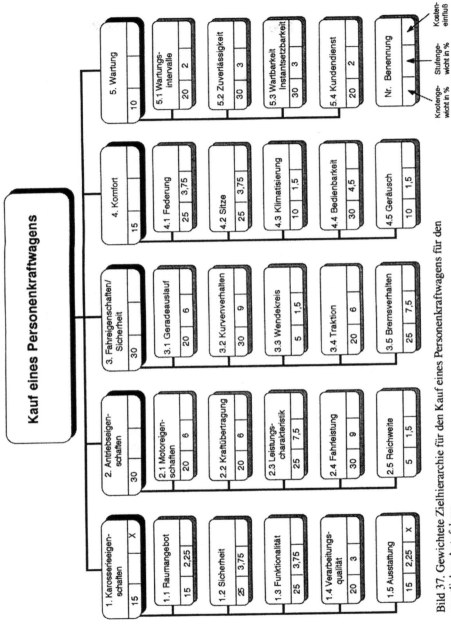

Bild 37. Gewichtete Zielhierarchie für den Kauf eines Personenkraftwagens für den sportlichen Autofahrer.

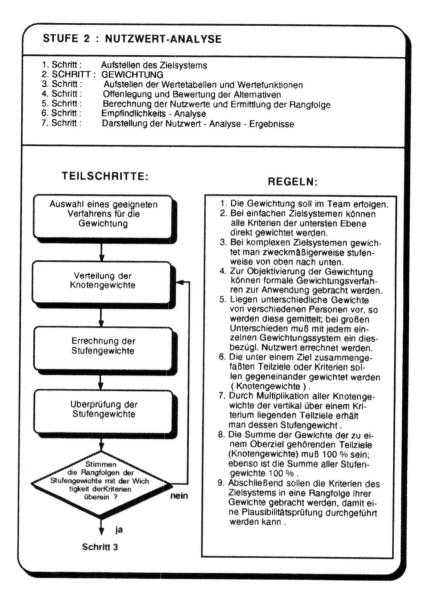

Bild 38. Vorgehensweise und Regeln für die Gewichtung der Zielhierarchie.

ist es möglich, die verschiedenen Erfüllungsgrade des gesamten Zielsystems mathematisch zu einem Wert zusammenzufassen und so die gesamte Zielerfüllung einer Alternative zu ermitteln. Voraussetzung dafür ist jedoch, daß das Zielsystem soweit detailliert wurde, daß die Ausprägung der Zielkriterien "meßbar" ist (s. auch 3.2.3 Zielsystem). So ist beispielsweise (s. Bild 27) das Ziel "2 Antriebseigenschaften" nicht meßbar, auch das untergeordnete Ziel "2.4 Fahrleistung" ist noch nicht meßbar, wohl aber z. B. das Kriterium "2.4.1 Höchstgeschwindigkeit" - denn diese kann eindeutig mit dem physikalischen Wert km/h gemessen werden. Für dieses Kriterium kann eine sogenannte Wertefunktion erstellt werden, die in Bild 39 beispielhaft dargestellt ist.

Ebenso verhält es sich mit dem Ziel "3 Fahreigenschaften/Sicherheit". Auch dieses Ziel muß über das Teilziel "3.5 Bremsverhalten" in "3.5.2 Anfälligkeit gegen Bremsfading" als "meßbares" Kriterum aufgegliedert werden. Zwar kann hier kein physikalisch bestimmbarer Wert angegeben werden, doch kann die Qualität der Anfälligkeit gegen Bremsfading verbal beschrieben und einer Punktwertskala zugeordnet werden

Die beiden Beispiele in Bild 39 machen deutlich, wie Bewertungseigenschaften mit unterschiedlichen Dimensionen in einen Zielerfüllungsgrad mit der Dimension "Punktwerte" transformiert werden können und zeigen gleichzeitig die beiden Möglichkeiten hierzu auf, nämlich

- die **Wertefunktionen**, die bei Zielkriterien, die sich physikalisch messen lassen, Anwendung finden; im folgenden wird hier von "quantifizierbaren" Kriterien gesprochen und

- die **Wertetabellen**, die bei Zielkriterien, deren Qualität nur durch eine verbale Beschreibung bestimmt werden kann, eingesetzt werden; sie werden im folgenden als "nicht-quantifizierbare Kriterien" bezeichnet.

Im Zusammenhang mit der Umsetzung der Eigenschaften in Erfüllungsgrade müssen vier Fragen geklärt werden:

a) Welches sind die geeigneten Skalierungsverfahren?

b) Soll die Skalenrichtung aufsteigend oder abfallend gewählt werden?

c) Wie soll die Skalenlänge festgelegt werden?

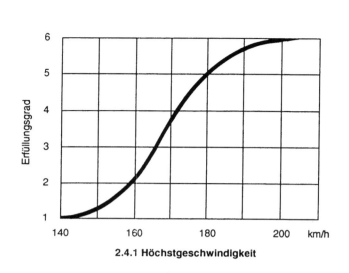

Bild 39. Beispiel für eine Wertefunktion und Wertetabelle.

d) Sollen ausschließlich Wertetabellen oder Wertefunktionen oder sollen diese gleichzeitig eingesetzt werden?

Prinzipiell sind die folgenden **Verfahren der Skalierung** bekannt:

- Nominalskale,
- Ordinalskale,
- Kardinalskale,
- Verhältnisskale.

Sie sind in Abschnitt 5.2 beschrieben, und die dabei vorgenommene Beurteilung, mit Blick auf ihre Eignung für die Nutzwert-Analyse zeigt, daß lediglich die beiden zuletzt genannten Verfahren als geeignet zu bezeichnen sind.

- Die Kardinalskale wird zweckmäßigerweise dann angewendet, wenn die Erfüllungsgrade als absolute Werte ausgedrückt werden sollen.

- Die Verhältnisskale wird dann angewendet, wenn die Eigenschaften der zur Auswahl stehenden Alternativen gezielt ins Verhältnis zu den gewünschten Eigenschaften einer Bezugsalternative gesetzt werden sollen. Diese Skale ist immer dann gut geeignet, wenn das Zielsystem einen hohen Anteil an quantifizierbaren Kriterien aufweist.

Für unser Fallbeispiel wird die - auch in der Praxis am häufigsten benutzte - Kardinalskale verwendet.

Es ist sinnvoll, die **Skalenrichtung** so zu wählen, daß eine steigende Zielerfüllung durch einen steigenden Ziffernwert ausgedrückt wird; diese Vorgehensweise entspricht dem normalen Empfinden und erleichtert den späteren Nutzwert-Kosten-Vergleich.

Würde man abweichend von dieser Empfehlung einen steigenden Nutzwert durch sinkende Ziffernwerte (z. B. schulische Benotung) ausdrücken, erhielte man unübersichtliche Nutzwert-Kosten-Vergleiche, insbesondere schwer zu interpretierende Nutzwert-Kosten-Quotienten.

Bezüglich der **Skalenlänge** ist die Wahl der maximalen Punkte grundsätzlich beliebig. In der Praxis hat sich aber bewährt, die Skalenlänge zwischen 5 und 10 Punkten zu wählen: Werden mehr als

Note	Erfüllt die Anforderungen
6	sehr gut
5	gut
4	befriedigend
3	ausreichend
2	mangelhaft
1	ungenügend

Mittelwert: 3,5

Note	Erfüllt die Anforderungen
6	sehr gut
5	gut
4	befriedigend
3	ausreichend
2	mangelhaft
1	ungenügend
0	nicht erfüllt

Mittelwert: 3,0

Bild 40. Zuordnung von Eigenschaften und Skalenwerten bei unterschiedlicher Skalenlänge.

zehn Punkte vergeben, dann wird die Entscheidung für den Bewertenden schwieriger, weil er stärker differenzieren muß. Die Aussage wird dagegen kaum genauer. Stehen weniger als fünf Punkte zur Verteilung zur Verfügung, wird die Bewertung sehr grob.

In Bild 40 werden zwei häufig verwendete Skalierungen vorgestellt. Die Skalierung a) wird als umgekehrte schulische Benotung bezeichnet; die Skalierung b) ist um eine Note erweitert, wobei

- durch die Ziffer 0 ausgedrückt wird, daß ein Nutzenbeitrag nicht vorliegt und
- der Mittelwert mit 3,0 ganzzahlig ist, was manchmal die Einstufung erleichtern kann.

Für das Fallbeispiel wird die Skalierung verwendet, die sich auf der linken Hälfte von Bild 40 befindet.

Zu beachten ist, daß innerhalb einer Bewertung prinzipiell bei allen Transformationen von Eigenschaften in Erfüllungsgrade die gleiche Skalierung, d. h.

- die gleiche Art der Skalierung
- die gleiche Skalenrichtung
- die gleiche Skalenlänge

verwendet werden muß.

Ob zur Ermittlung der Erfüllungsgrade **Wertetabellen oder Wertefunktionen** gewählt werden, richtet sich danach, wie gut der Wissensstand über die zu beurteilenden Alternativen ist und/oder wieviel Zeit für die Entscheidungsfindung zur Verfügung steht. Sind über die auszuwählenden Alternativen konkrete Daten verfügbar und ist für die Entscheidungsfindung ausreichend Zeit vorhanden, werden die Nutzwerte durch Wertefunktionen ermittelt. Sind die Eigenschaften für die Alternativen nicht quantifizierbar oder steht für die Auswahl nur sehr wenig Zeit zur Verfügung, werden Wertetabellen eingesetzt.

Die Wertetabelle ist gegenüber der Wertefunktion etwas ungenauer. Bei dem in Bild 41 eingetragenen Beispiel erhält die Geschwindigkeit von 175 km/h im Falle der Funktion eine Note von 4,5, im Falle der Tabelle aber 5 Punkte.

1. Wertefunktion

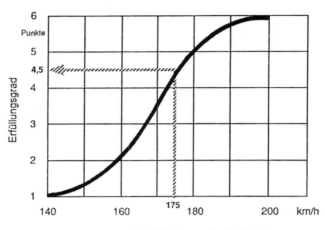

2.4.1 Höchstgeschwindigkeit

2. Wertetabelle

Erfüllungs-grad (Punkte)	Fahrgeschwindigkeit
6	190 bis 200 km/h
5	175 bis 189 km/h
4	170 bis 174 km/h
3	165 bis 169 km/h
2	150 bis 164 km/h
1	140 bis 149 km/h

Für die Qualität der Entscheidungsfindung ist es erfahrungsgemäß nur von untergeordneter Bedeutung, welches der beiden Verfahren gewählt wird. Bei Verwendung beider Verfahren für dieselbe Entscheidung traten zwar Differenzen der Alternativen in den Nutzwerten auf, jedoch wurde kein Unterschied in der Rangfolge der Alternativen festgestellt.

Eine Bewertung allein mit Wertefunktionen wird in der Praxis kaum vorkommen, denn diese lassen sich nicht für alle Kriterien aufstellen. So werden im Beispiel Personenkraftwagenkauf für die Kriterien: Höchstgeschwindigkeit, Beschleunigungsvermögen, Wenderadius, Reichweite, Kofferraumgröße usw. Wertefunktionen aufgestellt, während für die Kriterien Kundendienstqualität, Kurvenverhalten und Bedienbarkeit dagegen Wertetabellen erarbeitet werden.

Für das Aufstellen von Wertefunktionen sind folgende Regeln zu beachten:

- Es sind alle mathematisch möglichen Wertefunktionen im Rahmen der Nutzwert-Analyse verwendbar, Bild 42.

- Bei der Anwendung von Wertefunktionen werden in der Praxis meist lineare Funktionen benutzt; wodurch das Verfahren vereinfacht wird, zumindest bezüglich des Zeitaufwandes und der Bearbeitungskosten; zudem bleiben in der Regel die Abweichungen der Erfüllungsgrade gegenüber der Verwendung von nicht linearen Funktionen innerhalb tolerierbarer Grenzen, Bild 43.

Es ist nicht zulässig, als Minimal- und Maximalforderung die schlechtesten bzw. die besten Eigenschaften der zu beurteilenden Alternativen zu wählen weil damit nicht die Anforderungen der Bedarfsträger, sondern das Angebot des Marktes wiedergegeben werden würde. Bei einer solchen Vorgehensweise würden z. B. (s. Bild 44) bei dem Zielkriterium "Fahrgeschwindigkeit" bei drei Alternativen, deren Höchstgeschwindigkeit 150, 155, 160 km/h sein soll, dem langsamsten Fahrzeug nur ein Punkt als Nutzwertbeitrag zugeteilt werden, obwohl eine Höchstgeschwindigkeit von 150 km/h in der Regel schon ausreicht und somit auch einen entsprechenden Nutzwertbeitrag erbringen würde.

◀ Bild 41. Beispiel zur Bewertung des Kriteriums Höchstgeschwindigkeit in einer Wertefunktion und in einer Wertetabelle.

Nutzwertfunktionen

Gruppe	Benennung u. Funktion	Verlauf
Lineare Funktionen	1. Lineare Nutzwertfunktion $E = ax+b$	aufsteigende Gerade
	2. Lineare Straffunktion $E = -ax+b$	absteigende Gerade
	3. Lineare Wechselfunktion $E = a_{1/2}\,x+b$ mit $a_1>0$ bis $x = x_1$ mit $a_2<0$ bis $x = x_1$	Dreieck mit Spitze bei x_1
Funktionen mit waager. Asymptote E wächst mit x E-Grad fällt mit x	4. Standardsättigungs Funktion $E = 1-b\cdot e^{-x/a}$	Sättigungskurve
	5. Logistische Funktion $E = \dfrac{1}{1+a\cdot e^{-bx}}$	S-Kurve
	6. Abfallende Standardfunktion $E = b\cdot e^{-x/a}$	abfallende Exponentialkurve
	7. Positive S - Funktion $E = e^{-a^3(x-b)^3}$	abfallende S-Kurve
Maximumfunktionen	8. Maximumfunktion $E = a\,x\,e^{(1-ax)}$	Maximumkurve
	9. Nichtlineare Wechselfunktion $E = 1-a^2(x-b)^2$	Parabelbogen
	10. Gauß'sche Verteilung $E = e^{-a^2(x-b)^2}$	Gaußkurve

Bild 42. Darstellung verschiedener Nutzwertfunktionen.

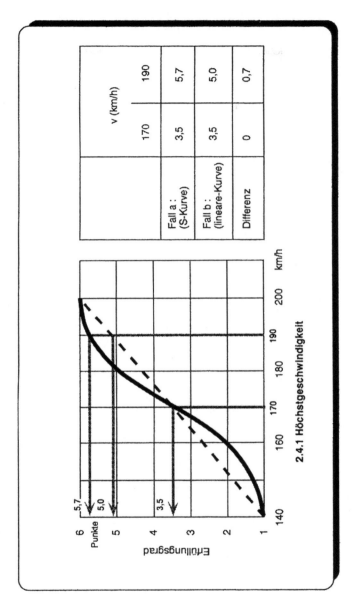

Bild 43. Unterschiedliche Erfüllungsgrade bei verschiedenen Nutzwertfunktionen.

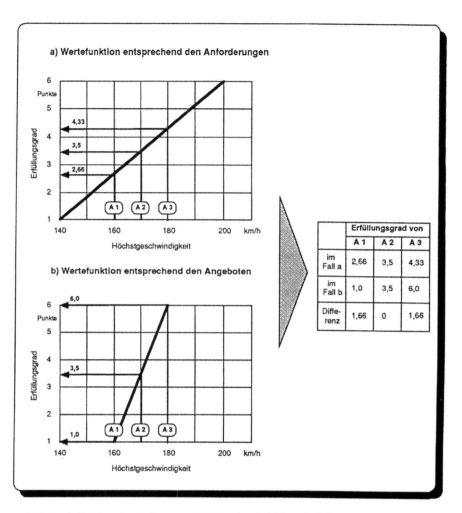

Bild 44. Definition der Anfangs- und Endpunkte bei Wertefunktionen.

Für das Aufstellen von Wertetabellen sind folgende Regeln zu beachten:

- Ja-Nein-Entscheidungen sollten bei der Konzeption von Wertetabellen möglichst vermieden werden, weil sie oft vorhandene Zwischenlösungen nicht berücksichtigen. Statt dessen sollte versucht werden, funktionelle Zusammenhänge zu ermitteln. Beispielsweise könnte bei einer Pkw-Bewertung die Wertetabelle für den Drehzahlmesser folgendermaßen aussehen:

- o Drehzahlmesser nicht vorhanden   1 Punkt
- o kleiner Drehzahlmesser ohne Warnbereich   3 Punkte
- o kleiner Drehzahlmesser mit Warnbereich   4 Punkte
- o großer Drehzahlmesser ohne Warnbereich   5 Punkte
- o großer Drehzahlmesser mit Warnbereich   6.Punkte

- Wenn jedoch Ja-Nein-Entscheidungen unumgänglich sind, muß der Nein-Entscheidung der niedrigste Erfüllungsgrad zugeordnet werden, da eine nicht vorhandene Eigenschaft keinen Nutzwertbeitrag mit sich bringen kann; der Ja-Entscheidung muß die maximale zugeordnet werden, weil ein höherer Nutzen nicht erzielt werden kann.

Häufig trifft man bei Wertetabellen eine Mehrdimensionalität des Kriteriums an; im Falle des Kriteriums 4.4.3. "Bedienbarkeit der Warnblinkanlage" sind z. B. zu beurteilen;

- o deren Erkennbarkeit (Lage im Blickfeld)
- o Bedienbarkeit (Zugänglichkeit des Bedienknopfes)
- o Kontrollierbarkeit (Sichtbarkeit und/oder Hörbarkeit der Funktion der Warnblinkanlage)

Diese Mehrdimensionalität muß nicht zwangsläufig zu einer weiteren Untergliederung des Kriteriums führen, sondern kann auch in der entsprechenden Wertetabelle berücksichtigt werden.

Die Nutzwert-Analyse geht prinzipiell von der Unabhängigkeit einzelner Bewertungskriterien in bezug auf ihren Nutzenbeitrag aus. Nicht immer jedoch liegt eine solche **Nutzenunabhängigkeit** vor, wie folgendes Beispiel zeigt:

Ein Pkw braucht, um eine bestimmte Bremsverzögerung zu erreichen, weder Bremskraftverstärker noch Scheibenbremsen, wenn er 120 km/h Höchstgeschwindigkeit hat und 800 kg wiegt; ein 160 km/h schneller und 1400 kg schwerer Wagen dagegen benötigt beide Ausrüstungen, um zur gleichen Bremsverzögerung zu gelangen.

Die Zusammenhänge könnten bei einer Bewertung der Ausrüstung dazu führen, daß Pkw A einen geringeren Erfüllungsgrad erhält als

Pkw B, obwohl er die Funktion "Bremsen" mit einfacheren technischen Mitteln gleichermaßen gut erfüllt.

Aus diesem Beispiel kann man zwei Folgerungen ziehen:

- Bei der Formulierung von Wertetabellen und -funktionen müssen Nutzenabhängigkeiten berücksicht werden.
- Man sollte, wo möglich, die Erfüllung von Funktionen, Aufgaben oder Anforderungen bewerten, nicht aber deren (technische) Lösung. Nur wenn eine Bewertung der Funktionen nicht möglich erscheint (z. B. wegen fehlender Angaben zur Größe der Bremsverzögerung) sollte man die (technischen) Mittel zur Erfüllung der Funktion bewerten. Gerade dann aber sind die Nutzenabhängigkeiten zu beachten.

In marktwirtschaftlich orientierten Systemen besteht meist eine **Abhängigkeit zwischen Nutzen und Kosten**, siehe Abschnitt 3.3.1. Demzufolge muß bereits im Rahmen der Nutzwert-Analyse deutlich definiert werden, wie solche Abhängigkeiten nutzwert- und kostenmäßig zu berücksichtigen sind. Die Grundsätze hierfür sind in Bild 45 genannt.

Eigenschaften sind:	dann Berücksichtigung bei	
	Nutzwert	Kosten
1.) gefordert	ja	ja
2.) nicht gefordert a.) aber serienmäßig b.) nicht serienmäßig	ja nein	nein nein
3.) nicht erwünscht a.) aber serienmäßig b.) nicht serienmäßig	nein 1) nein	nein nein

1) = evtl.Strafpunkte wegen negativen Nutzens

Bild 45. Prinzipien zur Berücksichtigung von Eigenschaften in der Nutzwert- bzw. der Kosten-Analyse.

1.5 Ausstattung	Gefordert	Nicht gefordert	Nicht erwünscht	berücksichtigen bei Nutzwert-Analyse	berücksichtigen bei Kosten-Analyse
1. Karosserie					
1.1 Außenspiegel	X			ja	ja
1.2 Halogen-Nebel-Scheinwerfer	X			ja	ja
1.3 Leuchtweitenregulierung		X		(ja)	nein
1.4 Metallic-Lackierung		X		(ja)	nein
1.5 Schiebedach		X		(ja)	nein
2. Antrieb					
2.1 Fünfganggetriebe	X			ja	ja
2.2 Automatikgetriebe			X	nein	nein
3. Sicherheit					
3.1 Bremsbelag-Verschleißanzeige		X		(ja)	nein
3.2 ABS		X		(ja)	nein
4. Komfort					
4.1 Wärmedämmendes Glas	X			ja	ja
4.2 Zentralverriegelung	X			ja	ja
4.3 Kopfstützen hinten	X			(ja)	ja
4.4 Mittelarmlehne hinten		X		(ja)	nein
4.5 Dachhaltegriffe vorne u.hinten		X		(ja)	nein
4.6 Sicherheitsgurte v.höhenverstellb.		X		(ja)	nein
4.7 Umklappbare Rücksitze		X		(ja)	nein
4.8 Servo-Lenkung		X		(ja)	nein
4.9 Verstellbares Lenkrad		X		(ja)	nein
4.10 Drehzahlmesser		X		(ja)	nein

(ja) = wenn serienmäßig

Bild 46. Beispiel für die Berücksichtigung der Kriterien in der Nutzwert- bzw. Kosten-Analyse.

Eine Abhängigkeit von Nutzen und Kosten ist besonders beim Kriterium 1.5 "Ausstattung" gegeben; deshalb ist dieses daraufhin zu untersuchen, ob bestimmte Eigenschaften

- gefordert,
- nicht gefordert, bzw.
- nicht erwünscht

sind und ob sie demzufolge

- bei der Nutzwert-Analyse und/oder
- bei der Kosten-Analyse

berücksichtigt werden müssen, Bild 46. Dabei muß dann auch hier bereits untersucht werden, ob die genannten Ausrüstungen serienmäßig oder nicht serienmäßig sind. Denn diese Frage hat ja einen Einfluß darauf, ob das entsprechende Kriterium einen Beitrag zum Nutzwert liefert oder nicht.

Die entsprechenden Aussagen über das Fallbeispiel "Pkw-Kauf" sind in den Bildern 47, 48, 49 gemacht.

Ein weiterer wesentlicher Gesichtspunkt ist, daß die Wertefunktionen und Wertetabellen bereits **vor Offenlegung** und Bekanntmachung der Eigenschaften der Alternativen definiert werden. Hierdurch soll vermieden werden, daß die Kenntnis über die Alternativen zu einer Beeinflussung beim Erstellen der Wertefunktionen und -tabellen führt. Eine solche bewußte oder unbewußte Beeinflussung ist durchaus denkbar, aber - insbesondere bei Teamarbeit - in der Praxis schwerlich durchführbar. Dennoch ist es gelegentlich notwendig, sich aus den Angeboten über zu bewertende Eigenschaften (z. B. Lenk- und Pedalkräfte oder Lenkradumdrehungen) zu informieren, um zutreffende Wertefunktionen und -tabellen entwerfen zu können.

Geforderte Ausstattungs-merkmale *		Kosten in DM für:				
		A1	A2	A3	A4	A5
1.1	Außenspiegel rechts	435	340	+	+	+
1.2	Halogen-Nebel-Scheinw.	350	+	+	340	+
2.1	Fünfganggetriebe	635	+	+	520	+
4.1	Wärme dämmendes Glas	400	+	+	240	350
4.2	Zentralverriegelung	460	430	+	+	+
4.3	Kopfstützen hinten	320	230	+	235	+
	Summe der Mehrkosten	2600	1000	0	1335	350

+ serienmäßig vorhanden, daher Kosten = Null
* sofern Unterschiede im Nutzen vorliegen, sind diese mit der Nutzwert-Analyse zu bewerten

Bild 47. Berücksichtigung der "geforderten Ausstattung" beim Kauf eines Personenkraftwagens.

	Nicht geforderte Ausstattungs-merkmale *	Kosten in DM für:				
		A1	A2	A3	A4	A5
1.3	Leuchtweitenregulierung	180	-	-	-	+
1.4	Metallic-Lackierung	620	507	+	505	490
1.5	Schiebedach	901	908	1000	890	1050
3.1	Bremsbelag-Verschleißanz.	-	+	-	-	+
3.2	ABS	3075	-	-	-	-
4.4	Mittelarmlehne hinten	320	250	+	-	+
4.5	Dachhaltegriffe vorne u.hinten	+	+	-	+	+
4.6	Sicherheitsgurte höheneinstellb.	+	-	+	+	-
4.7	Umklappbare Rücksitze	-	-	-	-	-
4.8	Servo Lenkung	990	-	+	990	-
4.9	Verstellbares Lenkrad	-	-	+	285	-
4.10	Drehzahlmesser	+	+	+	+	+
	Summe Mehrnutzen	3+	3+	6+	3+	5+
	Erfüllungsgrade	3	3	6	3	5

- als Ausstattung nicht zu kaufen
+ als Ausstattung serienmäßig vorhanden
* sofern Unterschiede im Nutzen voliegen, können diese über differenzierte Erfüllungsgrade berücksichtigt werden

Bild 48. Berücksichtigung der "nicht geforderten" Ausstattung beim Kauf eines Personenkraftwagens.

Nicht erwünschte Ausstattungs-merkmale		Kosten in DM für:				
		A1	A2	A3	A4	A5
2.2	Automatikgetriebe	-	1440	2200	1625	+

- als Ausstattung nicht zu kaufen
+ als Ausstattung serienmäßig vorhanden
* sofern die Ausstattung unabdingbar ausgeschlossen werden sollte, müßte dies bei den "Unabdingbaren Forderungen" berücksichtigt werden

Bild 49. Berücksichtigung der "nicht erwünschten" Austattung beim Kauf eines Personenkraftwagens.

Wie auch bei den ersten Schritten der Nutzwert-Analyse, dem Aufstellen des Zielsystems und der Gewichtung, sollten die Wertetabellen und Wertefunktionen in **Teamarbeit** erstellt werden; damit auch hier eindeutiger sichergestellt wird, daß die Anforderungen und Wünsche aller Bedarfsträger in die Nutzwert-Analyse eingebracht werden.

Für den Fall, daß sich beim Festlegen der Funktionen eine Gruppe bei einer bestimmten Eigenschaft nicht einigen kann, so besteht die Möglichkeit, die Auswirkung der verschiedenen zur Diskussion stehenden Funktionen durch eine **Empfindlichkeitsanalyse** zu ermitteln. Da die meßbaren Kriterien auf der untersten Ebene des Zielsystems in der Regel ein geringes relatives Gewicht haben, ist der Einfluß unterschiedlicher Wertefunktionen auf das Bewertungsergebnis meistens vernachlässigbar klein.

Für das gewählte Fallbeispiel "Pkw-Kauf" ist in Bild 50 für jeweils ein Teilziel in jedem "Ast" des Zielsystems dargestellt,

- welche Bewertungskriterien quantitativ anhand von Wertefunktionen und
- welche Kriterien qualitativ aufgrund von Wertetabellen

bewertet werden.

Natürlich kann man auch für die qualitativ bewerteten Kriterien Wertefunktionen aufstellen, z. B. für die Lenk- und Pedalkräfte; die dafür erforderlichen speziellen Informationen sind auch in Form von Prospekten, Vergleichstesten in Fachschriften etc. verfügbar.

Soweit bei dem Fallbeispiel Wertefunktionen oder Wertetabellen verwendet sind, sind diese in Bild 51 wiedergegeben.

Die beim Erstellen der Wertefunktionen und Wertetabellen insgesamt zu beachtenden Regeln sind in Bild 52 zusammen gefaßt.

3.2.6 Bestimmung und Bewertung der Alternativen (4. Schritt)

Die Bestimmung der Alternativen, die der Nutzwert-Analyse unterzogen werden sollen, erfolgt erst nach den drei zuvor beschriebenen Ablaufschritten, in denen die Ziele, ihre Wichtigkeiten und Anforderungsprofile definiert worden sind. Diese Vorgehensweise stellt sicher, daß die zuvor gemachten Überlegungen und Festlegungen nicht zugunsten einer bestimmten Alternative beeinflußt werden können.

Nr.	Kriterium	Beurteilung der Alternativen anhand von	
		Wertetabellen u. Wertefunktionen nach Bild 51	subjektiver Prüfung der Merkmale mit Benotung gemäß Bild 40
1.1. 1.1.1	Raumangebot Innenraum		a)Innenraumbreite vorne b)Innenraumbreite hinten c)Knickmaß vorne d)Sitzraum hinten e)Innenhöhe vorne f)Innenhöhe hinten
1.1.2 1.1.3	Kofferraum Raumflexibilität	Wertefunktion	a)Klappbark.d.Rücksitze b)Durchlademöglichkeit
1.1.4 1.1.5	Max. Zuladung Ausstattung	Wertefunktion Wertetabelle	
2.4 2.4.1 2.4.2 2.4.3	Fahrleistung Höchstgeschw. Beschl.0-100km/h Elastizität	Wertefunktion Wertefunktion Wertefunktion	
3.5 3.5.1	Bremsverhalten Bremsverzögerung	Wertetabelle	
3.5.2	Anf.gegen Bremsfading	Wertetabelle	
4.4 4.4.1 4.4.2	Bedienbarkeit Lenkradumdrehungen Lenk-u.Pedalkräfte	Wertefunktion	a)Lenkkraft im Stand b)Lenkkraft b.Fahrt c)Gaspedal d)Kupplungspedal
4.4.3	Ablesb.d.Instrumente		a)Tacho b)Uhr c)Anzeigen
4.4.4	Bedienbark.d.Elemente		a)Schalthebel b)Handbremse c)Blinker d)Beleuchtung e)Hupe f)Warnblinkanlage g)Radio
5.1 5.1.1 5.1.2	Wartungsintervalle Ölwechsel Inspetion	Wertetabelle Wertetabelle	

Bild 50. Aufteilung der Bewertungskriterien des Personenkraftwagenbeispiels nach qualitativer und quantitativer Beurteilung.

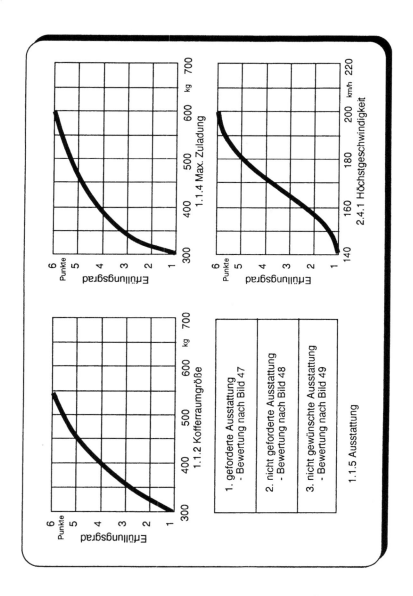

Bild 51. Wertetabellen und Wertefunktionen des Personenkraftwagenbeispiels.

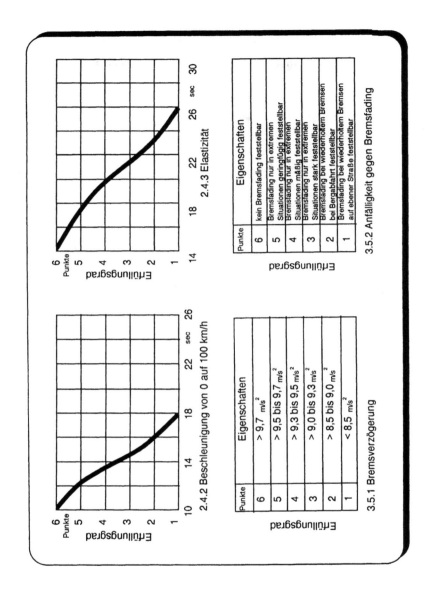

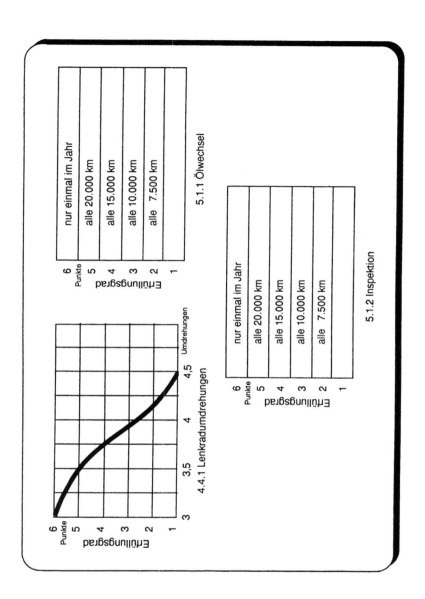

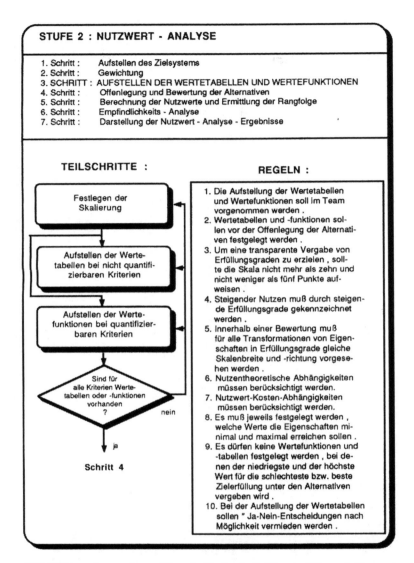

Bild 52. Vorgehensweise und Regeln für das Aufstellen der Wertetabellen und Wertefunktionen.

Sollen bereits vorhandene Geräte oder Systeme ersetzt werden, so kann es zweckmäßig sein, das vorhandene Gerät als zusätzliche Alternative mit in die Bewertung aufzunehmen und so die Verbesserung gegenüber dem derzeitigen Zustand zu ermitteln.

Alternative 1
wassergekühlter Vierzylinder-Reihenmotor, vorne längs eingebaut, 1,8 Liter Hubvolumen; Leistung 90 PS bei 5.200 / min; Höchstgeschwindigkeit 187 km/h; max. Drehmoment 140 Nm bei 3.300 /min;5 Sitzplätze; 400 Liter Kofferrauminhalt; geregelter Katalysator; Grundpreis 24.620 DM; vergl. Beschaffungspreis 28.200 DM

Alternative 2
wassergekühlter Vierzylinder-Reihenmotor, vorne längs eingebaut, 1,8 Liter Hubvolumen; Leistung 90 PS bei 5.400 / min; Höchstgeschwindigkeit 177 km/h; max. Drehmoment 140 Nm bei 3.500 /min;5 Sitzplätze; 410 Liter Kofferrauminhalt, erweiterbar durch umklappbare Rücksitzbank auf 810 Liter; geregelter Katalysator; Grundpreis 23.240 DM; vergl. Beschaffungspreis 24.750 DM

Alternative 3
wassergekühlter Vierzylinder-Reihenmotor, vorne längs eingebaut, 2,0 Liter Hubvolumen; Leistung 106 PS bei 5.500 / min; Höchstgeschwindigkeit 185 km/h; max. Drehmoment 153 Nm bei 3.500 /min;5 Sitzplätze; 470 Liter Kofferrauminhalt; geregelter Katalysator; Grundpreis 23.190 DM; vergl. Beschaffungspreis 24.300 DM

Alternative 4
wassergekühlter Vierzylinder-Reihenmotor, vorne längs eingebaut, 1,6 Liter Hubvolumen; Leistung 82 PS bei 5.400 / min; Höchstgeschwindigkeit 170 km/h; max. Drehmoment 130 Nm bei 2.600 /min;5 Sitzplätze; 510 Liter Kofferrauminhalt; geregelter Katalysator; Grundpreis 22.520 DM; vergl. Beschaffungspreis 23.835 DM

Alternative 5
wassergekühlter Vierzylinder-Reihenmotor, vorne längs eingebaut, 1,7 Liter Hubvolumen; Leistung 89 PS bei 5.500 / min; Höchstgeschwindigkeit 184 km/h; max. Drehmoment 135 Nm bei 3.500 /min;5 Sitzplätze; 490 Liter Kofferrauminhalt; geregelter Katalysator; weiterbar durch umklappbare Rücksitzbank auf 840 Liter; geregelter Katalysator; Grundpreis 22.000 DM; vergl. Beschaffungspreis 23.250 DM

In dem Fallbeispiel hat man sich bei der Festlegung der "Unabdingbaren Forderungen" zwar für die Auswahl eines Mittelklasse-PKW entschieden, aber noch nicht im einzelnen festgelegt, welche PKW der Nutzwert-Analyse unterzogen werden sollen. Daher wird nun endgültig bestimmt, daß die fünf in Bild 53 gezeigten und beschriebenen PKW zur Bewertung stehen.

Nach Auswahl der Alternativen erfolgt im nächsten Teilschritt die Überprüfung der "Unabdingbaren Forderungen". Diese stellen eine Art Vorauswahl dar, mit der der Bewertungsaufwand in den folgenden Schritten reduzierbar ist. Die "Unabdingbaren Forderungen" aus Abschnitt 3.1.2 beinhalten auch Forderungen bezüglich der Kosten, die im Ablaufplan der Nutzwert-Kosten-Analyse erst später bewertet werden. Es ist aber im Hinblick auf eine umfassend begründete Vorauswahl der Alternativen zu empfehlen, die "Unabdingbaren Forderungen" hinsichtlich der Kosten bereits hier mitzubetrachten; zu diesem Zweck werden die Kostenangaben in den "Unabdingbaren Forderungen" bewußt relativ grob gewählt (in dem PKW- Beispiel die gesamten Beschaffungskosten anstatt der vollständigeren Angabe "Kosten je gefahrenen Kilometer"), weil diese ja im Rahmen der später vorzunehmenden Kosten-Analyse exakt ermittelt werden.

In dem Fallbeispiel erfüllen alle fünf ausgewählten Alternativen die "Unabdingbaren Forderungen" (siehe Bild 54).

Kriterium	Unabdingbare Forderung	Alternative 1	Alternative 2	Alternative 3	Alternative 4	Alternative 5
Hubraum	1,5 bis 2,0 Ltr.	1,8	1,8	2,0	1,6	1,7
Höchstgeschwindigkeit	≥ 170 km/h	187	177	185	170	184
Sitzplätze	≥ 4 Plätze	5	5	5	5	5
Kofferraum	≥ 400 Liter	400	410/810	470	510	490/840
Geregelter Katalysator	ja	ja	ja	ja	ja	ja
Beschaffungskosten	≤ 30.000 DM	28.200	24.750	24.300	23.835	23.250

Bild 54. Prüfung der unabdingbaren Forderungen am Beispiel des Personenkraftwagenkaufs.

◄ Bild 53. Beschreibung der Alternativen für das Personenkraftwagenbeispiel.

Im folgenden Schritt folgt nun die eigentliche Bewertung, d. h. die Festlegung der Erfüllungsgrade anhand

- der Wertetabellen (Beispiel siehe Bild 55) und
- der Wertefunktionen (Beispiel siehe Bild 56).

Die Bewertung mit Wertetabellen sollte wiederum von einem Team von Fachleuten durchgeführt werden, die aus den zuständigen Fachabteilungen kommen, damit alle am Projekt Beteiligten und Betroffenen ausreichend repräsentiert sind, um einseitige Entscheidungen zugunsten bestimmter Interessen einseitig zu vermeiden. So wird erreicht, daß qualifizierte Werturteile abgegeben werden, die auf Information und Überblick beruhen.

Damit das Gesamturteil später auch nachvollziehbar und jederzeit überprüfbar ist, warum und unter welchen Randbedingungen gerade so entschieden wurde, sollte die Abschlußbewertung durch kurze prägnante Kommentare erläutert und dokumentiert werden.

Erfüllungs-grad	Eigenschaften	Bewertungs-ergebnis
6	kein Bremsfading feststellbar	
5	Bremsfading nur in extremen Situationen geringfügig feststellbar	A 1 , A 3
4	Bremsfading nur in extremen Situationen mäßig feststellbar	A 2 , A 5
3	Bremsfading nur in extremen Situationen stark feststellbar	A 4
2	Bremsfading bei wiederholtem Bremsen bei Bergabfahrt feststellbar	
1	Bremsfading bei wiederholtem Bremsen auf ebener Straße feststellbar	

Bild 55. Vorgehensweise bei der Bewertung der Alternativen mit Hilfe von Wertetabellen.

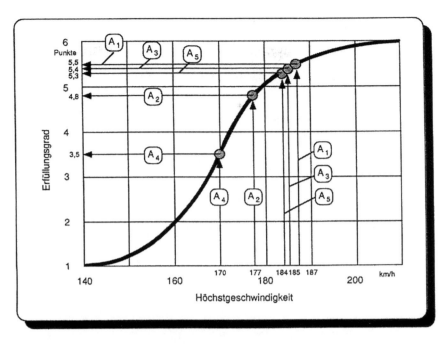

Bild 56. Vorgehensweise bei der Bewertung der Alternativen mit Wertefunktionen.

Die von den einzelnen Teammitgliedern festgelegten Erfüllungsgrade können entweder durch Diskussion auf einen Wert reduziert oder mathematisch gemittelt werden; dazu könnte dann eines der in Abschnitt 3.2.5 dargestellten Verfahren zur Anwendung kommen. Während bei der Gewichtung durchaus unterschiedliche Meinungen auftreten können, kann man in der Praxis feststellen, daß größere Meinungsdifferenzen bei der Vergabe von Erfüllungsgraden nur selten bestehen und daß die Mittelwertbildung meist unproblematisch ist.

Gelegentlich aber tritt die Situation ein, daß die erforderlichen Informationen zur Durchführung der Bewertung zu diesem Zeitpunkt nicht oder nur mit großem Aufwand zu beschaffen sind, was natürlich lähmend wirkt.

Dennoch gibt es auch hier Möglichkeiten, die Analyse weiter durchzuführen:

- Der von den Beteiligten meist spontan befürchtete "große Aufwand" zur Beschaffung der fehlenden Informationen kann bei genauerer Betrachtung häufig auf ein vertretbares Maß reduziert werden.

- Bei den Alternativen, bei denen keine Informationen über die Zielerfüllung bestimmter Kriterien vorliegen, wird das Maß der Zielerfüllung abgeschätzt. In solchen Fällen ist es dann aber zweckmäßig, später eine Empfindlichkeitsanalyse vorzunehmen, um den Einfluß dieser Schätzung beurteilen zu können.

- Wenn die Informationen bestimmter Kriterien bei allen Alternativen fehlen, kann man ganz auf die Bewertung dieser Kriterien verzichten oder auch hier die Erfüllungsgrade abschätzen. Im ersten Fall wird also so bewertet, als ob die Ziele überhaupt nicht erfüllt sind, wobei die Möglichkeit bestehen bleibt, sobald die Informationen vorhanden sind, nachzubewerten. Werden die Erfüllungsgrade abgeschätzt, ist eine Empfindlichkeitsanalyse sinnvoll.

Wenn bei der Bewertung festgestellt wird, daß Eigenschaften von Alternativen zunächst nicht in den Rahmen der Wertetabellen oder Wertefunktionen fallen, so ist es durchaus zulässig, diese nachträglich noch anzupassen; allerdings muß man dann besonders darauf achten, daß bei der Neudefinition der Wertetabellen und Wertefunktionen das Werturteil nicht zugunsten einer bestimmten Alternative beeinflußt wird.

Für das Fallbeispiel sind die Eigenschaften der zur Auswahl stehenden Personenkraftwagen für bestimmte Zielkriterien in Bild 57 aufgelistet.

Die anhand der Wertetabellen und Wertefunktionen ermittelten Erfüllungsgrade sind für das gesamte Zielsystem in Bild 58 dargestellt.

Zusammenfassend für diesen 4. Schritt der Nutzwert-Analyse gelten die in Bild 59 genannten Regeln.

3.2.7 Berechnung der Nutzwerte und Ermittlung der Rangfolge (5. Schritt)

Die Berechnung der Nutzwerte und Ermittlung der Rangfolge der Alternativen erfolgt in zwei Teilschritten:

- Berechnung der Nutzwertbeiträge für jedes Zielkriterium und Zusammenfassung der Nutzwertbeiträge zum Gesamtnutzwert.
- Ermittlung der Rangfolge.

Nr.	Kriterium	Beurteilung nach / anhand	Altern.1	Altern.2	Altern.3	Altern.4	Altern.5
1.1. 1.1.1	Raumangebot Innenraum	a)Innenraumbreite vorne b)Innenraumbreite hinten c)Knickmaß vorne		siehe Testzeitschrift			
		d)Sitzraum hinten e)Innenhöhe vorne	4	4	5	3	5
		f)Innenhöhe hinten					
1.1.2	Kofferraum	siehe Wertefunktion	405 ltr.	410/810	470	510	490/840
			4,2	4,5	5,2	5,6	5,5
1.1.3	Raumflexibilität	a)Klappbark.d.Rücksitze b)Durchlademöglichkeit		siehe Prospekt			
			1	5	1	1	6
1.1.4	Max. Zuladung	siehe Wertefunktion	400 kg	470 kg	545 kg	490 kg	425 kg
			4	5,1	5,6	5,3	4,5
1.1.5	Ausstattung	siehe Wertetabelle	3,3	4,6	4,2	3,7	5,3
			3,3	4,6	4,2	3,7	5,3
2.4	Fahrleistung		187 km/h	177	185	170	184
2.4.1	Höchstgeschw.	siehe Wertefunktion	5,5	4,8	5,4	3,5	5,3
2.4.2	Beschl.0-100km/h	siehe Wertefunktion	13,1 sec	11,2	10,6	13,3	11,6
			4,3	5,7	5,9	4,1	5,4
2.4.3	Elastizität	siehe Wertefunktion	22,5 sec	18,9	16,1	19,1	15,7
			2,0	4,5	5,7	4,4	5,8
			3,9	5,0	5,7	4,0	5,5
3.5 3.5.1	Bremsverhalten Bremsverzögerung	a)bei kalter Bremse s. Wertef.		siehe Testzeitschrift			
			6	6	6	6	6
		b)bei warmer Bremse s. Wertef.		siehe Testzeitschrift			
3.5.2	Anf.gegen Bremsfading	siehe Wertetabelle	5	5	5	4	5
				siehe Testzeitschrift			
			5	4	5	3	4
			5,3	5,0	5,3	4,3	5,0
4.4 4.4.1	Bedienbarkeit Lenkradumdrehungen	siehe Wertefunktion	3,25	4,25	3,0	4,0	4,0
			5,5	1,5	6,0	2,5	2,5
4.4.2	Lenk-u.Pedalkräfte	a)Lenkkraft im Stand b)Lenkkraft b.Fahrt c)Gaspedal d)Kupplungspedal		siehe Testzeitschrift			
			3	4	6	4	3
4.4.3	Ablesb.d.Instrumente	a)Tacho b)Uhr c)Anzeigen		siehe Testzeitschrift und eigene Prüfung			
			5	5	4	4	5
4.4.4	Bedienbark.d.Elemente	a)Schalthebel b)Handbremse c)Blinker d)Beleuchtung e)Hupe f)Warnblinkanlage g)Radio		siehe Testzeitschrift und eigene Prüfung			
			4	3	3	4	5
			4,4	3,4	4,8	3,6	3,9
5.1 5.1.1	Wartungsintervalle Ölwechsel	siehe Wertetabelle		siehe Prospekt			
			6	5	5	4	5
5.1.2	Inspektionen	siehe Wertetabelle		siehe Prospekt			
			6	5	5	4	5
			6	5	5	4	5

Bild 57. Vorgehensweise bei der Ermittlung der Erfüllungsgrade für das Personenkraftwagenbeispiel.

Nr.	Zielkriterien	Stufen-gewicht %	Alternative 1		Alternative 2		Alternative 3		Alternative 4		Alternative 5	
			Erf.-grad	Nutz-wert	Erf.-grad	Nutz-wert	Erf.-grad	Nutz-wert	Erf.-grad	Nutz-wert	Erf.-grad	Nutz-wert
1.1	Raumangebot	5,00	3,30		4,60		4,20		3,70		5,30	
1.2	Sicherheit	6,00	5,30		4,70		5,00		3,70		4,70	
1.3	Funktionalität	4,00	3,80		3,60		4,20		4,00		4,60	
1.4	Verarbeitungsqualität	3,00	5,00		4,50		4,30		4,50		3,50	
1.5	Ausstattung	2,00	3,00		3,00		6,00		3,00		5,00	
1	Karosserieeigenschaften	20,00	4,23		4,23		4,64		3,81		4,68	
2.1	Motoreigenschaften	4,00	4,30		2,80		4,00		2,50		3,00	
2.2	Kraftübertragung	4,00	5,00		5,00		5,00		5,00		5,00	
2.3	Leistungscharakteristik	5,00	4,50		4,00		5,00		3,50		4,50	
2.4	Fahrleistungen	5,00	3,90		5,00		5,70		4,00		5,50	
2.5	Reichweite	2,00	5,50		4,00		3,00		4,20		3,90	
2	Antriebseigenschaften	20,00	4,51		4,21		4,78		3,80		4,49	
3.1	Geradeauslauf	5,00	4,40		4,20		4,40		4,50		4,20	
3.2	Kurvenverhalten	6,25	5,00		4,30		3,80		4,30		4,80	
3.3	Wendekreis	3,75	4,30		4,50		2,00		2,80		2,70	
3.4	Traktion	3,75	5,00		5,00		4,00		3,00		4,00	
3.5	Bremsverhalten	6,25	5,30		5,00		5,30		4,30		5,00	
3	Fahreigenschaften	25,00	4,85		4,59		4,06		3,92		4,30	
4.1	Federung	6,25	5,00		4,00		5,00		3,00		5,00	
4.2	Sitze	5,00	4,50		4,50		5,00		3,00		4,00	
4.3	Klimatisierung	2,50	3,70		4,00		4,30		3,70		4,30	
4.4	Bedienbarkeit	5,00	4,40		3,40		4,80		3,60		3,90	
4.5	Geräusch	6,25	5,00		4,00		4,00		4,00		3,00	
4	Komfort	25,00	4,65		3,98		4,64		3,44		4,01	
5.1	Wartungsintervalle	2,00	6,00		5,00		5,00		4,00		5,00	
5.2	Zuverlässigkeit	3,00	5,00		5,00		6,00		6,00		4,00	
5.3	Wart-/Instandsetzbarkeit	3,00	4,00		5,00		4,00		5,00		3,00	
5.4	Kundendienst	2,00	5,00		4,70		4,00		4,70		3,30	
5	Wartung	10,00										
	Nutzwert	100,00										
	RANGFOLGE											

Bild 58. Erfüllungsgrade der Alternativen für das Personenkraftwagenbeispiel.

Im ersten Teilschritt werden zunächst die Nutzwertbeiträge N_i für jedes einzelne Zielkriterium ermittelt, indem das Knotengewicht w_i und der Erfüllungsgrad E_i des Kriteriums i nach der Gleichung

$$N_i = w_i \cdot E_i$$

miteinander multipliziert und die einzelnen Nutzwertbeiträge zum Gesamtnutzwert addiert werden.

$$N_{ges} = \sum_{i=1}^{n} N_i$$

STUFE 2 : NUTZWERT - ANALYSE

1. Schritt : Aufstellen des Zielsystems
2. Schritt : Gewichtung
3. Schritt : Aufstellen der Wertetabellen und Wertefunktionen
4. SCHRITT : OFFENLEGUNG UND BEWERTUNG DER ALTERNATIVEN
5. Schritt : Berechnung der Nutzwerte und Ermittlung der Rangfolge
6. Schritt : Empfindlichkeits - Analyse
7. Schritt : Darstellung der Nutzwert - Analyse - Ergebnisse

TEILSCHRITTE :

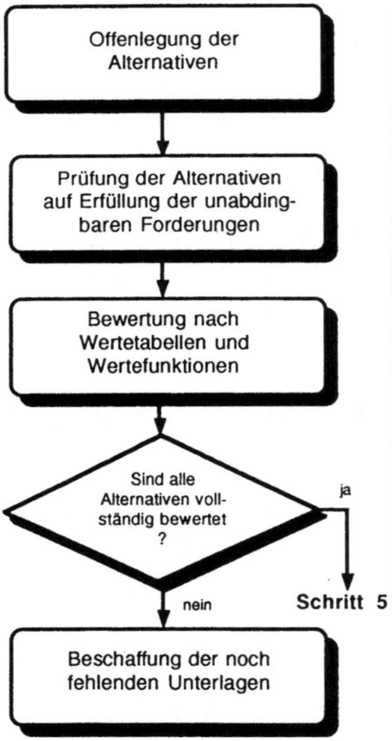

- Offenlegung der Alternativen
- Prüfung der Alternativen auf Erfüllung der unabdingbaren Forderungen
- Bewertung nach Wertetabellen und Wertefunktionen
- Sind alle Alternativen vollständig bewertet ?
  - ja → Schritt 5
  - nein → Beschaffung der noch fehlenden Unterlagen

REGELN :

1. Die Alternativen sollen erst nach der Durchführung der ersten drei Ablaufschritte bestimmt und offengelegt werden .
2. Die Alternativen , die eine oder mehrere unabdingbare Forderungen nicht erfüllen , sind von der weiteren Bewertung auszuschließen .
3. Quantifizierbare Eigenschaften werden anhand der Wertefunktionen (in Einzelarbeit) bewertet .
4. Nicht quantifizierbare Eigenschaften sollen im Team bewertet werden ; dabei soll nach Möglichkeit durch einen kurzen Kommentar erläutert werden , warum man welche Punktzahl vergeben hat .
5. Unterschiedliche Erfüllungsgrade von mehreren Gruppenmitgliedern werden gemittelt .
6. Abweichende Meinungen sollen einer Empfindlichkeitsanalyse unterzogen werden .

Bild 59. Vorgehensweise und Regeln für die Offenlegung und Bewertung der Alternativen.

Für die Berechnung der Nutzwerte gibt es verschiedene Möglichkeiten, die aber alle zur gleichen Aussage führen, Bild 60.

a) Man berechnet die Nutzwertbeiträge der Zielkriterien über die Stufengewichte und addiert diese direkt zum Gesamtnutzwert.

Nr.	Zielkriterien	Berechnung über Stufengewichte			Berechnung über Knotengewichte			
		Stufen-gewicht %	Erf.-grad	Nutz-wert N_s	Knoten-gewicht %	Erf.-grad	Nutz-wert N_k	Stufen-gewicht %	Nutz-wert N_s
1.1	Raumangebot	5,00	3,30	0,165	25	3,30	0,825		
1.2	Sicherheit	6,00	5,30	0,318	30	5,30	1,590		
1.3	Funktionalität	4,00	3,80	0,152	20	3,80	0,760		
1.4	Verarbeitungsqualität	3,00	5,00	0,150	15	5,00	0,750		
1.5	Ausstattung	2,00	3,00	0,060	10	3,00	0,300		
1	Karosserieeigenschaften	20,00	4,23	0,845	100	4,23	4,225	x 20 %	0,845
2.1	Motoreigenschaften	4,00	4,30	0,172	20	4,30	0,860		
2.2	Kraftübertragung	4,00	5,00	0,200	20	5,00	1,000		
2.3	Leistungscharakteristik	5,00	4,50	0,225	25	4,50	1,125		
2.4	Fahrleistungen	5,00	3,90	0,195	25	3,90	0,975		
2.5	Reichweite	2,00	5,50	0,110	10	5,50	0,550		
2	Antriebseigenschaften	20,00	4,51	0,902	100	4,51	4,510	x 20 %	0,902
3.1	Geradeauslauf	5,00	4,40	0,220	20	4,40	0,880		
3.2	Kurvenverhalten	6,25	5,00	0,313	25	5,00	1,250		
3.3	Wendekreis	3,75	4,30	0,161	15	4,30	0,645		
3.4	Traktion	3,75	5,00	0,188	15	5,00	0,750		
3.5	Bremsverhalten	6,25	5,30	0,331	25	5,30	1,325		
3	Fahreigenschaften	25,00	4,85	1,213	100	4,85	4,850	x 25 %	1,213
4.1	Federung	6,25	5,00	0,313	25	5,00	1,250		
4.2	Sitze	5,00	4,50	0,225	20	4,50	0,900		
4.3	Klimatisierung	2,50	3,70	0,093	10	3,70	0,370		
4.4	Bedienbarkeit	5,00	4,40	0,220	20	4,40	0,880		
4.5	Geräusch	6,25	5,00	0,313	25	5,00	1,250		
4	Komfort	25,00	4,65	1,163	100	4,65	4,650	x 25 %	1,163
5.1	Wartungsintervalle	2,00	6,00	0,120	20	6,00	1,200		
5.2	Zuverlässigkeit	3,00	5,00	0,150	30	5,00	1,500		
5.3	Wart-/Instandsetzbarkeit	3,00	4,00	0,120	30	4,00	1,200		
5.4	Kundendienst	2,00	5,00	0,100	20	5,00	1,000		·
5	Wartung	10,00	4,90	0,490	100	4,90	4,900	x 10 %	0,490
	Nutzwert	100,00	4,61	4,612		4,61			4,612

Bild 60. Ermittlung der Nutzwerte über Stufengewichte bzw. über die Knotengewichte.

Diese Berechnungsart ist verfahrensmäßig zwar einfacher, sie ergibt aber keine unmittelbare Aussage über das Maß der Zielerfüllung der Teilziele. Man kann diese jedoch zurückrechnen durch Division des Nutzwertbeitrages des Stufen-Nutzwertes durch das Stufengewicht, z. B. im Falle des Zielkriteriums "Karosserieeigenschaften".

$$E_s = \frac{N_s}{w_s} = \frac{0,845}{0,2} = 4,23$$

b) Man berechnet die Nutzwertbeiträge über die Knotengewichte und addiert diese dann zum Nutzwertbeitrag des übergeordneten Kriteriums; dieser muß dann mit dem entsprechenden Stufengewicht multipliziert werden, um den Nutzwertbeitrag auf der entsprechenden Stufe zu erhalten. Abschließend werden die Nutzwertbeiträge der Stufen zum Gesamtnutzwert addiert. Dieses Verfahren hat den Vorteil, daß die Zielerfüllung auf den einzelnen Ebenen des Zielsystems direkt sichtbar wird. Beispielsweise beträgt nach Bild 60 die Zielerfüllung des Kriteriums "Karosserieeigenschaften" der ersten Alternative 4,23 von sechs erreichbaren Punkten, so daß bei diesem Teilziel eine Zielerfüllung von 70 % erreicht wird.

So wie in Abschnitt 3.2.4 "Gewichtung" empfohlen wurde, die Stufengewichte zu ermitteln, um einen abschließenden Vergleich der Gewichte der Zielkriterien vornehmen zu können, wird auch hier konsequenterweise diese Methode a) favorisiert. Das entsprechende Resultat des Fallbeispieles ist in Bild 61 wiedergegeben.

Im zweiten Teilschritt ermittelt man die Rangfolge der Alternativen. Da die Wertetabellen und Wertefunktionen so gewählt sind, daß der größte Zahlenwert den besten Erfüllungsgrad bedeutet, muß die Alternative mit dem höchsten Nutzwert den ersten Rang und die mit dem niedrigsten den letzten Rang erhalten, Bild 62.

Im Fallbeispiel hat die Alternative 1 den höchsten Nutzwert erhalten und kommt somit auf den 1. Platz in der Rangfolge.

Nimmt man die Zielerfüllung, das heißt den Prozentsatz, mit dem die maximale Punktzahl von 6,0 erreicht wurde, so erfüllt die Alternative 1 das Ziel zu 77 %, während die Alternative 4 das Ziel lediglich zu 64 % erfüllt. Damit ergibt sich ein absoluter Unterschied von 13 % in der Zielerfüllung oder ein relativer Unterschied von 20 %.

Nr.	Zielkriterien	Stufen-gewicht %	Alternative 1 Erf.-grad	Alternative 1 Nutz-wert	Alternative 2 Erf.-grad	Alternative 2 Nutz-wert
1.1	Raumangebot	5,00	3,30	0,165	4,60	0,230
1.2	Sicherheit	6,00	5,30	0,318	4,70	0,282
1.3	Funktionalität	4,00	3,80	0,152	3,60	0,144
1.4	Verarbeitungsqualität	3,00	5,00	0,150	4,50	0,135
1.5	Ausstattung	2,00	3,00	0,060	3,00	0,060
1	**Karosserieeigenschaften**	20,00	4,23	0,845	4,23	0,851
2.1	Motoreigenschaften	4,00	4,30	0,172	2,80	0,112
2.2	Kraftübertragung	4,00	5,00	0,200	5,00	0,200
2.3	Leistungscharakteristik	5,00	4,50	0,225	4,00	0,200
2.4	Fahrleistungen	5,00	3,90	0,195	5,00	0,250
2.5	Reichweite	2,00	5,50	0,110	4,00	0,080
2	**Antriebseigenschaften**	20,00	4,51	0,902	4,21	0,842
3.1	Geradeauslauf	5,00	4,40	0,220	4,20	0,210
3.2	Kurvenverhalten	6,25	5,00	0,313	4,30	0,269
3.3	Wendekreis	3,75	4,30	0,161	4,50	0,169
3.4	Traktion	3,75	5,00	0,188	5,00	0,188
3.5	Bremsverhalten	6,25	5,30	0,331	5,00	0,313
3	**Fahreigenschaften**	25,00	4,85	1,213	4,59	1,148
4.1	Federung	6,25	5,00	0,313	4,00	0,250
4.2	Sitze	5,00	4,50	0,225	4,50	0,225
4.3	Klimatisierung	2,50	3,70	0,093	4,00	0,100
4.4	Bedienbarkeit	5,00	4,40	0,220	3,40	0,170
4.5	Geräusch	6,25	5,00	0,313	4,00	0,250
4	**Komfort**	25,00	4,65	1,163	3,98	0,995
5.1	Wartungsintervalle	2,00	6,00	0,120	5,00	0,100
5.2	Zuverlässigkeit	3,00	5,00	0,150	5,00	0,150
5.3	Wart-/Instandsetzbarkeit	3,00	4,00	0,120	5,00	0,150
5.4	Kundendienst	2,00	5,00	0,100	4,70	0,094
5	**Wartung**	10,00	4,90	0,490	4,94	0,494
	Nutzwert	100,00	4,61	4,612	4,33	4,330
	RANGFOLGE		1		3	

Bild 61. Berechnung der Nutzwerte und Bestimmung der Rangfolge der Alternativen am Beispiel des Kaufs eines Personenkraftwagens.

Alternative 3		Alternative 4		Alternative 5	
Erf.-grad	Nutzwert	Erf.-grad	Nutzwert	Erf.-grad	Nutzwert
4,20	0,210	3,70	0,185	5,30	0,265
5,00	0,300	3,70	0,222	4,70	0,282
4,20	0,168	4,00	0,160	4,60	0,184
4,30	0,129	4,50	0,135	3,50	0,105
6,00	0,120	3,00	0,060	5,00	0,100
4,64	0,927	3,81	0,762	4,68	0,936
4,00	0,160	2,50	0,100	3,00	0,120
5,00	0,200	5,00	0,200	5,00	0,200
5,00	0,250	3,50	0,175	4,50	0,225
5,70	0,285	4,00	0,200	5,50	0,275
3,00	0,060	4,20	0,084	3,90	0,078
4,78	0,955	3,80	0,759	4,49	0,898
4,40	0,220	4,50	0,225	4,20	0,210
3,80	0,238	4,30	0,269	4,80	0,300
2,00	0,075	2,80	0,105	2,70	0,101
4,00	0,150	3,00	0,113	4,00	0,150
5,30	0,331	4,30	0,269	5,00	0,313
4,06	1,014	3,92	0,980	4,30	1,074
5,00	0,313	3,00	0,188	5,00	0,313
5,00	0,250	3,00	0,150	4,00	0,200
4,30	0,108	3,70	0,093	4,30	0,108
4,80	0,240	3,60	0,180	3,90	0,195
4,00	0,250	4,00	0,250	3,00	0,188
4,64	1,160	3,44	0,860	4,01	1,003
5,00	0,100	4,00	0,080	5,00	0,100
6,00	0,180	6,00	0,180	4,00	0,120
4,00	0,120	5,00	0,150	3,00	0,090
4,00	0,080	4,70	0,094	3,30	0,066
4,80	0,480	5,04	0,504	3,76	0,376
4,54	4,536	3,87	3,865	4,29	4,286
2		5		4	

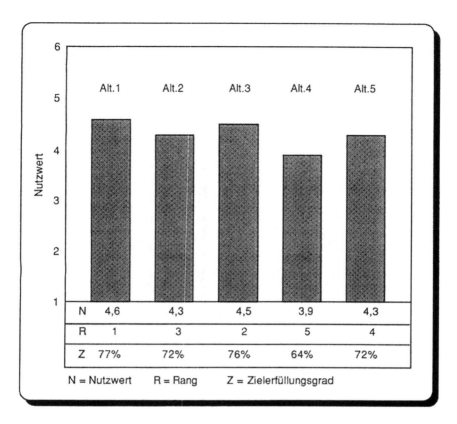

Bild 62. Darstellung des Ergebnisses im Balkendiagramm.

Die Berechnung der Nutzwerte kann durch den Einsatz eines Personalcomputers mit geeigneten Tabellenkalkulationsprogrammen erleichtert werden (s. a. Abschnitt 4).

Die Regeln für diesen Schritt Berechnung der Nutzwerte und Ermittlung der Rangfolge sind in Bild 63 genannt.

3.2.8 Empfindlichkeitsanalyse (6. Schritt)

Eine Überprüfung der Empfindlichkeit der Nutzwert-Analyse-Ergebnisse wird zweckmäßigerweise dann durchgeführt, wenn

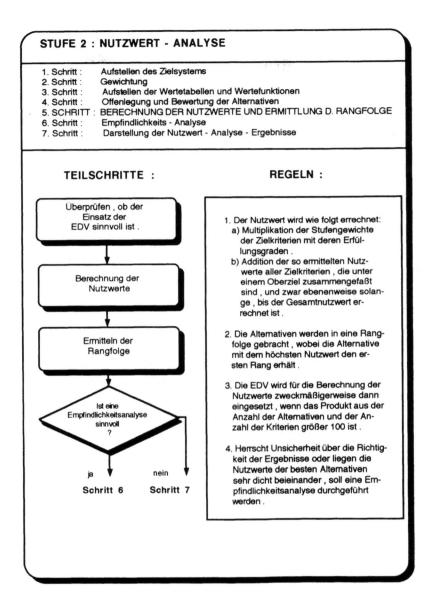

Bild 63. Vorgehensweise und Regeln für die Berechnung der Nutzwerte und Ermittlung der Rangfolge.

- fundamentale Meinungsunterschiede bei der Gewichtung festgestellt wurden, oder
- die besten Alternativen bezüglich ihrer Nutzwerte sehr dicht beieinander liegen, oder
- Unsicherheiten über die Richtigkeit oder die Genauigkeit der Ergebnisse herrschen.

Aufgrund der Formel zur Ermittlung der Nutzwerte

$$N_{ges} = \sum_{i=1}^{n} w_i \cdot E_i$$

müßten grundsätzlich alle Elemente, aus denen sich der Nutzwert ergibt, daraufhin überprüft werden, welchen Einfluß eine Veränderung dieser Elemente auf das Endergebnis ausübt (Bild 64).

Es gibt folgende fünf Situationen, für die eine Empfindlichkeitsanalyse sinnvoll ist:

a) Das Zielsystem kann durch die Anzahl der Kriterien und die Strukturierung derselben das Gesamtergebnis beeinflussen.

b) Die Gewichte der Zielkriterien geben die individuelle Präferenzstruktur der Bewertenden wieder und unterliegen somit subjektiven und möglicherweise voneinander abweichenden Meinungen.

c) Bei der Festlegung der Wertetabellen und -funktionen können unterschiedliche Meinungen auftreten.

d) Bei der Bewertung der Eigenschaften der vorgegebenen Wertetabellen können unterschiedliche Meinungen auftreten.

e) Einer Beurteilung der Eigenschaften können ungenaue Angaben zugrunde liegen, die dasEndergebnis beeinträchtigen können.

Bei einer Empfindlichkeitsanalyse bezüglich des **Zielsystems** muß untersucht werden, wie sich die Beseitigung von Teilzielen bzw. die Ergänzung von Teilzielen auf die Rangfolge der Alternativen auswirkt. Beseitigung und Ergänzung von Teilzielen verändert die Präferenzstruktur, so daß eine solche Analyse in der Regel nicht zu empfehlen ist.

	beeinflußbare Größen	Auswirkung auf Endergebnis	Durchführung einer Empfindlichkeits-analyse
$N_{ges} = \sum_{i=1}^{n} w_i * E_i$ $\sum_{i=1}^{n}$	1.) Anzahl der Kriterien 2.) Struktur der Zielhierarchie	sehr gering sehr gering	nein nein

w_i	1.) Skalenbreite
	2.) Gewichtung
	  a.) obere Ebene
	  b.) unterste Ebene
		sehr gering
		
		groß
		gering
			nein
			
			ja
			nein

E_i	1.) Skalenbreite 2.) Min/Max-Werte 3.) Verlauf der Funktion	sehr gering gering gering	nein evtl. evtl.

Bild 64. Möglichkeiten zur Durchführung von Empfindlichkeitsanalysen.

Im übrigen hat eine Veränderung des Zielsystems aber erfahrungsgemäß einen sehr geringen Einfluß auf das Endergebnis der Nutzwert-Analyse.

Die Empfindlichkeitsanalyse in bezug auf die **Gewichtung** erfolgt durch systematische Veränderung der Gewichtung der Ziele, wobei beobachtet wird, wie diese die Rangfolge der Alternativen verändert. Zweckmäßig ist dies jedoch nur, wenn es für die Ziele der oberen Ebene der Zielhierarchie durchgeführt wird, weil nur diese entscheidenden Einfluß auf das Gesamtergebnis haben. Für das Personenkraftwagen-Beispiel zeigt Bild 65 eine solche Empfindlichkeitsanalyse.

Dort wird der Einfluß der Gewichte bei den Teilzielen "Karosserie-" und "Antriebseigenschaften" untersucht, die einen Anteil von 40 % am Gesamtgewicht haben. Dabei werden die Gewichte der Teilziele "Komfort" und "Wartung" mit 60 % konstant gehalten. Die Gewichte der zu untersuchenden Teilziele "Karosserie-" und "Antriebseigenschaften" müssen dabei so verändert werden, daß ihre Summe stets 40 % bleibt. Rechnerisch werden dabei drei Fälle unterschieden, wobei Fall A das Gewicht der Karosserie zu 0 stellt, Fall B der Mittelwert ist und Fall C das Gewicht des Antriebs zu 0 stellt. Die entsprechende Berechnung zeigt Bild 65.

Das Ergebnis dieser Empfindlichkeitsanalyse ist grafisch in Bild 66 dargestellt. Dabei ist neben dem rechnerischen Bereich der Variation der Gewichte noch ein Bereich angegeben, in dem die Veränderung der Gewichte empfehlenswert erscheint, denn die Karosserieeigenschaften bzw. die Antriebseigenschaften mit 0 zu gewichten würde ja bedeuten, auf diese Teilziele keinen Wert zu legen. Dieses in Bild 66 als "realistischer Bereich" bezeichnete Spektrum schwankt zwischen 10 % und 30 %. Innerhalb dieses Bereiches tritt keine Veränderung der Rangfolge der fünf Alternativen auf. Lediglich außerhalb dieses realistischen Bereiches der Variation der Gewichte ist bei den Alternativen 2 und 5 eine Veränderung der Rangfolge festzustellen, wenn das Gewicht der Karosserieeigenschaften über 35 % hinauswächst und damit das Gewicht der Antriebseigenschaften unter 5 % fällt. Wie das Bild 66 zeigt, ist das gewählte Fallbeispiel relativ unempfindlich gegenüber einer Verän-derung dieser Gewichte.

Bei der **Festlegung der Wertefunktionen** ergeben sich natürlich Unterschiede für die Erfüllungsgrade, wenn man die Minimal- und die Maximalforderung unterschiedlich definiert und diese beispielsweise durch Grade oder Kurven miteinander verbindet. Bild 67 zeigt am

Gewicht für	Fall a)	Fall b)	Fall c)
Karosserie	0	20	40
Antrieb	40	20	0
Summe	40	40	40

Nr.	Kriterium	Gewicht in %		Alternative 1		Alternative 2		Alternative 3		Alternative 4		Alternative 5	
				E	N	E	N	E	N	E	N	E	N
1.	Karosserie	a) b) c)	0 20 40	4,225	0 0,845 1,690	4,225	0 0,851 1,702	4,635	0 0,927 1,854	3,810	0 0,762 1,524	4,680	0 0,936 1,872
2.	Antrieb	a) b) c)	40 20 0	4,510	1,804 0,902 0	4,210	1,684 0,842 0	4,775	1,910 0,955 0	3,795	1,518 0,759 0	4,490	1,796 0,898 0
3. 4. 5.	Fahreigenschaften Komfort Wartung	60			2,865		2,637		2,654		2,344		2,452
	Gesamtnutzwert	a) b) c)			4,669 4,612 4,555		4,321 4,330 4,339		4,564 4,536 4,508		3,862 3,865 3,868		4,248 4,286 4,324

Bild 65. Empfindlichkeitsanalyse der Gewichte.

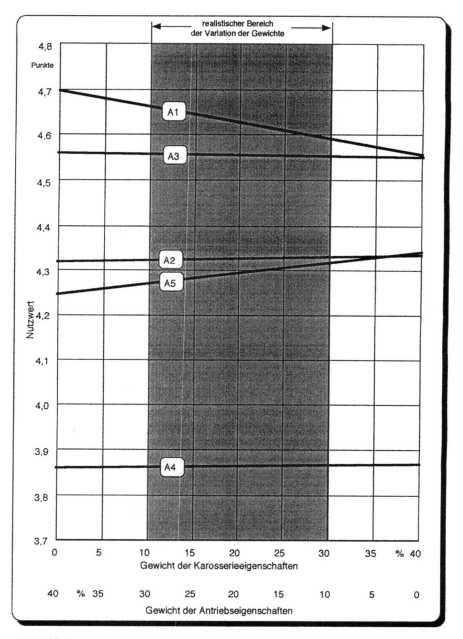

Bild 66. Darstellung des Ergebnisses der Empfindlichkeitsanalyse der Gewichte für das Personenkraftwagenbeispiel.

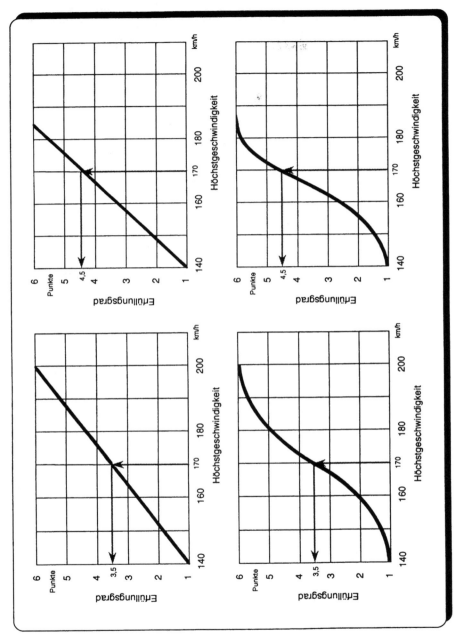

Bild 67. Empfindlichkeitsanalyse durch Veränderung der Wertefunktionen.

Beispiel der Höchstgeschwindigkeit, daß Erfüllungsgrade zwischen 3,5 und 4,5 Punkten erreicht werden für eine Höchstgeschwindigkeit von 170 km/h, je nachdem welche Wertefunktion man vorher definiert hat.

Ein gleichartiger Effekt ergibt sich natürlich auch bei der Festlegung der Wertetabellen, Bild 68. Trotz der erkennbaren Abweichungen ist es nicht ratsam, eine Empfindlichkeitsanalyse durchzuführen, weil alle Alternativen an denselben Wertetabellen und -funktionen gemessen werden und deren Veränderung nur geringen Einfluß auf den Gesamtnutzwert und erfahrungsgemäß keine Auswirkung auf die Rangfolge der Alternativen hat.

Da die Wertefunktionen eindeutig definiert sind und ebenfalls die adäquaten Eigenschaften der Alternativen aus den zur Verfügung stehenden Informationen und Datenblättern unmißverständlich abgelesen werden können, können bei der Zuweisung von Erfüllungsgraden auf Grund der Wertefunktionen keine Fehler auftreten; wohingegen dies aber bei der **Festlegung von Erfüllungsgraden mit Hilfe der Wertetabellen** möglich ist, falls nämlich die Bewerter unterschied-

Erfüllungs-grad	Eigenschaften (Alternative 1)	Eigenschaften (Alternative 2)
6	kein Bremsfading feststellbar	kein Bremsfading feststellbar
5		Bremsfading nur in extremen Situationen feststellbar
4	Bremsfading nur in extremen Situationen feststellbar	
3		Bremsfading bei wiederholtem Bremsen bei Bergabfahrt feststellbar
2	Bremsfading bei wiederholtem Bremsen bei Bergabfahrt feststellbar	
1	Bremsfading bei wiederholtem Bremsen auf ebener Straße feststellbar	Bremsfading bei wiederholtem Bremsen auf ebener Straße feststellbar

Bild 68. Empfindlichkeitsanalyse durch Veränderung der Wertetabellen.

licher Meinung sind, welcher Erfüllungsgrad einer bestimmten Alternative zuzuweisen ist. Erfahrungsgemäß aber haben differierende Meinungen bei der Bemessung der Erfüllungsgrade unter Benutzung von Wertetabellen keinen oder nur einen geringen Einfluß auf das Endergebnis der Nutzwert-Analyse, so daß eine entsprechende Empfindlichkeitsanalyse nicht empfehlenswert erscheint.

Eine Empfindlichkeitsanalyse im Rahmen der Nutzwert-Analyse kann man auch dann durchführen, wenn über die Eigenschaften der Alternativen **keine genauen Angaben** vorhanden sind (z. B. bei Forschungs- und Entwicklungsvorhaben oder wenn eine Entscheidung sehr schnell vorgenommen werden soll, oder wenn keine Zeit mehr zur Beschaffung von detaillierten Informationen vorhanden ist, und man daher die Werte der Eigenschaften abschätzen muß). Ähnlich wie bei der Dreizeitenschätzung bei der Netzplantechnik, können drei Werte für jede Eigenschaft geschätzt werden, und zwar

- ein optimistischer,

- ein wahrscheinlicher und

- ein pessimistischer Wert.

Diese Vorgehensweise führt zu drei Erfüllungsgraden, d. h. für jede Alternative wird ein optimistischer, ein wahrscheinlicher und ein pessimistischer Nutzwert errechnet. In Bild 69 ist dies für die fünf Alternativen vorgenommen worden. Hier weist die Alternative A 5 den größten optimistischen Nutzwert auf, sie hat aber auch die größte Bandbreite von optimistisch bis pessimistisch; ihr wahrscheinlicher Wert liegt allerdings mehr beim pessimistischen als beim optimistischen Nutz-wert. Ein "optimistischer" Entscheider würde sicherlich aus diesen vier Alternativen die Alternative A 2 auswählen. Will der Entscheider je-doch kein Risiko eingehen, so wählt er die Alternative A 1, denn hier ist der optimistische Wert nur geringfügig unter dem der Alternative A 2 und der pessimistische und der wahrscheinliche Wert sind die gün-stigsten von allen Alternativen.

Die Entscheidung wird erleichtert, wenn man die Rangfolge aufschreibt, die eine Alternative bei pessimistischer, wahrscheinlicher und optimistischer Einschätzung einnimmt. Die Entscheidung fällt für den ersten Rang auf die Alternative A 4.

Eine andere Möglichkeit, diese vier Alternativen in eine Rangfolge zu bringen, ist die Errechnung des mittleren Nutzwerts N_m mit Hilfe der

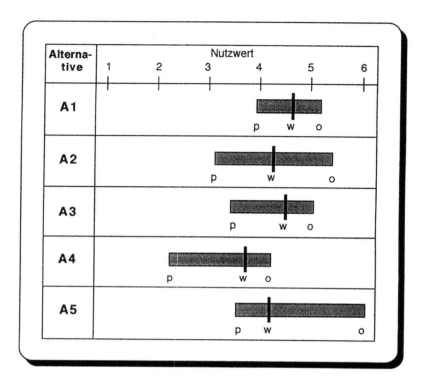

Bild 69. Empfindlichkeitsanalyse durch unterschiedliche Einschätzung der Eigenschaften.

beta-Verteilung nach der Gleichung

$$N_m = \frac{N_p + 4 N_w + N_o}{6} \tag{7}$$

wobei N_p der pessimistische Nutzwert, N_w der wahrscheinliche Nutzwert und N_o der optimistische Nutzwert ist, Bild 70.

Je besser der Informationsstand über die Alternativen ist, um so näher werden die pessimistischen und optimistischen Werte aneinanderrücken. Die Angabe der Eigenschaften wird mit größerer Sicherheit vorgenommen. Umgekehrt zeigt ein weites Auseinanderfallen von pessimistischem und optimistischem Nutzwert einen schlechten

	pessimistisch	wahrscheinl.	optimistisch	Mittlerer Nutzwert	Rang
Alternative 1	3,9	4,6	5,3	4,6	1
Alternative 2	3,1	4,3	5,2	4,3	4
Alternative 3	3,5	4,5	5,1	4,5	2
Alternative 4	2,3	3,9	4,2	3,6	5
Alternative 5	3,6	4,3	6,0	4,4	3

Bild 70. Ergebnis einer Empfindlichkeitsanalyse bei unterschiedlichen Eigenschaften.

Informationsstand und eine große Unsicherheit bei der Angabe der Eigenschaften. Ein Maß für die Sicherheit der Schätzung ist die Varianz σ^2, die sich errechnet zu

$$\sigma^2 = \frac{N_o - N_p}{6} \tag{8}$$

Jede der zuvor beschriebenen Empfindlichkeitsanalysen erfordert einen relativ hohen Arbeitsaufwand und sollte nur für die drei, maximal vier Alternativen durchgeführt werden, die an oberster Stelle der Rangskala stehen; in den meisten Fällen ist es günstig, die Berechnung computergestützt vorzunehmen.

In Bild 71 werden die drei Empfindlichkeitsanalysen einander gegenübergestellt und bezüglich ihrer Anwendungsgebiete abgegrenzt. Ver-

Empfindlich-keitsanalyse der :	Anwendung	Aufwand	Vorteile	Nachteile
Gewichte	Bei Unsicherheit über die Richtigkeit der Gewichte der Teilziele.	Wenn die Analyse mit einem "PC" durchgeführt wird, ist der Aufwand gering.	Gute Aussage über den Einfluß der Gewichte auf die Nutzwerte und die Rangfolge der Alternativen; relativ einfach durchzuführen.	Sollen mehrere Untersuchungen durchgeführt werden oder liegen die zu untersuchenden Gewichte in der unteren Ebene der Zielhierarchie, wird das Verfahren relativ aufwendig.
Wertetabellen und Wertefunktionen	Bei Unsicherheit über die Richtigkeit der Wertetabellen und Wertefunktionen.	Sehr aufwendig, weil für jede zu untersuchende Alternative die gesamte Zielhierarchie neu berechnet werden muß.	Gibt den Einfluß unterschiedlicher Wertefunktionen und Wertetabellen wieder.	Schwierig in der Durchführung, nur geringe Aussagefähigkeit, höchster Aufwand.
Eigenschaften	Bei Unsicherheit über die Richtigkeit der Werte der Eigenschaften der Alternativen.	Sehr aufwendig, weil für jede Analyse drei Berechnungen vorgenommen werden müssen.	Gute Aussage bei Alternativen über deren Eigenschaften keine völlige Klarheit besteht.	Hoher Aufwand.

Bild 71. Vergleich der unterschiedlichen Möglichkeiten, Empfindlichkeitsanalysen durchzuführen.

sucht man, die praktische Bedeutung dieser drei Arten der Empfindlichkeitsanalyse abzuschätzen, so kommt man zu dem Ergebnis, daß die Empfindlichkeitsanalyse der Gewichte am sinnvollsten ist und daher am häufigsten angewendet wird, jedoch wird dies nur für zwei oder drei Zielgewichte der obersten Ebene der Zielhierarchie durchgeführt.

Eine Empfindlichkeitsanalyse der Wertetabellen oder der Wertefunktionen ist theoretisch zwar möglich, wird in der Praxis aber kaum angewendet, weil der relativ hohe Aufwand hierfür in keinem Verhältnis zu der möglichen Aussage steht. Eine Empfindlichkeitsanalyse bezogen auf die Eigenschaften der Alternativen wird eingesetzt, wenn Unsicherheit über die Richtigkeit der Eigenschaften herrscht. Dies ist häufig bei Forschungs- und Entwicklungsprojekten der Fall.

Die Teilschritte und Regeln für die Empfindlichkeitsanalyse sind zusammenfassend in Bild 72 wiedergegeben.

3.2.9 Beurteilung und Darstellung der Nutzwert-Analyse-Ergebnisse (7. Schritt)

Nach Abschluß der Nutzwert-Analyse stellt sich natürlich die Frage, welche Arbeitsergebnisse für die Auswahlentscheidung von Bedeutung sind und daher in angemessener Weise dargestellt werden müssen.

An erster Stelle ist das numerische Gesamturteil der Nutzwerte der einzelnen Alternativen zu nennen; dazu gehört natürlich auch die Rangfolge der Alternativen, wie in Abschnitt 3.2.7 und Bild 62 dargestellt.

Obwohl die Nutzwert-Analyse von der Methodik her bewußt so konzipiert ist, daß ein numerisches Gesamturteil erarbeitet wird, ist doch ergänzend zu dieser ganzheitlichen Beurteilung eine Betrachtung der Zielerfüllung der Teilziele auf der obersten Ebene der Zielhierarchie von Interesse. Aus diesen kann man nämlich entnehmen, ob es sich um in den Nutzwertbeiträgen ausgewogene oder sehr differierende Alternativen handelt, wobei es durchaus vorstellbar ist, daß eine ausgewogene Alternative mit einem geringeren Gesamtnutzwert einer in den Teilnutzwerten sehr schwankenden Alternative vorgezogen wird, auch wenn diese einen geringfügig höheren Gesamtnutzwert hat. Insbesondere dann, wenn die Alternativen mit den höchsten Rangziffern in ihren Nutzwerten sehr dicht beieinander liegen oder sich bei der Empfindlichkeitsanalyse die Rangfolgen verschieben, sollten diese Alter-

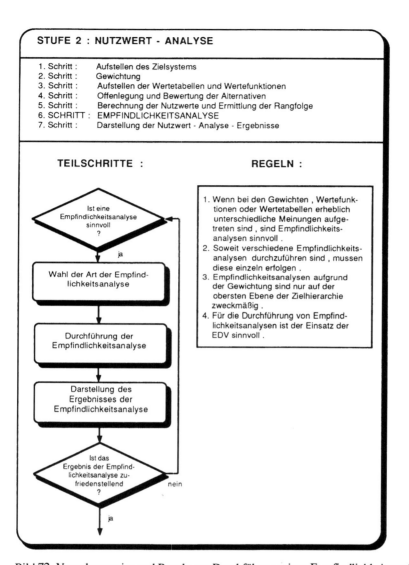

Bild 72. Vorgehensweise und Regeln zur Durchführung einer Empfindlichkeitsanalyse.

nativen in ihrem Nutzwertbeitrag verglichen werden. In diesem Fall ist es sehr hilfreich, wenn die jeweiligen Ergebnisse besonders übersichtlich dargestellt werden, damit die Unterschiede der Alternativen deutlich sichtbar gemacht und Abweichungen leichter interpretiert werden können.

Die am häufigsten verwendete Darstellungsform ist das Balkendiagramm, Bild 73. Die Nutzwerte der Alternativen werden dort auf der jeweiligen Stufe einander gegenübergestellt, so daß die Balkenhöhe der Erfüllungsgrad und die Balkenbreite das Gewicht des Teilziels wiedergibt. Die Fläche entspricht damit dem Nutzwertbeitrag, der sich bekanntermaßen aus dem Produkt des Gewichtes mit dem Erfüllungsgrad ergibt.

Andere Darstellungsmöglichkeiten für den Vergleich der Nutzwertbeiträge der Alternativen sind auch die "sternförmige" oder die "kreisförmige" Darstellung, Bild 74, diese beiden sind jedoch bei weitem nicht so übersichtlich wie das Balkendiagramm. Hinzu kommt, daß bei der Sternform-Darstellung das Gewicht der Kriterien nicht dargestellt werden kann.

Daher wird angeraten, für die Darstellung der Nutzwertbeiträge auf der obersten Ebene der Zielhierarchie das Balkendiagramm zu verwenden.

Da die Nutzwerte in Punkten ausgedrückt relativ abstrakte Werte darstellen, bedarf es der verbalen Erläuterung der Unterschiede der einzelnen Alternativen. Meist reicht es völlig aus, wenn sich diese Erklärungen auf die Alternativen des ersten und zweiten Ranges beschränken. Hierzu werden nach dem Prinzip der ABC-Analyse die Kriterien ausgewählt, die 75 % des Gesamtgewichtes ausmachen. Bei durchschnittlichen Zielsystemen mit 20 bis 30 Kriterien sind dies meist nur insgesamt zehn Kriterien, die es zu interpretieren und zu erläutern gilt, so daß sich auf diese Weise die Hauptvorteile der Alternative auf dem ersten Rang gegenüber den übrigen Alternativen relativ einfach und schnell erklären lassen.

Man kann darüber hinaus auch hier eine Empfindlichkeitsanalyse durchführen und überprüfen, ob sich die Rangfolge der Alternativen aus den wichtigsten Kriterien verändert im Vergleich zu der Rangfolge, die sich aus den gesamten Nutzwert-Analysen ergeben hat, Bild 75 und Bild 76.

Wichtig für die Auswahlentscheidung kann darüber hinaus die Empfindlichkeitsanalyse gemäß Abschnitt 3.2.8 sein, insbesondere dann natürlich, wenn sich innerhalb des realistischen Bereiches der Variation der Gewichte eine Veränderung der Rangfolge ergeben hat.

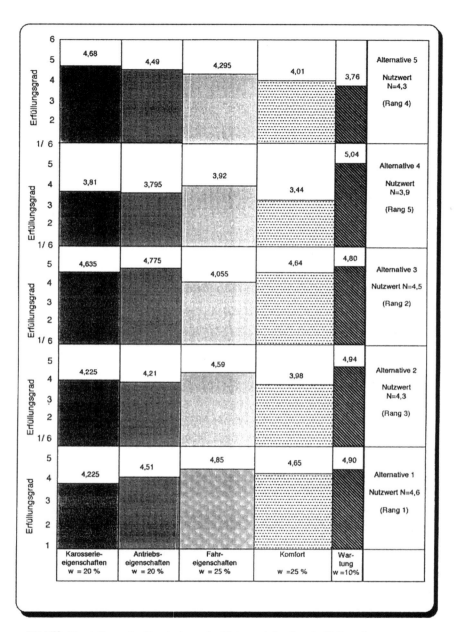

Bild 73. Darstellung des Ergebnisses der Nutzwert-Analyse in Balkendiagrammen.

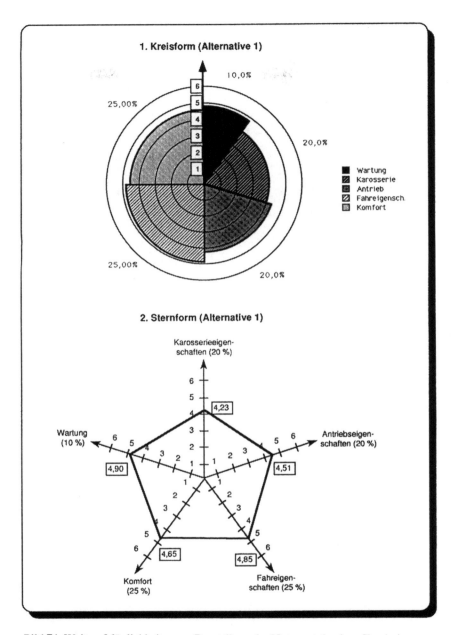

Bild 74. Weitere Möglichkeiten zur Darstellung des Nutzwert-Analyse-Ergebnisses.

Rang	Nr.	Kriterium	Gewicht	kum. Gew.	Alternative				
					A1	A2	A3	A4	A5
1	3.2	Kurvenverhalten	6,25	6,25	0,31	0,27	0,24	0,27	0,30
2	3.5	Bremsverhalten	6,25	12,5	0,33	0,31	0,33	0,27	0,31
3	4.1	Federung	6,25	18,75	0,31	0,25	0,31	0,19	0,31
4	5.5	Geräusche	6,25	25	0,31	0,25	0,25	0,25	0,19
5	1.2	Sicherheit Karosserie	6,0	31	0,32	0,28	0,30	0,22	0,28
6	1.1	Raumangebot	5,0	36	0,17	0,23	0,21	0,19	0,27
7	2.3	Leistungscharakteristik	5,0	41	0,23	0,20	0,25	0,18	0,23
8	2.4	Fahrleistungen	5,0	46	0,20	0,25	0,29	0,20	0,28
9	3.1	Geradeauslauf	5,0	51	0,22	0,21	0,22	0,23	0,21
10	4.2	Sitze	5,0	56	0,23	0,23	0,25	0,15	0,20
11	4.4	Bedienbarkeit	5,0	61	0,22	0,17	0,24	0,18	0,20
Summe der Nutzwertbeiträge					2,84	2,65	2,89	2,31	2,76
Rangfolge aus diesen Kriterien					(2)	3	(1)	5	4
Rangfolge insg. aus allen Kriterien					(1)	3	(2)	5	4

Bild 75. Ermittlung der Nutzwerte, wenn nur die wichtigsten Kriterien berücksichtigt werden, die insgesamt 61 % des Gesamtgewichts beeinflussen.

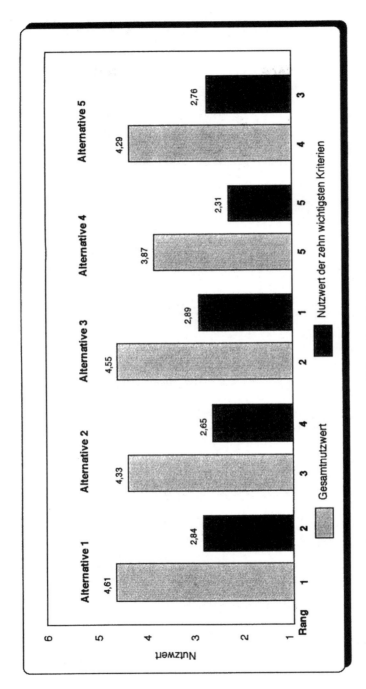

Bild 76. Darstellung der Nutzwerte, wenn nur die wichtigsten Kriteren berücksichtigt werden, die insgesamt 61 % des Gesamtgewichts beeinflussen.

Für die Auswahlempfehlung aufgrund der Nutzwert - Analyse sollten herangezogen werden :

1. Das Gesamtergebnis

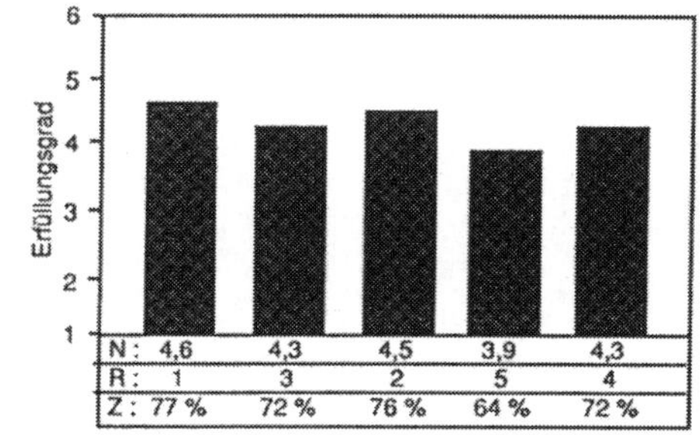

2. Die Nutzwertprofile der Alternativen

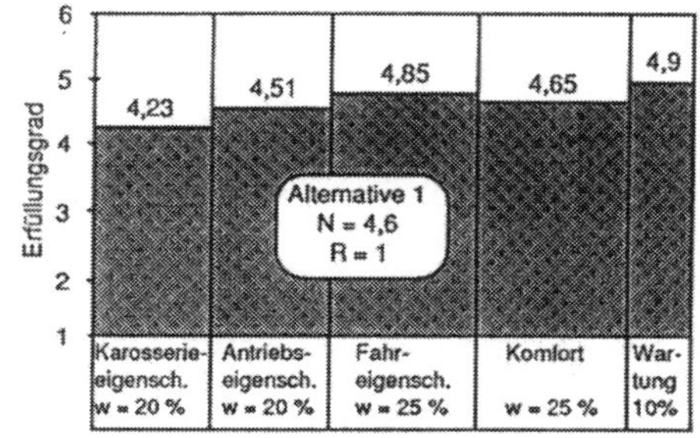

3. Die Nutzwertbeiträge der wichtigsten Kriterien

Nutzwert aus den10 wichtigsten Kriterien	2,84	2,65	2,89	2,31	2,76
Rangfolge aus diesen Kriterien	(2)	3	(1)	5	4
Rangfolge insgesamt für alle Kriterien	(1)	3	(2)	5	4

4. Die Empfindlichkeitsanalyse

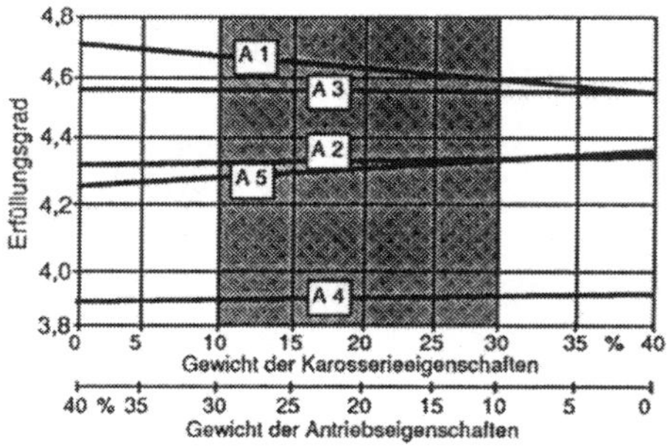

Bild 77. Empfehlung, welche Elemente zur Darstellung des Nutzwert-Analyse-Ergebnisses herangezogen werden sollen.

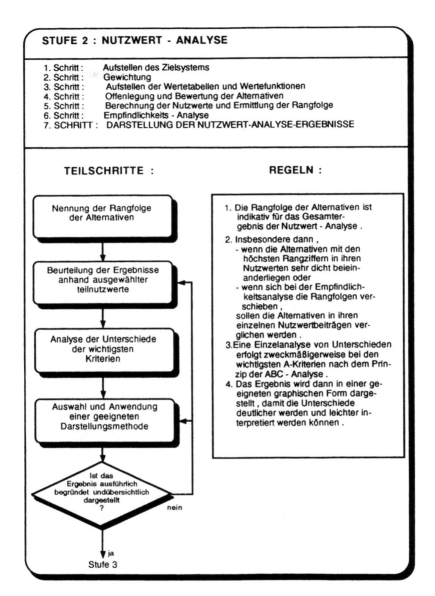

Bild 78. Vorgehensweise und Regeln zur Darstellung des Nutzwert-Analyse-Ergebnisses.

Zusammenfassend kann gesagt werden, daß zu einer ganzheitlichen Interpretation des Nutzwert-Analyse-Ergebnisses folgende Elemente gehören, (s. a. Bild 77):

1. Das Gesamtergebnis
2. Die Nutzwertprofile der Alternativen
3. Die Nutzwertbeiträge der 10 wichtigsten Kriterien
4. Die Empfindlichkeitsanalyse

Diese Elemente sollen mit allen Beteiligten abschließend diskutiert und gemeinsam verabschiedet werden, um den Entscheidungsprozeß nochmalig besser abzusichern.

Die Teilschritte und Regeln dieses 7. Schrittes der Nutzwert-Analyse, der Darstellung der Nutzwert-Analyse-Ergebnisse sind in Bild 78 dargestellt.

3.3 Aufwands-Analyse

Die Aufwands-Analyse wird durchgeführt, um alle monetär bzw. nicht-monetär bewertbaren Aufwände der Alternativen zu erfassen. Wie die Definitionen in Abschnitt 2 zeigen, werden die monetär bewertbaren Aufwände als Kosten bezeichnet; für die nicht-monetär bewertbaren Aufwände wird der Begriff "Aufwandswert" verwendet.

Eine Aufwands-Analyse wird separat zur Nutzwert-Analyse durchgeführt, weil sich ein Bewertungsproblem grundsätzlich aufteilt in die Bewertung des Nutzens auf der einen und des Aufwandes auf der anderen Seite (siehe auch Abschnitt 3.4). Offensichtlich bestehen aber auch wichtige Verbindungen zwischen beiden Analysen. Im Prinzip bedingt ein höherer Nutzen höhere Aufwände, auch wenn in der Praxis unterschiedliche quantitative Zusammenhänge festzustellen sind. Um die Interdependenzen zwischen Nutzwert-Analyse und Aufwands-Analyse zu beachten, müssen beispielsweise, wie in Bild 79 dargestellt,

- bei der **Aufwands-Analyse** solche Eigenschaften beachtet werden, die mit besonderen Kosten, z. B. Aufpreisen verbunden sind,

- bei der **Nutzwert-Analyse** besondere nicht monetär bewertbare Probleme auf Grund von Finanzierungen, schwierigen Kaufverhandlungen usw., die bei den einzelnen Alternativen durchaus unterschiedlich ausgeprägt sein können, mitbewertet werden.

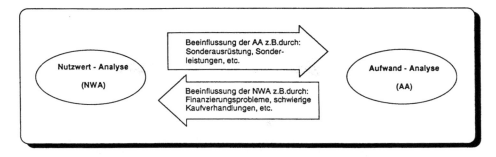

Bild 79. Gegenseitige Beeinflussung von Nutzwert-Analyse und Aufwands-Analyse.

Zu Beginn der Aufwands-Analyse steht die Überprüfung, ob die Aufwände monetär oder nicht-monetär zu bewerten sind, Bild 80.

Prinzipiell sollte versucht werden, den Aufwand monetär zu bewerten, auch wenn sich dies in bestimmten Fällen als schwierig erweisen sollte.

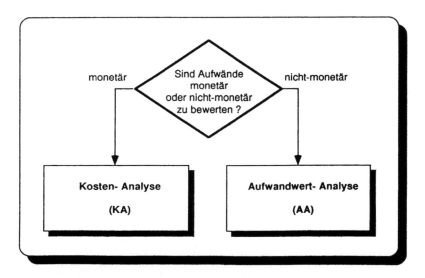

Bild 80. Definition von Kosten-Analyse und Aufwandswert-Analyse.

Die Darstellung der Verfahren der Aufwands-Analyse gliedert sich in die folgenden Abschnitte:

- Kosten-Analyse,
- Aufwandswert-Analyse.

3.3.1 Kosten-Analyse

Auch eine Kosten-Analyse wird - ähnlich wie die Nutzwert-Analyse - stufenweise durchgeführt, und zwar in der Folge der in Bild 81 genannten Schritte.

1. Schritt: Definition der Kostenstruktur

In der Praxis ist eine Vielzahl von unterschiedlichen Kostenstrukturen bekannt. Beispielsweise wendet man die in Bild 82 gezeigte Erlös- und Kostengliederung an, wenn bei firmeninternen Produktentscheidungen die Selbstkosten bei zur Auswahl stehenden Produkten ermittelt werden sollen; die im Unternehmen anfallenden Gemeinkosten werden dabei über Gemeinkostenzuschläge den Produkten zugerechnet.

Außerdem können aber auch die in Bild 83 genannten Kostengliederungen im Rahmen der Nutzwert-Kosten-Analyse Verwendung finden:

- Bei Investitionsvorhaben unterteilt man die Gesamtkosten sehr häufig in Beschaffungskosten und Betriebskosten.

- Aus statistischen Zwecken werden fallweise auch die Kosten verschiedenen Funktionen zugeordnet.

- Bei öffentlich geförderten Entwicklungsvorhaben werden zuweilen die Software-Kosten und die Hardware-Kosten getrennt ermittelt, um die Beschaffungsintensität der Vorhaben erkennen zu können.

- In bestimmten Fällen kann es auch von Interesse sein, die Kosten der Alternativen gemäß der Herkunft der Finanzmittel aufzugliedern.

Die hier genannten Gliederungsmöglichkeiten sind nicht vollzählig; sie sollen nur die verschiedenen Möglichkeiten der Kostengliederung aufzeigen.

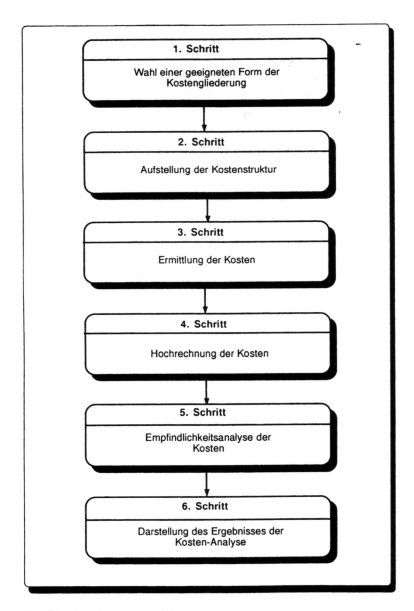

Bild 81. Ablaufschema für die Kosten-Analyse.

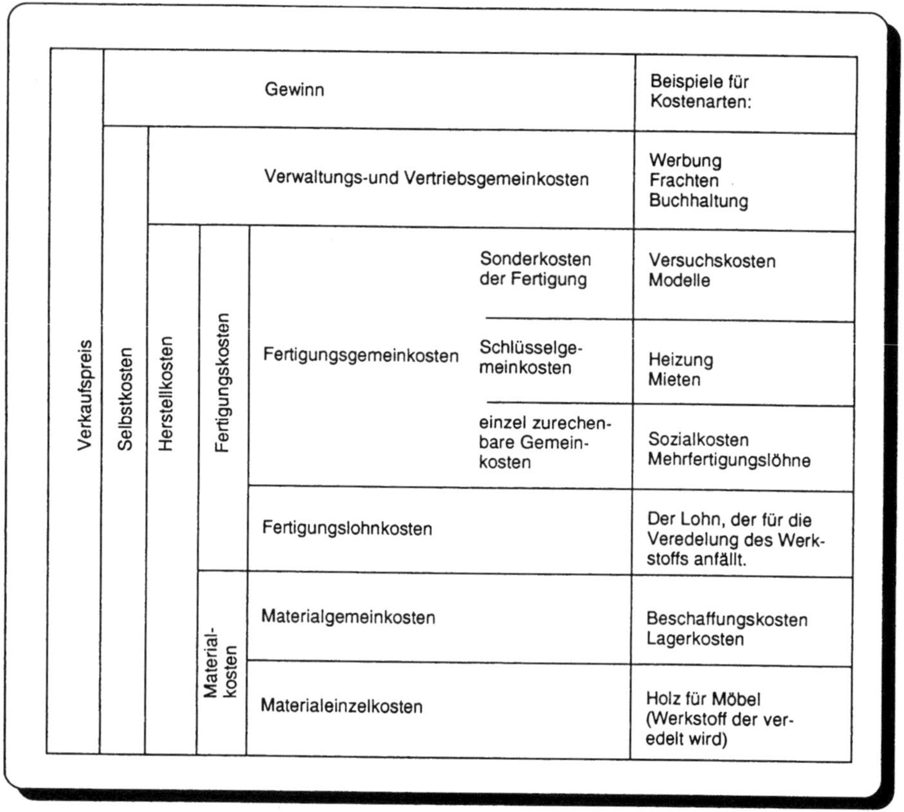

				Beispiele für Kostenarten:
Gewinn				
Verkaufspreis → Selbstkosten	Verwaltungs- und Vertriebsgemeinkosten			Werbung Frachten Buchhaltung
	Sonderkosten der Fertigung			Versuchskosten Modelle
Herstellkosten / Fertigungskosten	Fertigungsgemeinkosten	Schlüsselgemeinkosten		Heizung Mieten
		einzel zurechenbare Gemeinkosten		Sozialkosten Mehrfertigungslöhne
	Fertigungslohnkosten			Der Lohn, der für die Veredelung des Werkstoffs anfällt.
Materialkosten	Materialgemeinkosten			Beschaffungskosten Lagerkosten
	Materialeinzelkosten			Holz für Möbel (Werkstoff der veredelt wird)

Bild 82. Erlös und Kostengliederung im Unternehmen.

Gliederung der Gesamtkosten	Beispiele	beispielhafte Anwendungen	Häufigkeit d. Anwendung
Beschaffungskosten Betriebskosten	Entwicklungskosten feste Betriebskosten variable Betriebskosten	Investitionsvorhaben	sehr häufig
nach bestimmten Funktionen	zurechenbar der Produktion zurechenbar dem Umweltschutz zurechenbar der Energieversorgung	Erstellen von Statistiken, Analysen	häufig
Engeneeringkosten Softwarekosten Hardwarekosten	Konzeption Konstruktion Serienreifmachung Material Gebäude Einrichtungen	öffentlich geförderte Vorhaben	weniger häufig
Herkunft der Finanzmittel	aus Gewinnen aus Rücklagen mit Krediten mit Förderung der öffentlichen Hand	finanzwirtschaftliche Analysen	weniger häufig

Bild 83. Weitere Kostengliederungsformen.

Für den beispielhaften Pkw-Kauf empfiehlt sich eine Gliederung in Beschaffungs- und Betriebskosten; bei diesem Beispiel könnte allerdings auch die Herkunft der Finanzmittel (z. B. Erlös aus Verkauf des alten Pkws, Kredit usw.) von Interesse sein.

2. Schritt: Aufstellen der Kostenstruktur

Auf der Basis der zuvor ausgewählten Kostengliederung wird in diesem Schritt die Kostenstruktur aufgestellt; dies erfolgt im Prinzip in der gleichen Weise wie das Aufstellen des Zielsystems bei der Nutzwert-Analyse (s. Abschnitt 3.2.3) und dient der besseren Übersicht und der leichteren Überprüfung auf Vollständigkeit.

Auch bei der Strukturierung der Kosten ist besonders darauf zu achten, daß Überschneidungen oder Doppelbewertungen von Kosten vermieden werden. Eine Überschneidung würde beispielsweise vorliegen, wenn in einer Kostenstruktur gleichzeitig

- die Wertminderung und
- der Wiederverkaufswert

erfaßt werden würden.

Für das Beispiel des Pkw-Kaufs wird die in Bild 84 gezeigte Kostenstruktur vorgeschlagen.

3. Schritt: Ermittlung der Kosten

Die Ermittlung der Kosten vollzieht sich in der Regel in zwei Teilschritten: Zunächst ermittelt man die sogenannten Mengen, die man dann mit Hilfe geeigneter Kalkulationsverfahren monetär bewertet.

Vielfach werden bei Kostenkalkulationen firmeninterne Richtlinien verwendet; daneben steht auch eine Reihe allgemeinen Richtlinien zur Verfügung, wie z. B.

VDI 3221	Wirtschaftlichkeitsberechnung in der industriellen Fertigung,
VDMA-BwB 7	Das Rechnen mit Maschinenstundensätzen,
VDMA-BwB 9	Investitionsrechnung im Maschinenbau,
BDI	Gemeinschafts-Richtlinie für die Kosten- und Leistungsrechnung,

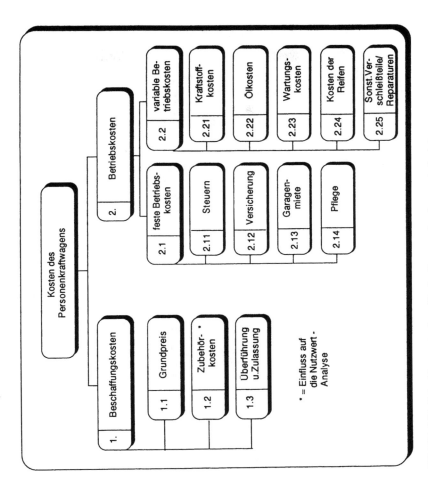

Bild 84. Mögliche Kostenstruktur für das Personenkraftwagenbeispiel.

REFA
LSÖ

VOPR 30/53

LPS

Platzkostenrechnung,
Leitsätze für die Preisermittlung auf Grund der Selbstkosten bei Leistungen für öffentliche Auftraggeber,
Verordnung über Preise bei öffentlichen Aufträgen vom 21. Nov. 1953,
Leitsätze für die Preisermittlung auf Grund von Selbstkosten.

In vielen Fällen, wie auch bei dem beispielhaften Pkw-Kauf, ist eine Kostenkalkulation in dem zuvor beschriebenen Sinne nicht erforderlich; man kann sich vielmehr darauf beschränken, aus speziellen Prospekten und Preislisten die relevanten Informationen herauszugreifen (Bild 85).

Nr.	Kostenart	Dimension	Quelle
1.1	Grundpreis	DM	Prospekt
1.2	Zubehör	DM	Prospekt
1.3	Überführung u.Zulassung	DM	Verkäufer
1.	Beschaffungskosten	DM	Berechnung :Summe 1.1.1 bis 1.1.3
	Abschreibung u.kalk Zinsen	DM/a	Berechnung (siehe Formel)
	Abschreibung u.kalkZinsen	Pfg/km	Umrechnung
2.1.1	Steuern	DM/a	Steuertabellen
2.1.2	Versicherung	DM/a	Versicherungstarife
2.1.3	Garagenmiete	DM/a	Käufer
2.1.4	Pflegekosten	DM/a	Käufer
2.1	feste Betriebskosten/Jahr	DM/a	Berechnung (Summe 2.1.1 bis 2.1.4)
2.1	feste Betriebskosten/km	Pfg/km	Umrechnung
2.2.1	Kraftstoffverbrauch	Ltr/100km	Testzeitschrift/Prospekt
2.2.1	Kraftstoffkosten	Pfg/km	Umrechnung
2.2.2	Ölverbrauch	Ltr/10Tkm	Testzeitschrift/Prospekt
2.2.2	Ölkosten	Pfg/km	Umrechnung
2.2.3	Wartungsintervalle	km/Interv.	Prospekt
2.2.3	Wartungskosten	DM/Wartung	Umrechnung
2.2.3	Wartungskosten	Pfg/km	Umrechnung
2.2.4	Reifenpreis	DM/4 Stck.	Prospekt
2.2.4	Reifenkosten	Pfg/km	Umrechnung
2.2.5	Verschleißteilekosten	Pfg/km	Testzeitschrift
2.2	variable Betriebskosten	Pfg/km	Berechnung
2.	Betriebskosten	Pfg/km	Berechnung
	Kosten des PKW	Pfg/km	Berechnung

Bild 85. Möglichkeiten zur Ermittlung der Kosten für das Personenkraftwagenbeispiel.

Für das Pkw-Beispiel sind die für die Kostenanalyse notwendigen Informationen zu Bild 86 zusammengestellt; dabei korrespondiert die Auflistung der geforderten Ausstattung (Zubehör) in Bild 87 mit der entsprechenden Bewertung im Rahmen der Nutzwert-Analyse (siehe Abschn. 3.2).

Da bei dem Fallbeispiel alle verfügbaren Informationen eindeutig sind, erübrigt sich eine Empfindlichkeitsanalyse.

Es gibt allerdings auch eine Reihe von Situationen, bei denen eine relativ große Unsicherheit der Kostenschätzung vorliegt; beispielsweise dann, wenn der Zeitraum, der zwischen dem Zeitpunkt der Entscheidung und dem Zeitpunkt, zu dem diese Entscheidung wirksam wird, sehr groß ist. Langfristige Entwicklungs- oder Beschaffungsvorhaben,

| Nr. | Kostenart | Dimension | Alternativen |||||
			A1	A2	A3	A4	A5
1.1	Grundpreis	DM	25.100	23.250	23.800	22.000	22.400
1.2	Zubehör	DM	2.600	1.000	0	1.335	350
1.3	Überführung u.Zulassung	DM	500	500	500	500	500
1.	Beschaffungskosten	DM					
	Abschreibung u.kalk Zinsen	DM/a					
	Abschreibung u.kalkZinsen	Pfg/km					
2.1.1	Steuern	DM/a	390	390	430	345	370
2.1.2	Versicherung	DM/a	1.125	1.125	1.170	1.125	1.125
2.1.3	Garagenmiete	DM/a	1.200	1.200	1.200	1.200	1.200
2.1.4	Pflegekosten	DM/a	600	600	600	600	600
2.1	feste Betriebskosten/Jahr	DM/a					
2.1	feste Betriebskosten/km	Pfg/km					
2.2.1	Kraftstoffverbrauch	Ltr/100km	9,8N	10,9S	12,7N	10,6S	11,1S
2.2.1	Kraftstoffkosten	Pfg/km					
2.2.2	Ölverbrauch	Ltr/10Tkm	8	10	10	9	10
2.2.2	Ölkosten	Pfg/km					
2.2.3	Wartungsintervalle	km/Interv.	20.000	10.000	10.000	10.000	15.000
2.2.3	Wartungskosten	DM/Wartung					
2.2.3	Wartungskosten	Pfg/km					
2.2.4	Reifenpreis	DM/4 Stck.	750	500	735	535	675
2.2.4	Reifenkosten	Pfg/km					
2.2.5	Verschleißteilekosten	Pfg/km	2,0	2,0	3,0	2,0	2,0
2.2	variable Betriebskosten	Pfg/km					
2.	Betriebskosten	Pfg/km					
	Kosten des PKW	Pfg/km					

Bild 86. Ermittlung der Kosten für das Personenkraftwagenbeispiel.

Geforderte Ausstattung (Zubehör) Mehrkosten in DM		Alternativen				
		A1	A2	A3	A4	A5
1.1	Außenspiegel rechts	435	340	0	0	0
1.2	Halogen-Nebelscheinwerfer	350	0	0	340	0
2.1	Fünfganggetriebe	635	0	0	520	0
4.1	Wärmedämmendes Glas	400	0	0	240	350
4.2	Zentralverriegelung	460	430	0	0	0
4.3	Kopfstützen hinten	320	230	0	235	0
	Summe Mehrkosten	2600	1000	0	1335	350

Bild 87. Ermittlung der Zubehörkosten für das Personenkraftwagenbeispiel.

die sich in einem sehr frühen Entwicklungsstadium befinden, sind Beispiele hierfür.

4. Schritt: Hochrechnung der Kosten

In diesem Schritt werden die einzelnen Kosten- bzw. Aufwandspositionen zu einem Gesamtwert zusammengefaßt.

Bei der Hochrechnung der Kosten muß man beachten, daß

- die Entwicklungs-, Beschaffungs- und Betriebskosten über bestimmte Annahmen miteinander verknüpft und
- die Einzelkosten über eine Auf- oder Abzinsung auf eine zeitliche Vergleichsbasis gebracht werden müssen.

Bei der Verknüpfung der drei Hauptkostenarten muß eine Basis gefunden werden, die eine Addition dieser Kostenelemente ermöglicht. So muß z. B. für die Entwicklungskosten eine bestimmte Stückzahl jährlich zu produzierender Geräte angenommen werden. Um die Betriebskosten zuordnen zu können, ist es notwendig, einen Abschreibungszeitraum und eine jährliche Leistung des Gerätes festzulegen; dies gilt auch für die Zuordnung der festen Betriebskosten zu den variablen.

Durch eine Auf- und Abzinsung muß dann eine einheitliche Vergleichsbasis der zu unterschiedlichen Zeiten anfallenden Ausgaben geschaffen werden. Bei der Aufzinsung wird der zukünftige Wert eines Zeitwertes nach den Regeln der Zinsrechnung bestimmt. Dagegen wird mit der Abzinsung der Gegenwartswert zukünftiger Ausgaben ermittelt.

Im Fallbeispiel des Pkw-Kaufs wird man zweckmäßigerweise die Kosten je gefahrenen Kilometer als Vergleichsmaßstab wählen. Um die verfügbaren Basisinformationen in diesen Wert umrechnen zu können, muß man bestimmte Annahmen treffen und Zusatzinformationen beschaffen, siehe Bild 88. Damit können die Basisinformationen zunächst in jährliche Kosten und anschließend in Kosten je km umgerechnet werden.

Zur Umrechnung der Beschaffungskosten in DM in die Abschreibungskosten zu DM/a bzw. Pfg/km gelten folgende Anmerkungen und Regeln:

- Die Wertminderung (Ziffer 1 in Bild 88) deckt die Minderung eines Kapitaleinsatzes durch den Gebrauch ab; sie wird wie folgt berechnet:

Benennung	Gegebener Wert	Umrechnungsfaktor
1.Wertmind.im Verwend.zeitr.	5 Jahre	K x 1/5 (DM/a)
2.kalkulatorische Zinsen	6 %	K/2 x 0,06 (DM/a)
3.jährliche Laufleistung	20.000 km	1/20.000 (1/km)
4.Benzinkosten a)Normalbenzin b)Superbenzin	1,00DM/liter 1,10DM/Liter	Verbrauch(Ltr/100km)x Preis (DM/Ltr) = Kosten (Pfg/km)
5.Ölkosten	8,00DM/Liter	Verbrauch(Ltr/20.Tkm)x Preis (DM/Ltr) = Kosten (Pfg/km)
6.Wartungskosten	km/Inspektion u. Inspektionskosten	Anz. x DM/Insp. /20.000 km = Kosten (DM/km)
7.Reifenkosten	40.000 km Laufleistung je Reifensatz Kosten je Reifensatz	Kosten/Satz x Laufleistung/ 20.000 km = Kosten (DM/km)

Bild 88. Umrechnungsfaktoren zur Ermittlung der Kosten pro km für das Personenkraftwagenbeispiel.

$$W_K = \frac{\text{Kapitaleinsatz - Restwert}}{\text{Verwendungszeitraum}} = \frac{K - R}{n} \qquad (9)$$

Entsprechend betriebswirtschaftlicher Gepflogenheiten wird angenommen, daß der Restwert nach fünf Jahren gleich Null ist.

$$W_K = \frac{K}{n} \quad \text{(mit n = 5 Jahre)} \qquad (10)$$

- Die kalkulatorischen Zinsen Z_K (Ziffer 2 in Bild 88) decken die Zinsen mit dem Zinssatz z ab, die zur Finanzierung des notwendigen Kapitaleinsatzes K erforderlich sind; sie werden vereinfacht wie folgt berechnet:

$$Z_K = \frac{1}{2} \cdot K \cdot z \qquad (11)$$

Das Ergebnis der Hochrechnung der Kosten der Pkw-Alternativen ist tabellarisch in Bild 89 und grafisch in Bild 90 wiedergegeben.

Bei einem Vergleich der Alternativen mit Blick auf deren Kosten je km und ihre Beschaffungskosten fällt auf, daß sich deutliche Unterschiede ergeben. Diese Differenzen liegen im wesentlichen in den variablen Betriebskosten, wie Bild 91 zeigt. Da die Alternative 1 die bei weitem geringsten variablen Betriebskosten hat, gleicht sie damit den mit Abstand höchsten Beschaffungspreis aus und verbessert sich von Rang 5 bei den Beschaffungskosten auf Rang 4 bei den Kosten je km.

In diesem Zusammenhang sei daran erinnert, daß bei der Überprüfung der "Unabdingbaren Forderungen" nicht die Kosten je km, sondern aus Gründen der Informationsverfügbarkeit die Beschaffungskosten gewählt wurden. Wie das Ergebnis zeigt, ist die Wahl dieses zwar einfachen, aber relativ groben Kostenkriteriums nützlich und auch zulässig.

5. Schritt: Empfindlichkeitsanalyse

Eine Empfindlichkeitsanalyse empfiehlt sich insbesondere dann, wenn eine sehr frühzeitige und deshalb noch unsichere Kostenschätzung erfolgte.

			Alternativen				
Nr.	Kostenart	Dimension	A1	A2	A3	A4	A5
1.1	Grundpreis	DM	25.100	23.250	23.800	22.000	22.400
1.2	Zubehör	DM	2.600	1.000	0	1.335	350
1.3	Überführung u.Zulassung	DM	500	500	500	500	500
1.	Beschaffungskosten	DM	28.200	24.750	24.300	23.835	23.250
	Abschreibung u.kalk Zinsen	DM/a	6.486	5.692	5.589	5.482	5.348
	Abschreibung u.kalkZinsen	Pfg/km	32,4	28,5	27,9	27,4	26,7
2.1.1	Steuern	DM/a	390	390	430	345	370
2.1.2	Versicherung	DM/a	1.125	1.125	1.170	1.125	1.125
2.1.3	Garagenmiete	DM/a	1.200	1.200	1.200	1.200	1.200
2.1.4	Pflegekosten	DM/a	600	600	600	600	600
2.1	feste Betriebskosten/Jahr	DM/a	3.315	3.315	3.400	3.270	3.295
2.1	feste Betriebskosten/km	Pfg/km	16,6	16,6	17,0	16,4	16,5
2.2.1	Kraftstoffverbrauch	Ltr/100km	9,8N	10,9S	12,7N	10,6S	11,1S
2.2.1	Kraftstoffkosten	Pfg/km	9,8	12,0	12,7	11,7	12,1
2.2.2	Ölverbrauch	Ltr/10Tkm	8	10	10	9	10
2.2.2	Ölkosten	Pfg/km	0,3	0,4	0,4	0,4	0,4
2.2.3	Wartungsintervalle	km/Interv.	20.000	10.000	10.000	10.000	15.000
2.2.3	Wartungskosten	DM/Wartung	500	400	400	480	600
2.2.3	Wartungskosten	Pfg/km	2,5	4,0	4,0	4,8	4,0
2.2.4	Reifenpreis	DM/4 Stck.	750	500	735	535	675
2.2.4	Reifenkosten	Pfg/km	1,9	1,3	1,8	1,3	1,7
2.2.5	Verschleißteilekosten	Pfg/km	2,0	2,0	3,0	2,0	2,0
2.2	variable Betriebskosten	Pfg/km	16,5	19,7	21,9	20,2	21,2
2.	Betriebskosten	Pfg/km	33,1	36,3	38,9	36,6	37,7
	Kosten des PKW	Pfg/km	65,5	64,8	66,8	64,0	64,4
	Rangfolge		4	3	5	1	2

Bild 89. Ermittlung der Gesamtkosten für das Personenkraftwagenbeispiel.

In solchen Fällen kann - ähnlich wie bei der Empfindlichkeitsanalyse im Rahmen der Nutzwert-Analyse - mit wahrscheinlichen, optimistischen und pessimistischen Kostenansätzen gerechnet werden. Dabei ist davon auszugehen, daß die Bandbreite je Alternative durchaus unterschiedlich sein kann. Mit diesem Ansatz ermittelt man die Gesamtkosten (Bandbreite) je Alternative und bezieht diese in die Auswahlentscheidung ein.

Ein anderer Aspekt ist, daß man bekanntlich bei sehr frühzeitigen Kostenschätzungen dazu neigt, die tatsächlichen Kosten zu unterschätzen. Diese Erfahrung hat beispielsweise im Bereich der öffentlichen Hand bei Haushaltsmittelplanungen dazu geführt, Schätzpreise

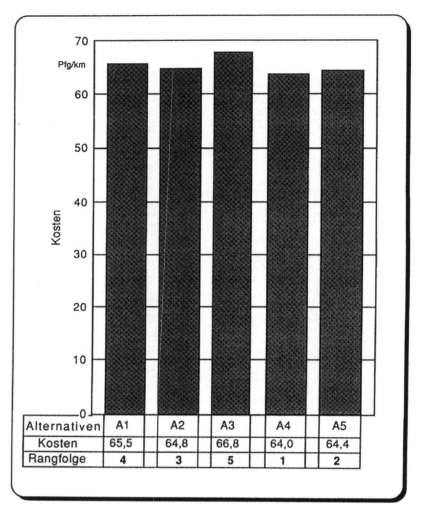

Bild 90. Darstellung der Gesamtkosten des Personenkraftwagenbeispiels.

früher Entwicklungsphasen, so wie in Bild 92 dargestellt, zu gewichten, um ausreichende Mittel für die Realisierung von Vorhaben zur Verfügung zu haben.

Die Aufwertungsfaktoren sind um so größer, je ungenauer die geschätzte Preisart ist, und werden aus Erfahrungswerten ermittelt. Beispielsweise könnte ein Preis der Preisart b) (Schätzung während

	Alternative				
	A 1	A 2	A 3	A 4	A 5
Beschaffungskosten (DM)	28.200	24.750	24.300	23.835	23.250
Rang	5	4	3	2	1
Kosten je Kilometer (Pfg/km)	65,5	64,8	66,8	64,0	64,4
Rang	4	3	5	1	2

Bild 91. Vergleich der Beschaffungskosten und der Gesamtkosten für das Personenkraftwagenbeispiel.

Art der Kostenkalkulation	Hochrechnungsfaktoren (Erfahrungswerte)	Beispiel für die Serienpreisangabe von 50 Geräten in den einzelnen Phasen
erste grobe Schätzung	von 1,25 bis 1,35	6,5 Mio DM
Schätzung während oder nach der Konzeptionsphase	von 1,15 bis 1,25	7,1 Mio DM
Schätzung während oder nach der Definitionsphase	von 1,1 bis 1,2	7,4 Mio DM
Schätzung während oder nach der Entwicklungsphase	von 1,05 bis 1,15	7,7 Mio DM
unverbindliches Angebot	von 1,05 bis 1,1	8,1 Mio DM
Festpreisangebot	von 1,0 bis 1,05	8,3 Mio DM
bezahlter Preis	1,0	8,5 Mio DM

Bild 92. Kostenermittlung unter Berücksichtigung der Preisarten.

der Konzeptphase) mit dem Hochrechnungsfaktor 1,2 multipliziert werden, wenn erfahrungsgemäß der tatsächliche Preis im Durchschnitt 20 % über dem zu diesem Zeitpunkt geschätzten Preis liegt.

Mit in diesem Bild beispielhaft angegebenen Unsicherheitsfaktoren, die von Fall zu Fall zu ermitteln sind, werden die Gesamtkosten multipliziert. Dabei können sich bei den einzelnen Alternativen voneinander abweichende Faktoren ergeben, wenn sich die Alternativen in unterschiedlichen Phasen der Entwicklung oder Realisierung befinden.

Auch bei Anlagenprojekten ist bekannt, daß die tatsächlichen Realisierungskosten teilweise bis zu 30 % über den Kosten erster Planungen liegen, abhängig von der Komplexität der Projekte und den verfügbaren Kenntnissen und Erfahrungen. Für diesen Fall können keine Pauschalwerte angegeben werden; vielmehr ist fallweise eine diesbezügliche Abschätzung vorzunehmen.

Im Falle des Pkw-Kaufs liegen keine Unsicherheiten in der Preisermittlung vor; daher kann auf eine Empfindlichkeitsanalyse der Kosten verzichtet werden.

6. Schritt: Darstellung des Ergebnisses

Für die Darstellung des Ergebnisses der Kostenanalyse sind keine besonderen Regeln zu nennen. Mit Bild 90 wurde bereits das Ergebnis des Fallbeispieles dargestellt. Und eine solche Darstelllung ist in der Regel auch ausreichend.

In Anlehnung an die Darstellung des Nutzwertanalyse-Ergebnisses könnten gegebenenfalls noch 2 ergänzende Darstellungsweisen von Interesse sein:

1. die Kostenprofile der Alternativen: hierzu würde man die Kostenstruktur der einzelnen Alternativen miteinander vergleichen.

2. die Empfindlichkeitsanalyse der Kosten: in diesem Falle würde man neben den wahrscheinlichen Kosten auch die optimistischen und die pessimistischen Kosten darstellen und beurteilen.

In beiden Fällen kann man entsprechend den Regeln, die bei der Nutzwert-Analyse genannt wurden, verfahren. (siehe Abschnitt 3.2.9).

Regeln für die Stufe 5 "Kosten-Analyse" sind zusammenfassend in Bild 93 dargestellt.

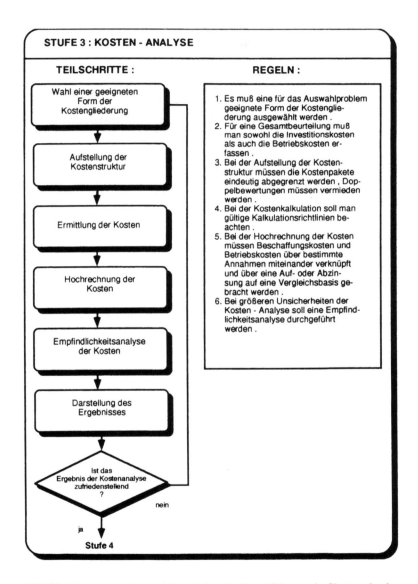

Bild 93. Vorgehensweise und Regeln bei der Durchführung der Kosten-Analyse.

3.3.2 Aufwandswert-Analyse

Als Aufwandswert-Analyse ist in Abschnitt 2 die Analyse der nicht-monetär bewertbaren Aufwände definiert worden; nicht-monetär bewertbare Aufwände sind z. B. selbst ausgeführte Lackpflege zur Werterhaltung des Pkws oder sportliche Übungen zur Erhaltung der Gesundheit.

Gerade im Hinblick auf die Vermeidung von Doppelbewertungen muß man sehr sorgfältig prüfen, ob es sich bei der Bewertung wirklich um Aufwandskriterien handelt; ein Schaden beispielsweise darf nicht als Aufwand bezeichnet werden, weil er vielmehr ein negativer Nutzen ist. Ein Beispiel hierfür ist die Beeinträchtigung des Landschaftsbildes durch den Neubau einer Straße. Allenfalls, wenn Aufwände getrieben werden müssen, um eine negative Veränderung des Landschaftsbildes zu vermeiden, ist dieser Aufwand zu bewerten. Wegen der Interdependenzen zwischen Nutzwert- und Aufwandswert-Analyse dürfen die Alternativen im Rahmen der Aufwandswert-Analyse nicht negativ beurteilt werden, weil ja dann keine Beeinträchtigung des Landschaftsbildes vorliegt.

Eine Analyse und Bewertung der nicht-monetären Aufwände kann rein verbal vorgenommen werden oder auch mit Hilfe eines der Nutzwert-Analyse ähnlichen Verfahrens erfolgen.

Mit diesem Verfahren werden die Aufwände in numerische Aufwandswerte umgesetzt und damit die Möglichkeit geschaffen, Nutzwerte und Aufwandswerte einander in Form von Quotienten oder Diagrammen gegenüberzustellen. Wegen dieses Vorteils sollte die Aufwandswert-Analyse der verbalen Beschreibung der Aufwände vorgezogen werden.

Auch die Aufwandswert-Analyse läuft zweckmäßigerweise in einzelnen Schritten ab; ein dem der Kosten-Analyse ähnliches Schema hat sich bewährt und ist in Bild 94 dargestellt.

1. Schritt: Aufstellung der Aufwands-Struktur

Ebenso wie bei der Nutzwert-Analyse und bei der Kostenanalyse wird im 1. Schritt die Struktur der Aufwände erstellt; d. h. alle nicht-monetären Aufwände werden solange weiter aufgegliedert, bis bewertbare Aufwandspakete vorliegen. Bei diesem Vorgehen sind die gleichen Regeln zu beachten, wie bei der Aufstellung des Zielsystems im Rahmen der Nutzwert-Analyse (s. Abschnitt 3.2).

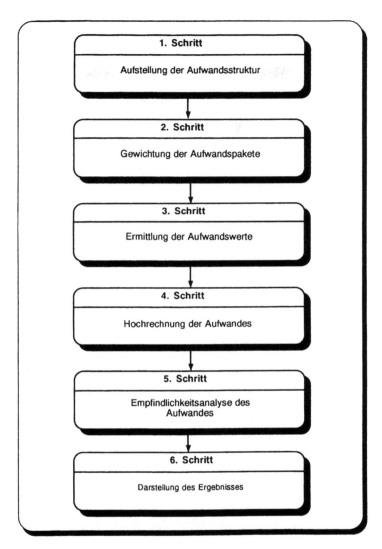

Bild 94. Ablaufschema zur Ermittlung des Aufwandes.

2. Schritt: Gewichtung der Aufwandspakete

Im 2. Schritt werden analog zur Nutzwert-Analyse die Aufwandspakete gewichtet; wobei die Vorstellung zugrunde gelegt wird, daß der Gesamtaufwand 100 % beträgt; die Anteile der einzelnen Aufwandspakete werden dann gemäß ihrer Beiträge zum Gesamtaufwand mit entsprechenden Prozentzahlen belegt.

3. Schritt: Beurteilung der Aufwandswerte

Die einzelnen Alternativen werden (auch wiederum ähnlich wie bei der Bewertung im Rahmen der Nutzwert-Analyse) an Hand einer Wertetabelle miteinander verglichen; hierbei könnten die Bezeichnungen in Bild 95 zugrunde gelegt werden.

4. Schritt: Hochrechnung der Aufwandswerte

Die im 2. Schritt ermittelten Gewichte werden mit den Noten multipliziert und die Produkte anschließend aufaddiert, so daß man eine numerische Bewertung der Aufwände erhält.

Die Alternative, mit der die übrigen verglichen werden, hat dann den Aufwandswert 3; diejenigen Alternativen, die mit höheren Aufwänden verbunden sind, haben höhere Aufwandswerte, solche mit geringeren Aufwänden kleinere Aufwandswerte.

5. Schritt: Empfindlichkeitsanalyse der Aufwandswerte

Genau wie bei der Nutzwert-Analyse kann man bei der Abschätzung der Aufwände mit pessimistischen, wahrscheinlichen und optimisti-

Aufwandswert	Note
sehr viel höher	1
höher	2
gleich hoch	3
geringer	4
sehr viel geringer	5

Bild 95. Zuordnung des Aufwandes zu Noten.

schen Kostenwerten arbeiten, wenn bei der Einstufung der zur Auswahl stehenden Alternativen keine eindeutige Meinung erzielt werden kann; diese können dann mit dem in Abschnitt 5.3 beschriebenen Verfahren zu einem mittleren Aufwandswert zusammengefaßt werden; ebenso ist es möglich, die Varianz zu ermitteln, die ein Maßstab für die Unsicherheit der Schätzung ist.

Abschließend sei darauf hingewiesen, daß das zuvor beschriebene Verfahren lediglich dann angewendet werden darf, wenn es noch nicht möglich ist, Kostenschätzungen vorzunehmen, weil z. B. der Zeitraum, der zwischen Entscheidung und dem Zeitpunkt der Realisierung liegt, sehr groß ist und Kostenschätzungen zu unsicher erscheinen läßt. Diesem (Ersatz-) Verfahren sind jedoch Kostenschätzungen mit Empfindlichkeitsanalysen unbedingt vorzuziehen.

3.4 Nutzwert-Kosten-Gegenüberstellung und Auswahl der Alternative

In diesem Abschnitt werden die Nutzwerte und die Kosten einander gegenübergestellt. Entsprechend den Definitionen in Abschnitt 2 müßte grundsätzlich über die Gegenüberstellung von Nutzwerten und Aufwänden, sei es in Form von Kosten oder in Form von Aufwandswerten, gesprochen werden. Da jedoch

- die Aufwandswert-Analyse in der Praxis eine gegenüber der Kosten-Analyse unerhebliche Rolle spielt und sich andererseits auch

- die Gegenüberstellung von Nutzwerten und Aufwandswerten sich nicht von derjenigen von Nutzwerten und Kosten unterscheidet,

wird im folgenden ausschließlich auf die Gegenüberstellung von Nutzwerten und Kosten eingegangen.

Die Auswahl einer Alternative erfolgt in der Regel sowohl nach den Nutzen- als auch nach Kostenaspekten; auch wenn meist beide Aspekte eine gleichgewichtige Rolle spielen, können jedoch zuweilen dem Nutzwert und den Kosten auch unterschiedliche Bedeutungen zugemessen werden, was ein wichtiges Kriterium für die Auswahl eines geeigneten Verfahrens für die Gegenüberstellung von Nutzwert und Kosten ist, hiefür bieten sich vier Möglichkeiten an:

- Bildung des Quotienten aus Nutzwert zu Kosten,
- Gegenüberstellung von Nutzwert und Kosten in einem Diagramm,
- Bestimmung des kostenmäßigen Vorteils auf dem Markt,
- Transformation der Kosten in einem Nutzwert und Bestimmung des Gesamtnutzens.

Diese vier Methoden können natürlich auch nebeneinander angewendet werden. So wird das Nutzwert-Kosten-Diagramm in der Regel nicht allein zur Entscheidungsfindung herangezogen, sondern wird ergänzt z. B. durch den Nutzwert-Kosten-Quotienten.

Für die Beschreibung der o. g. Methoden in den folgenden Abschnitten werden jeweils dieselben Ausgangsdaten aus der Nutzwert-Analyse und aus der Kostenanalyse (Bild 96) verwendet.

Wie im Ablaufschema für diese Stufe in Bild 97 gezeigt wird, erfolgt nach der Gegenüberstellung von Nutzwert und Kosten entsprechend einer oder mehrerer der oben beschriebenen Methoden die Auswahl der günstigsten Alternative und die Begründung des Ergebnisses.

Ergebnisse		Alternative				
		A1	A2	A3	A4	A5
Nutzwert N	Punkte	4,6	4,3	4,5	3,9	4,3
Rangfolge N	-	1	3	2	5	4
Kosten K	Pfg/km	65,5	64,8	66,8	64,0	64,4
Rangfolge K	-	4	3	5	1	2

Bild 96. Gegenüberstellung von Nutzwert und Kosten für das Personenkraftwagenbeispiel.

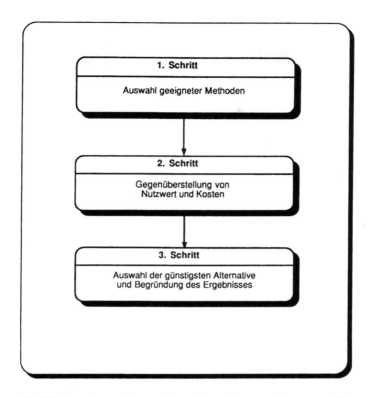

Bild 97. Vorgehensweise zur Gegenüberstellung von Nutzwert und Kosten.

3.4.1 Bestimmung der Nutzwert-Kosten-Quotienten

Der Nutzwert-Kosten-Quotient (N/K) sagt aus, welchen Nutzen man je Kosteneinheit erhält. Je größer er ist, desto kostengünstiger ist die bewertete Alternative. Der Nutzwert-Kosten-Quotient sagt allerdings nichts aus über die absolute Höhe von Nutzwert und Kosten; Alternativen mit gleichem N/K-Wert können also durchaus unterschiedliche Nutzwerte und Kosten haben. Es ist aus diesen Gründen zweckmäßig, im Zusammenhang mit den N/K-Quotienten auch immer gleichzeitig die absoluten Größen der Nutzen und Kosten zu betrachten. In Bild 98 sind die Nutzwert-Kosten-Quotienten für das Personenkraftwagenbeispiel errechnet worden: Die Alternative 1 erhält durch ihren hohen Nutzwert trotz ihrer relativ hohen Kosten mit 7,0 Nutzwertpunkten je DM/km den günstigsten Wert und kommt somit auf den 1. Rang; das Ergebnis ist in Bild 99 grafisch dargestellt.

Ergebnisse		Alternative				
		A1	A2	A3	A4	A5
Nutzwert N	Punkte	4,6	4,3	4,5	3,9	4,3
Rangfolge N	-	1	3	2	5	4
Kosten K	Pfg/km	65,5	64,8	66,8	64,0	64,4
Rangfolge K	-	4	3	5	1	2
Nutzwert/Kosten	Pkte/DM/km	7,0	6,6	6,7	6,1	6,7
Rangfolge N/K	-	1	4	2	5	2

Bild 98. Ermittlung des Quotienten aus Nutzwert und Kosten für das Personenkraftwagenbeispiel.

3.4.2 Grafische Darstellung im Nutzwert-Kosten-Diagramm

Die Bildung des Nutzwert-Kosten-Quotienten läßt die Frage offen, welche Nutzwertsteigerung sich bei welcher Kostenerhöhung ergibt. Eine Antwort auf diese Frage kann aus dem Nutzwert-Kosten-Diagramm entnommen werden, wie es in allgemeiner Form in Bild 100 skizziert ist. Dabei ist folgende Beurteilung anzuwenden:

Von den vorgestellten Alternativen kommen alle diejenigen in die Endauswahl, die am linken oberen Rand des Feldes liegen; alle übrigen Alternativen sind entweder im Nutzwert schlechter oder in den Kosten höher.

Hinsichtlich der Endauswahl einer der Alternativen, die den oberen Rand des Feldes bilden, ist die Frage zu stellen, welchen Mehrnutzen N man mit welchen Mehrkosten K erhält. Bei dem in Bild 100 dargestellten oberen Rand wird deutlich, daß man beim

- unteren progressiven Teil der Kurve einen überproportionalen Mehrnutzen erhält,
- oberen degressiven Teil der Kurve einen unterproportionalen Mehrnutzen erhält.

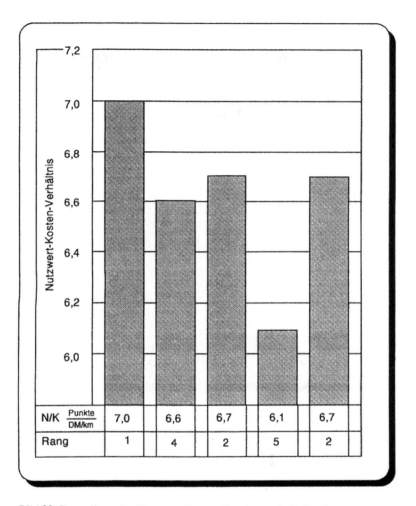

Bild 99. Darstellung des Nutzwert-Kosten-Quotienten in Balkenform.

Es bleibt anzumerken, daß man umso eher bereit ist, einen höheren Preis zu zahlen, je größer der Nutzenzuwachs ist.

Der obere Rand des Feldes kann alle möglichen Formen annehmen; er kann linear, degressiv oder progressiv ansteigend verlaufen; er kann s-förmig sein; er kann im Extremfall auch

- senkrecht liegen, dann haben alle Alternativen bei unterschiedlichen Nutzwerten gleich hohe Kosten;

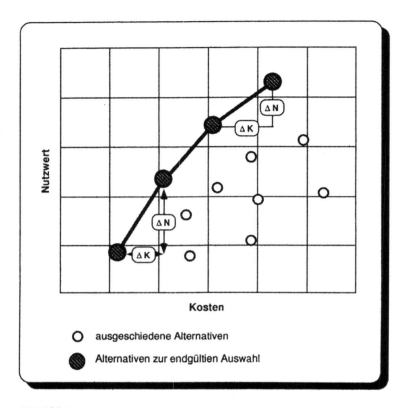

Bild 100. Darstellung der Alternatven im Nutzwert-Kosten-Diagramm.

- waagerecht angeordnet sein, dann haben alle Alternativen bei unterschiedlichen Kosten gleich hohe Nutzwerte.

In den Abschnitten "Nutzwert-Analyse" und "Kostenanalyse" ist bereits erläutert worden, daß der Nutzen der Alternative durch den Zukauf von Zubehör verbessert werden kann, wodurch natürlich auch die Kosten ansteigen (s. Bild 101).

Die Nutzwertsteigerung von a nach b könnte beispielsweise durch ein Automatikgetriebe, die von b nach c durch ein Schiebedach und die von c nach d durch Leichtmetallfelgen erklärt werden. Jeweils gleiche Nutzwertsteigerungen (N) werden bei den einzelnen Alternativen verschieden hohe Kosten haben. Die Auswahlentscheidung ist in diesem Fall relativ einfach, da die Alternative A1 die dargestellte Nutzwert-

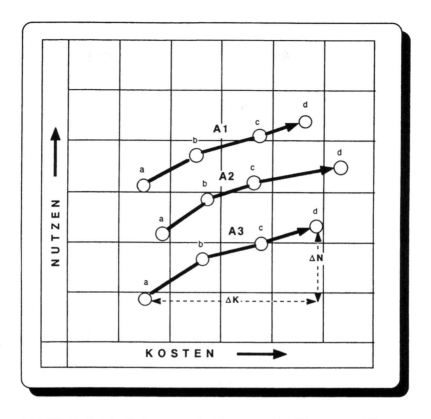

Bild 101. Einfluß der Verbesserung der "Ausstattung" auf Nutzwert und Kosten.

steigerung mit den geringsten Mehrkosten erzielt und ebenso als Grundmodell bei nahezu gleichen Kosten einen deutlich größeren Nutzen aufweist.

Für das Fallbeispiel Pkw-Kauf ist das Nutzwert-Kosten-Diagramm in Bild 102 dargestellt. Gemäß den vorherigen allgemeinen Interpretationsregeln des Nutzwert-Kosten-Diagramms wird die Alternative 3 nicht mit in die Auswahlentscheidung einbezogen, da sie bei höheren Kosten einen geringeren Nutzwert als A1 aufweist. Auch A2 scheidet aus, da die Nutzwertsteigerung gegenüber A5 unterproportional ist. Gleichermaßen wird A4 im Vergleich zu A5 ausgesondert, da deren geringe Kosten mit einem erheblichen Nutzwertverlust verbunden sind. Es bleibt also letztlich die Wahl zwischen A5 und A1.

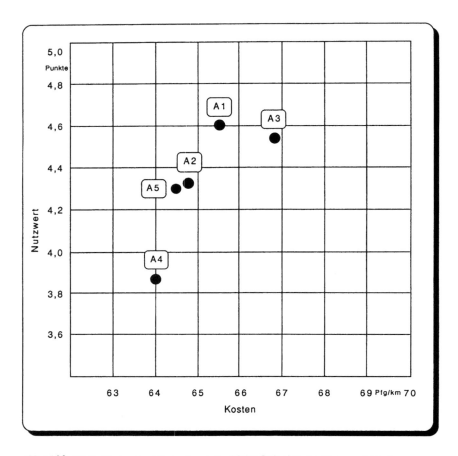

Bild 102. Darstellung der Alternativen des PKW-Beispiels im Nutzwert-Kosten-Diagramm.

Bei Betrachtung des Nutzwert-Kosten-Quotienten in Abschn. 3.4.1 ergibt sich dort folgendes Bild: Die Alternative A1 steht mit einem Wert von 7,0 Punkten auf Rang 1, die Alternative A5 mit 6,7 Punkten auf Rang 2.

A1 weist also das bessere Nutzwert-Kosten-Verhältnis auf bzw. bei A1 steht den Mehrkosten ein überproportionaler Nutzwertzuwachs gegenüber.

Mit dieser Analyse wird deutlich, daß die Nutzwert-Kosten-Analyse nicht automatisch eine eindeutige Entscheidung bringt; vielmehr muß die endgültige Auswahl vom Anwender der Nutzwert-Kosten-Analyse auf der Basis aller zur Verfügung stehenden Informationen selbst getroffen werden. Es werden hierbei nicht ausschließlich die abstrakten Nutzwerte betrachtet, sondern der Mehrnutzen aus der Nutzwert-Analyse verbal erläutert. So zeichnet sich die Alternative A1 durch höhere Sicherheit, eine bessere Verarbeitungsqualität, günstigere Motoreigenschaften, eine größere Reichweite, eine deutliche Überlegenheit bei allen Kriterien der Fahreigenschaften und des Komforts gegenüber der Alternative A5 aus. Im Falle des Pkw-Kaufs würden sich die Autoren also für die Alternative A1 entscheiden und bereit sein, für einen Mehrnutzen von 0,3 Punkten einen Mehrpreis von 1,1 Pfg/km (entsprechend 220 DM/Jahr!) zu bezahlen.

3.4.3 Bestimmung des kostenmäßigen Vorteils auf dem Markt

Stellt man die Alternativen in einem Nutzwert-Kosten-Diagramm dar, so ist es möglich, für diese Punktschar mit einem mathematischen Verfahren eine Funktion zu ermitteln, die den Abstand der einzelnen Punkte zu der Funktion minimiert und die Mittelwerte der Punkteschar weitergibt. Mit der so entstandenen Kurve kann man also feststellen, welche Kosten man aufwenden muß, um einen ganz bestimmten Nutzen auf dem Markt zu erzielen oder umgekehrt, welche Mittel für einen vorgegebenen Nutzen auf dem Markt aufgewendet werden müssen.

Für jede Alternative kann nun die Differenz gebildet werden, die sich ergibt aus

- den Kosten, die bei dem für sie ermittelten Nutzwert auf dem Markt bezahlt werden müßte (Wert aus der Kurve) und
- den Kosten, die man tatsächlich bezahlen muß.

Dieser Wert stellt den Kostenvorteil der Alternative gegenüber den Wettbewerbsprodukten auf dem Markt dar und wird als Vorteil V bezeichnet.

Für die Ermittlung der Funktion kann nach dem Verfahren "kleinste Abstandsquadrate" erfolgen, mit der in der Regel solche Nutzwert-Kosten-Funktionen durch Polynome zweiten Grades beschreibbar sind.

Mit diesem linearen Gleichungssystem für die drei gesuchten Größen, bei dem n die Anzahl der Alternativen darstellt, kann man die Normalfunktion bestimmen. Die Berechnung der Koeffizienten läßt sich mit geeigneten PC-Programmen relativ einfach durchführen. Für das Personenkraftwagenbeispiel ergibt sich die auf Bild 103 angegebene Formel. Für die einzelnen Alternativen errechnen sich die in Bild 104 gezeigten Vorteile V. Nach dieser Auswertung sind auch hier, wie in Abschnitt 3.4.2 die Alternativen A1 und A5 den anderen Alternativen überlegen. Bei dem hier angewendeten Verfahren des kostenmäßigen Vorteils auf dem Markt hat allerdings die Alternative A5 gegenüber A1 geringe Vorteile, so daß die Entscheidung dann zugunsten von A5 ausfallen würde. Zu berücksichtigen bei diesem Verfahren ist, daß man eine möglichst große Anzahl von Alternativen untersucht haben muß und daß die Punkte nicht zu stark streuen dürfen, um die Nutzwert-Kosten-Funktion mit guter Genauigkeit bestimmen zu können.

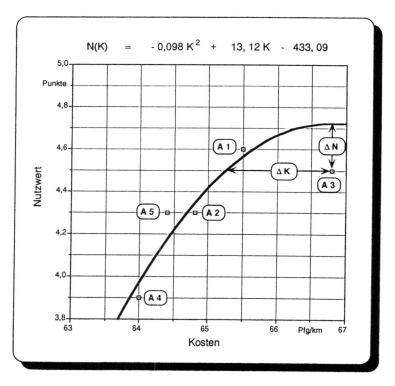

Bild 103. Ermittlung des kostenmäßigen Vorteils auf dem Markt.

Alternative		A1	A2	A3	A4	A5
Vorteil (V)	Pfg/km	0,2	-0,1	-1,5	-0,20	0,3
Kosten (K)	Pfg/km	65,5	64,8	66,8	64,0	64,4
(K/K+V)* 100 %	%	99,70	100,15	102,30	100,31	99,54
proz.Vorteil (v)	%	0,30	-0,15	-2,30	-0,31	0,46
Rangfolge		2	3	5	4	1

Bild 104. Auswertung des kostenmäßigen Vorteils auf dem Markt.

3.4.4 Transformation der Kosten in einen Nutzwert

In Abschnitt 3.2.3 ist eingehend begründet worden, warum die Kosten nicht in das Zielsystem der Nutzwert-Analyse aufgenommen werden sollen. Daneben ist aber zu Beginn des Abschnittes 3.4 Nutzwert-Kosten-Gegenüberstellung erläutert worden, daß Nutzwert und Kosten unterschiedlich gewichtet werden können. Um diesen Aspekt näher zu beleuchten, soll an dieser Stelle dargelegt werden, wie die Rangfolge der Alternativen wie im Sinne einer "Empfindlichkeitsanalyse" reagiert, wenn einerseits mehr aus Sicht des Nutzwertes oder andererseits mehr aus Sicht der Kosten entschieden wird. Ausgangspunkt dieser Analyse ist die Überlegung, daß

- die Nutzwert-Analyse zu einer Entscheidung allein nach dem Nutzen unter vollständiger Verdrängung des Kostenaspektes führt und umgekehrt,

- die Kostenanalyse eine Entscheidungsgrundlage allein im Hinblick auf die Kosten unter vollständiger Verdrängung des Nutzenaspektes ist.

Nutzwert-Kosten-Quotient (s. Abschnitt 3.4.1) und Nutzwert-Kosten-Diagramm (s. Abschnitt 3.4.2) sind demgegenüber eine zweidimensionale Betrachtung des Nutzwert-Kosten-Problems, allerdings ohne Wichtung der beiden Aspekte.

Der Ansatz für eine "gewichtete" Nutzwert-Kosten-Analyse liegt darin, daß man

- die Gesamtkosten (und nur diese!) in einen Nutzwert transformiert:

$$N_K = f(K) \qquad (12)$$

- eine Gewichtung der Nutzenbeiträge aus Nutzwert und Kosten durchführt:

$$W_N + W_K = 100\ \% \qquad (13)$$

- und den "Gesamtnutzen" aus dem Nutzwert und den Kosten entsprechend der in Abschnitt 3.2.1 entwickelten Nutzwertformel errechnet:

$$N_{ges} = W_N \cdot E_N + W_K \cdot E_K \qquad (14)$$

Bei diesem Verfahren wird auf jeden Fall vermieden, daß

a) einzelne Kostenaspekte im Nutzwert-Zielsystem "verstreut" mitbeurteilt werden und auch daß

b) alle Kostenaspekte über einzelne Wertefunktionen in einem gesamten Nutzwertbeitrag erfaßt werden.

Vielmehr bleibt die Grundforderung erfüllt, daß Nutzwert und Kosten separat beurteilt werden.

Die zuvor angesprochene Transformation der Kosten in einen Nutzwert könnte für das Fallbeispiel mittels der in Bild 105 gezeigten Funktion erfolgen. Dabei wird verständlicherweise höheren Kosten ein geringerer Nutzwert zugewiesen.

Mit dieser Transformation der Kosten in einen Nutzwertbeitrag läßt sich dann mit der o. g. Formel der Gesamtnutzwert der Alternativen errechnen (Bild 106).

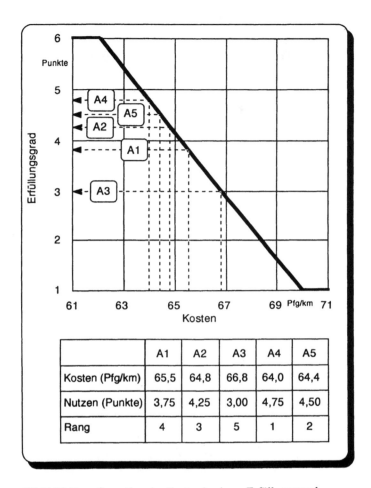

Bild 105. Transformation der Kosten in einem Erfüllungsgrad.

Die daraus abgeleitete Rangfolge stimmt - in diesem spezifischen Fall - weitgehend überein mit der der Alternativen bei den Kosten. Diese Feststellung hat allerdings nur einen theoretischen Wert. Es ist wichtiger, die Veränderung der Rangfolge bei Variation der Gewichte zu untersuchen; rechnerisch erfolgt dies in Bild 107. In Bild 108 ist grafisch dargestellt, wie sich die Rangfolge der Alternativen unter diesen Voraussetzungen verändert.

Selbstverständlich entspricht die Rangfolge in Bild 108, erste Zeile, der Rangfolge der Nutzwert-Analyse und die Rangfolge der letzten

Ergebnisse		Alternative				
		A1	A2	A3	A4	A5
Nutzwert N	Punkte	4,6	4,3	4,5	3,9	4,3
Rangfolge N	-	1	3	2	5	4
Kosten K	Pfg/km	65,5	64,8	66,8	64,0	64,4
Rangfolge R	-	4	3	5	1	2
Erfüllungsgrad E	Punkte	3,75	4,25	3,0	4,75	4,5
Gesamtnutzwert N ges *	Punkte	4,2	4,3	3,8	4,3	4,4
Rangfolge	-	4	3	5	2	1

* berechnet nach $N_{ges} = w_n \cdot E_n + w_k \cdot E_k$ mit $w_n = w_k = 50\%$

Bild 106. Beispiel für die Transformation der Kosten eines Erfüllungsgrades und Ermittlung des Gesamtnutzwertes.

Zeile der Rangfolge der Kostenanalyse. Hinsichtlich der Favoriten der Nutzwert-Kosten-Analyse, den Alternativen A1 und A5 sagt diese Untersuchung folgendes aus:

- A1 erscheint als bessere Alternative, wenn man mehr unter dem Aspekt des Nutzens bewertet.
- Sobald die Kosten eine gewisse Rolle spielen (z. B. 40 %!) gelangt A5 auf Rang 1.
- Soweit die Kosten mit mehr als 50 % gewichtet werden, rutscht A1 auf Rang 4 ab.

Aufgrund dieser Untersuchung kommt man zu dem Schluß, daß die Alternative 5 von demjenigen, der über knappe Finanzmittel verfügt und der dann die Kosten stark gewichtet, präferiert werden würde.

3.4.5 Vergleichende Beurteilung der Verfahren zur Gegenüberstellung von Nutzwert und Kosten

Versucht man, die vier vorgestellten Verfahren zur Nutzwert-Kosten-Gegenüberstellung an den Kriterien

	Alternativen				
	A1	A2	A3	A4	A5
Erfüllungsgrad des Nutzwertes	4,6	4,3	4,5	3,9	4,3
Erfüllungsgrad der Kosten	3,75	4,25	3,0	4,75	4,5
$w_n = 100\%$ $w_k = 0\%$ Nutzwert Rangfolge	4,6 0 4,6 1	4,30 0 4,30 3	4,50 0 4,50 2	3,90 0 3,90 5	4,30 0 4,30 4
$w_n = 75\%$ $w_k = 25\%$ Nutzwert Rangfolge	3,45 0,94 4,39 1	3,23 1,06 4,29 3	3,38 0,75 4,13 4	2,93 1,19 4,12 5	3,23 1,13 4,36 2
$w_n = 60\%$ $w_k = 40\%$ Nutzwert Rangfolge	2,76 1,50 4,26 3	2,58 1,70 4,28 2	2,70 1,20 3,90 5	2,34 1,90 4,24 4	2,58 1,80 4,38 1
$w_n = 50\%$ $w_k = 50\%$ Nutzwert Rangfolge	2,30 1,88 4,18 4	2,15 2,13 4,28 3	2,25 1,50 3,75 5	1,95 2,38 4,33 2	2,15 2,25 4,40 1
$w_n = 40\%$ $w_k = 60\%$ Nutzwert Rangfolge	1,84 2,25 4,09 4	1,72 2,55 4,27 3	1,80 1,80 3,60 5	1,56 2,85 4,41 2	1,72 2,70 4,42 1
$w_n = 25\%$ $w_k = 75\%$ Nutzwert Rangfolge	1,15 2,81 3,96 4	1,08 3,19 4,27 3	1,13 2,25 3,38 5	0,98 3,56 4,54 1	1,08 3,38 4,46 2
$w_n = 0\%$ $w_k = 100\%$ Nutzwert Rangfolge	0 3,75 3,75 4	0 4,25 4,25 3	0 3,00 3,00 5	0 4,75 4,75 1	0 4,50 4,50 2

Bild 107. Einfluß der Gewichtung der Kosten bzw. des Gesamtnutzens auf das Gesamtergebnis.

	Rangfolge				
	1	2	3	4	5
$w_n = 100\%$ $w_k = 0\%$	A 1	A 3	A 2	A 5	A 4
$w_n = 75\%$ $w_k = 25\%$	A 1	A 5	A 2	A 3	A 4
$w_n = 60\%$ $w_k = 40\%$	A 5	A 2	A 1	A 4	A 3
$w_n = 50\%$ $w_k = 50\%$	A 5	A 4	A 2	A 1	A 3
$w_n = 40\%$ $w_k = 60\%$	A 5	A 4	A 2	A 1	A 3
$w_n = 25\%$ $w_k = 75\%$	A 4	A 5	A 2	A 1	A 3
$w_n = 0\%$ $w_k = 100\%$	A 4	A 5	A 2	A 1	A 3

Bild 108. Darstellung der Gewichtung der Kosten bzw. des Gesamtnutzens auf das Gesamtergebnis.

- Aussagekraft,
- Verständlichkeit der Ergebnisse,
- Objektivität,
- Gefahr der Fehlinterpretation,
- Arbeitsaufwand zu messen (Bild 109),

so schneiden bezüglich der Aussagekraft die Nutzwert-Kosten-Quotientenbildung, die Darstellung im Nutzwert-Kosten-Diagramm und die Ermittlung des kostenmäßigen Vorteils am günstigsten ab; denn die Aussagen, wieviel Nutzwert man je Geldeinheit erhält, bzw. wieviel Prozent man gegenüber dem Marktpreis einspart oder die Verteilung der Nutzwert- und Kostenpunkte im Diagramm sind sehr aussagekräftig. Ebenso verhält es sich mit der Verständlichkeit des Ergebnisses. Auch bezüglich der Objektivität sind die Verfahren gleich gut;

Bewertungskriterien	Ge-wicht	N/K-Quotient		N/K-Diagramm		Kosten-mäßiger Vorteil		Transformat. der Kosten In ein. Nutzwert	
		Erf. grad	Nutz-wert	Erf. grad	Nutz-wert	Erf. grad	Nutz-wert	Erf. grad	Nutz-wert
Aussagekraft	25	4	1,0	5	1,25	4	1,0	4	1,0
Verständlichkeit	20	5	1,0	5	1,0	3	0,6	4	0,8
Objektivität	30	4	1,2	5	1,5	5	1,5	2	0,6
Gefahr d.Fehlinterpretation	15	3	0,45	5	0,75	4	0,6	2	0,3
Arbeitsaufwand	10	5	0,5	4	0,4	2	0,2	2	0,2
Nutzwert			4,15		4,90		3,95		2,90

Bild 109. Vergleich der Verfahren zur Nutzwert-Kosten-Gegenüberstellung.

allerdings ist die Gefahr von Fehlinterpretationen bei der Nutzwert-Kosten-Quotientenbildung und bei der Ermittlung des kostenmäßigen Vorteils größer als bei der Darstellung im Nutzwert-Kosten-Diagramm. Dieses Problem kann dadurch gemindert werden, daß man den Quotienten bzw. den Vorteil zusammen mit dem Nutzwert beurteilt. Der Arbeitsaufwand ist bei der Quotientenbildung aus Nutzwert und Kosten am geringsten, bei der Ermittlung des kostenmäßigen Vorteils durch die umständliche Rechnung zur Bestimmung der Funktion relativ hoch.

Wie das Gesamtergebnis des Vergleichs der Verfahren zeigt, schneidet die Darstellung von Nutzwert und Kosten im Nutzwert-Kosten-Diagramm mit 4,9 von maximal fünf erreichbaren Punkten insgesamt am günstigsten ab. Die Transformation der Kosten in einen Nutzwert erreicht die geringste Punktzahl und sollte nur bei besonderen und begründeten Anlässen gewählt werden.

Ablauf und Regeln für die Stufe 6 "Nutzwert-Kosten-Gegenüberstellung" sind zusammenfassend in Bild 110 dargestellt.

		Alternative				
		A1	A2	A3	A4	A5
PKW-Kosten K_P	Pfg/km	65,5	64,8	66,8	64,0	64,4
Administrative Kosten K_1	Pfg/km	100,0	100,0	100,0	100,0	100,0
Gesamtkosten K	Pfg/km	165,5	164,8	166,8	164,0	164,4
Einnahmen	Pfg/km	200,0	200,0	200,0	200,0	200,0
Gewinn	Pfg/km	34,5	35,2	33,2	36,0	35,6
Rangfolge R_G		4	3	5	1	2
Nutzwert N	Punkte	4,6	4,3	4,5	3,9	4,3
Rangfolge R_N		1	3	2	5	4

Bild 110. Vorgehensweise und Regeln für die Nutzwert-Kosten-Gegenüberstellung.

3.4.6 Nutzen-Kosten-Gegenüberstellung

Bereits mehrfach wurde darauf hingewiesen, daß man den Nutzen soweit möglich monetär bewerten sollte und daß man andererseits den nicht monetär bewertbaren Nutzen nicht außer Acht lassen darf.

Für die Fälle, in denen sowohl monetär bewertbare wie auch nichtmonetär bewertbare Nutzenaspekte vorliegen, stellt sich die Frage nach der hierfür geeigneten Vorgehensweise. Zurückblickend auf Bild 4 liegen die folgenden Größen als gegeben vor:

- der Erlös (d.h., der monetär bewertbare Nutzen)
- der Nutzwert (d.h., der nicht monetär bewertbare Nutzen)
- und die Kosten (d.h., der monetär bewertbare Aufwand).

Es bietet sich als an, Erlös (als positiven Geldwert) und Kosten (als negativen Geldwert) zum Gewinn zu verrechnen und diesen dann dem Nutzwert z. B. in Diagrammform gegenüberzustellen.

Würde in dem Fallbeispiel der Pkw nicht für die Familie ausgewählt, sondern für ein Taxiunternehmen, so muß unterstellt werden, daß der Erlös bei allen 5 Alternativen gleich hoch ist.

Auch muß davon ausgegangen werden, daß die administrativen Kosten des Unternehmens neutral, also gleich hoch für alle Alternativen sind. Damit ergibt sich die in Bild 111 dargestellte Gewinnrechnung, welche zur gleichen Rangfolge führt wie bei der Kostenrechnung.

Das Ergenis der Nutzwert-Analyse bleibt natürlich unverändert. Damit ergibt sich das in Bild 112 dargestellte Nutzwert-Kosten-Diagramm, das Spiegelbildlich zum Nutzwert-Kosten-Diagramm in Bild 102 ist.

Im Prinzip ergibt sich damit die gleiche Auswahlempfehlung wie bei der reinen Nutzwert-Kosten-Analyse, da ja nur konstante Werte addiert bzw. subtrahiert wurden.

Ein anderes Bild ergibt sich jedoch, wenn die verschiedenen Alternativen auch unterschiedliche Erlöse mit sich bringen, was z. B. bei Werkzeugmaschinen, Produktionseinrichtungen, Transportmittel etc. der Fall sein kann. Um dies zu verdeutlichen, wird das bisherige Fallbeispiel dahingehend abgewandelt, daß doch unterschiedliche

		Alternative				
		A1	A2	A3	A4	A5
PKW-Kosten K_P	Pfg/km	65,5	64,8	66,8	64,0	64,4
Administrative Kosten K_1	Pfg/km	100,0	100,0	100,0	100,0	100,0
Gesamtkosten K	Pfg/km	165,5	164,8	166,8	164,0	164,4
Einnahmen	Pfg/km	200,0	200,0	200,0	200,0	200,0
Gewinn	Pfg/km	34,5	35,2	33,2	36,0	35,6
Rangfolge R_G		4	3	5	1	2
Nutzwert N	Punkte	4,6	4,3	4,5	3,9	4,3
Rangfolge R_N		1	3	2	5	4

Bild 111. Ermittlung des Gewinns bei gleichem Erlös der Alternativen für das PKW-Beispiel.

Erlöse erzielt wurden, Bild 113. Hier hat sich die Rangfolge beim Gewinn erheblich verändert.

Auch beim Nutzen-Kosten-Diagramm ergibt sich ein grundsätzlich anderes Bild. Es führt zu der eindeutigen Schlußfolgerung, daß Alternative 1 sowohl technisch wie auch wirtschaftlich die günstigste ist. (Bild 114).

3.5 Dokumentation und Präsentation der Auswahlempfehlung

Die Nutzwert-Kosten-Analyse wird abgeschlossen mit der Dokumentation und Präsentation der Auswahlempfehlung oder -entscheidung, soweit das Bewertungsteam selbst dazu berechtigt ist.

Der erste Schritt hierfür ist die Erstellung eines Abschlußberichtes; der besonders dann von großer Bedeutung ist, wenn eine Auswahlempfehlung einem Entscheidungsträger vorzulegen und vorzutragen ist. Nicht weniger wichtig als ein klarer und logischer Aufbau des Be-

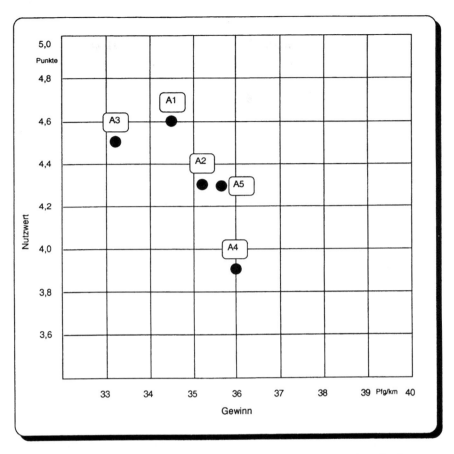

Bild 112. Nutzwert-Gewinn-Diagramm bei gleichem Erlös der Alternativen für das PKW-Beispiel.

richtes ist auch eine optisch ansprechende Darstellungsform des Inhaltes.

Empfehlungen zur Gestaltung des Abschlußberichtes der Nutzwert-Kosten-Analyse sind in Bild 115 zusammengefaßt.

Im Abschlußbericht sollte vorrangig das Gesamtergebnis der Nutzwert-Kosten-Analyse dargestellt und erläutert werden; inwieweit auch noch die einzelnen Schritte und Ergebnisse der Nutzwert-Analyse einerseits und der Kostenanalyse andererseits dokumentiert werden

		Alternative				
		A1	A2	A3	A4	A5
PKW-Kosten K_P	Pfg/km	65,5	64,8	66,8	64,0	64,4
Administrative Kosten K_1	Pfg/km	100,0	100,0	100,0	100,0	100,0
Gesamtkosten K	Pfg/km	165,5	164,8	166,8	164,0	164,4
Einnahmen	Pfg/km	202,0	200,0	201,0	198,0	199,0
Gewinn	Pfg/km	36,5	35,2	34,2	34,0	34,6
Rangfolge R_G		1	2	4	5	3
Nutzwert N	Punkte	4,6	4,3	4,5	3,9	4,3
Rangfolge R_N		1	3	2	5	4

Bild 113. Ermittlung des Gewinns bei unterschiedlichem Erlös der Alternativen für das PKW-Beispiel.

sollten, muß in jedem Einzelfall entschieden werden; hinsichtlich der Darstellung des Nutzwert-Analyse-Ergebnisses wurden bereits entsprechende Empfehlungen in Abschnitt 3.2.9 ("Beurteilung und Darstellung der Nutzwert-Analyse-Ergebnisse", 7. Schritt) gegeben. Diese lassen sich analog auf die Kosten analyse übertragen.

Von Bedeutung für eine erfolgversprechende Nutzwert-Kosten-Analyse ist natürlich, daß die Auswahlempfehlung plausibel begründet werden kann, um Mißverständnisse und Zweifel zu vermeiden. Soweit der Empfehlung Rechnung getragen wurde, den oder die Entscheidungsträger mit in die Erarbeitung und den Ablauf der Nutzwert-Kosten-Analyse einzubeziehen, sollte dies im Abschlußbericht vermerkt werden. Persönliche Wertungen müssen auf jeden Fall unterbleiben, da sie das Gesamtergebnis in Frage stellen, es ist vielmehr überaus wichtig, das Für- und Wider sachlich zu präsentieren.

Im zweiten Schritt sollte der Abschlußbericht gemeinschaftlich vom Bewertungsteam verabschiedet werden, um damit die Identifikation aller Beteiligten mit dem Verlauf und dem Ergebnis der Nutzwert-Kosten-Analyse zu dokumentieren. Üblicherweise wird dazu ein Konzept des Berichtes an die einzelnen Teammitglieder zur Über-

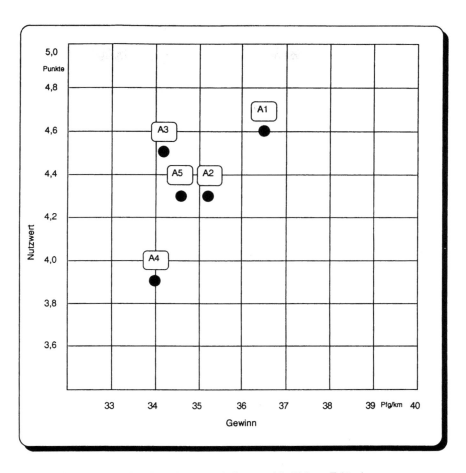

Bild 114. Nutzwert-Gewinn-Diagramm bei unterschiedlichem Erlös der Alternativen für das PKW-Beispiel.

prüfung verteilt. Änderungsvorschläge können dann schriftlich eingereicht oder in einer gemeinsamen Besprechung vorgetragen werden.

Soweit dabei strittige Punkte offenbar werden, sollten diese in einer letzten Besprechungsrunde zu einem Konsens geführt werden.

Im dritten Schritt wird der Abschlußbericht dem Entscheidungsträger vorgelegt und - darauf sollte das Bewertungsteam in jedem Fall bestehen - vorgetragen. Die Präsentation ihrerseits muß gut vorbereitet sein, d. h., es dürfen nur Folien verwendet werden, die gut sichtbar

1. Texte	1.1 Gesamtergebnis der Nutzwert-Kosten-Analyse erläutern und begründen. 1.2 Tendenziöse Aussagen vermeiden; statt dessen Für- und Wider - Argumente sachlich erläutern. 1.3 Mitwirkung des Entscheidungsträgers ansprechen. 1.4 Tabellen jeweils kurz erläutern.
2. Tabellen und Diagramme	2.1 Die Nutzwert- Rangfolge. Bild 62 2.2 Das Nutzwert- Profil. Bild 73 2.3 Die Kosten- Rangfolge. Bild 90 2.4 Der Nutzwert - Kosten - Quotient. Bild 99 2.5 Das Nutzwert - Kosten - Diagramm. Bild 102 2.6 Kostenmäßiger Vorteil auf dem Markt. Bild 103
3. Aufmachung	3.1 Auswahlobjekt auf dem Deckblatt der Vorlage darstellen. 3.2 Aufgabenstellung erläutern. 3.3 Bearbeitungsteam benennen. 3.4 Auswahlempfehlung in der Zusammenfassung erläutern.

Bild 115. Regeln für die Präsentation des Ergebnisses.

und lesbar sind. Ansonsten gelten die allseits bekannten Regeln einer guten Darstellung.

Die Regeln zu dieser Stufe sind in Bild 116 dargestellt.

Bild 116. Vorgehensweise und Regeln für die Präsentation des Ergebnisses. ▶

STUFE 5 : PRÄSENTATION DES ERGEBNISSES

TEILSCHRITTE :

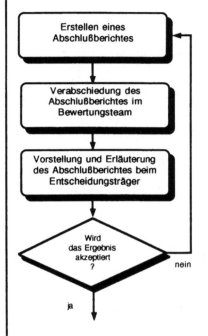

REGELN :

1. Das Bewertungsergebnis muß in einem Abschlußbericht dokumentiert werden, der dem Entscheidungsträger zur Zustimmung vorgelegt wird.
2. Ebenso wichtig wie ein klarer und logischer Aufbau des Berichts ist auch eine optisch übersichtliche Darstellungsform.
3. Die Einzelschritte und ihre Ergebnisse sollten zum besseren Verständnis erläutert werden.
4. Die Auswahlempfehlung muß plausibel begründet werden ; tendenziöse Aussagen sind zu vermeiden.
5. Der Abschlußbericht muß vom gesamten Bewertungsteam verabschiedet werden (Konsensnachweis).
6. Der Abschlußbericht soll - insbesondere wenn er eine Auswahlempfehlung gibt - im Rahmen einer abschließenden Projektbesprechung vorgetragen und erläutert werden.

4 Wirtschaftlicher Einsatz der Nutzwert-Kosten-Analyse

4.1 Aufwand

Da jede Nutzwert-Kosten-Analyse dem speziellen Problem individuell angepaßt wird, ist es nicht ganz einfach, Aussagen zu dem benötigten Aufwand zu machen. Die folgenden Angaben können daher nur Anhaltswerte sein, die in einzelnen Fällen erheblich nach oben oder unten abweichen können. Trotzdem soll der Versuch unternommen werden, um dem Anwender einer Nutzwert-Kosten-Analyse die Möglichkeit zu geben, wenigstens die Größenordnung der Kosten abschätzen zu können, die auf ihn zukommen, wenn er eine Nutzwert-Kosten-Analyse als Entscheidungshilfe verwenden möchte.

In Bild 117 wird die Zahl der Kriterien in Abhängigkeit vom Investitionsvolumen angegeben, die im Mittel benötigt werden. Man erkennt, daß die Anzahl der erforderlichen Kriterien erheblich schwanken kann. Die folgende Betrachtung geht von der mittleren Zahl der benötigten Kriterien aus.

Hierfür ist in Bild 118 für jeden einzelnen Schritt der Nutzwert-Kosten-Analyse der mittlere Arbeitsaufwand in Stunden in Abhängigkeit der Zahl der Zielkriterien angegeben. Der Aufwand steigt überproportional mit der Zahl der Zielkriterien, weil die Abstimmung bei der Aufgabendefinition, die korrekte Anordnung und die Überprüfung der Zielkriterien im Zielsystem und die Ergebnisdefinition mit steigender Kriterienzahl immer komplexer wird.

Grundsätzlich kann die Nutzwert-Kosten-Analyse ohne den Einsatz irgendwelcher technischer Hilfen angewandt werden. Während den Schritten

- Aufstellen der Bewertungskriterien,
- Festlegen der Gewichte,
- Aufstellen der Wertetabellen und Wertefunktionen

eine rein kreative Arbeit geleistet wird, ist bei

- der Berechnung der Nutzwerte (einschließlich der Mittelwertbildung),
- der Empfindlichkeitsanalyse und
- der Berechnung der Kosten

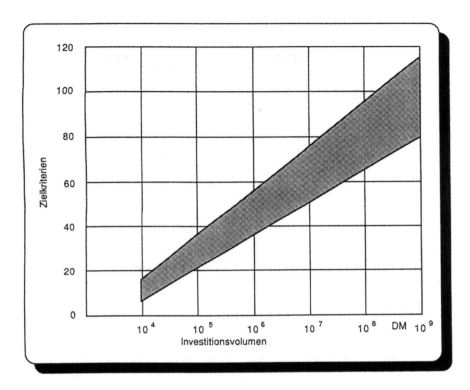

Bild 117. Anzahl der erforderlichen Zielkriterien in Abhängigkeit vom Investitionsvolumen.

eine rein rechnerische Routinearbeit zu erledigen. Bei kleineren Analysen ist eine manuelle Berechnung zweckmäßig und auch wirtschaftlich angebracht. In der Mehrzahl der Anwendungsfälle ist die maschinelle Errechnung der Nutz- und Kostenwerte zu befürworten. Prinzipiell ist der Einsatz der elektronischen Datenverarbeitung dann sinnvoll, wenn

- viele Alternativen berechnet werden müssen,
- die Analyse mehrfach durchgeführt werden soll,
- bei umfangreichen Bewertungen Empfindlichkeitsanalysen vorgenommen werden sollen sowie
- Ergebnisse sehr schnell zur Verfügung stehen müssen.

Die Erfahrungen der Verfasser gehen dahin, daß der Einsatz der EDV für den Fall zu empfehlen ist, wenn das Produkt aus der Anzahl der

Arbeitsaufwand in Stunden für:	Anzahl der Zielkriterien						
	10	30	50	70	90	100	
Aufgabendefinition	4	8	16	24	40	80	
Erstellen des Zielsystems	4	8	16	24	40	80	
Gewichtung	0,5	1,5	2,5	4,0	5,5	8,0	
Wertetabellen und -funktionen	1	3	5	7	9	11	
Bewertung (5 Alternativen)	5	15	25	35	45	55	
Erstellung des Rechenmodells	0,5	1,0	2,0	3,0	5,0	10,0	
Durchführung der Berechnung	0,1	0,3	0,5	0,7	0,9	1,1	
Empfindlichkeitsanalyse	0,1	0,3	0,5	0,7	0,9	1,1	
Kostenanalyse	1	3	5	7	9	11	
Nutzwert - Kosten - Gegenüberstellung	0,5	1,0	2,0	3,0	5,0	10,0	
Ergebnisinterpretation	2	7	13	18	26	34	
GESAMTAUFWAND in Stunden	18,7	48,1	87,5	126,4	186,3	301,2	

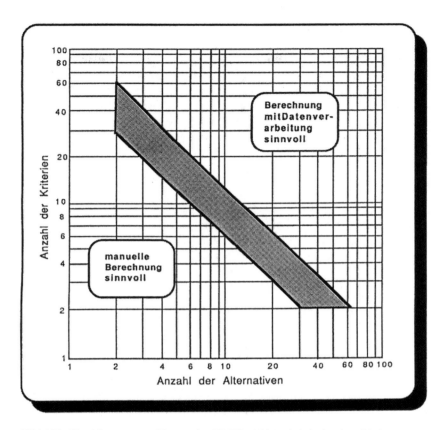

Bild 119. Abschätzung zum Einsatz der EDV in Abhängigkeit der Anzahl der Alternativen und der Anzahl der Bewertungskriterien.

Alternativen und der Anzahl der Kriterien größer als 60 bis 100 ist. Diese Erfahrung ist in Bild 119 dargestellt.

Wenn ein Personalcomputer mit einem Tabellenkalkulationsprogramm zur Verfügung steht, kann die Berechnung der Nutzwerte hiermit relativ einfach erfolgen. Mit diesen Programmen können die Stufengewichte berechnet sowie nach Eingabe der Erfüllungsgrade die Teilnutzen und der Gesamtnutzwert bestimmt werden. Wenn sich während

---

◀ Bild 118. Gesamtaufwand in Stunden für die Durchführung einer Nutzwert-Kosten-Analyse in Abhängigkeit der Zahl der Bewertungskriterien.

der Bearbeitung noch Änderungen ergeben, sowohl am Zielsystem als auch bei der Gewichtung, erlauben die Tabellenkalkulationsprogramme es relativ leicht, solche Änderungswünsche zu berücksichtigen und schnell eine neue Rechnung vorzulegen. Ein weiterer Vorteil der EDV-Anwendung betrifft die Durchführung von Empfindlichkeitsanalysen, insbesondere diejenige, bei der Knotengewichte verändert werden, um durch diese die Auswirkung einer Gewichtungsänderung auf die Bewertungsergebnisse zu ermitteln.

4.2 Nutzen

Die Vorteile der Nutzwert-Kosten-Analyse sind vor allem darin zu sehen, daß durch die Schematisierung des Verfahrens der Entscheidungsprozeß in Einzelschritte zerlegt wird, wodurch eine konsequente, logische und reproduzierbare Abwicklung des Entscheidungsprozesses garantiert wird, so daß die Vorbereitung von Entscheidungen rationeller gestaltet werden kann sowie Vorgehensfehler weitgehend ausgeschlossen werden können. Der Verfahrensablauf zwingt dazu, das für die Auswahl entscheidende Ziel klar zu definieren, um es durch seine Strukturierung in Teile und Unterziele genau und vollständig zu beschreiben. Das Ergebnis dieses Arbeitsschrittes wird ausführlich und übersichtlich in Form der Hierarchie dokumentiert, so daß das Ziel auch Außenstehenden deutlich und verständlich wird. Gleichzeitig ist eine Veränderung oder Vervollständigung der Teilziele jederzeit unschwer möglich.

Ein besonders wichtiger Vorteil liegt darin, daß es mit diesem Verfahren möglich ist, den gesamten Nutzen, also auch den nicht-monetär quantifizierbaren zu erfassen.

Das Ergebnis der Nutzwert-Kosten-Analyse setzt sich aus einer Vielzahl von Teilergebnissen zusammen, ist transparent und kann jederzeit nachvollzogen werden. Es weist die Alternative aus, die insgesamt den besten Nutzwert-Kosten-Kompromiß darstellt, wobei die Teilnutzen ergänzend zur Beurteilung herangezogen werden können. Die Stabilität des gewonnenen Ergebnisses läßt sich durch eine Empfindlichkeitsanalyse überprüfen.

Das Verfahren ist bei genauer Beachtung der Regeln einfach zu handhaben, es erfordert aber bei sehr umfangreichen Aufgaben Erfahrung und Routine. Daher sollten in solchen Fällen, wenn irgend möglich, Mitarbeiter, die bereits Nutzwert-Kosten-Analysen durchgeführt haben, zur Bewertung mit herangezogen werden.

Als Vorteil ist weiterhin anzusehen, daß sich dieses Verfahren, leicht abgewandelt, außer zur Auswahl von Alternativen auch für andere Bereiche einsetzen läßt; z. B. im Rahmen des Projektmanagements, zur Fortschrittsmessung beim Projektablauf und zur Optimierung bei der Entwicklung von Geräten.

Diesen Positiva stehen allerdings auch einige kritische Momente gegenüber, die vor allem darin zu sehen sind, daß

- das Ergebnis der Nutzwert-Kosten-Analyse durch die Auswahl der Bewertungskriterien und die Gewichtung dann manipulierbar ist, wenn nicht im Team gearbeitet wird,

- die Forderung nach Unabhängigkeit der Bewertungskriterien voneinander nicht immer erfüllbar ist und

- es in der Praxis gelegentlich Schwierigkeiten bereitet, vollständige Zielkataloge zu erstellen.

Aus diesen Argumenten wird zuweilen gefolgert, daß die Nutzwert-Kosten-Analyse als Entscheidungshilfe nicht brauchbar sei. Die Kritiker konnten jedoch bis heute kein besser geeignetes Verfahren zur Auswahl von Alternativen anbieten. Zudem werden die genannten Nachteile aufgehoben oder kompensiert, wenn die in diesem Buch vorgeschlagene Vorgehensweise unter Berücksichtigung der an gegebenen Regeln und der erforderlichen Anwendungsdisziplin eingehalten wird.

4.3 Wirtschaftlichkeit

Wenn man die bekannten Bewertungsverfahren an den Forderungen mißt, die ein solches mindestens erfüllen muß, nämlich:

- geringer Arbeitsaufwand,

- Einfachheit der Handhabung,

- Transparenz (Nachvollziehbarkeit in allen Bewertungsschritten, um sachliche Kritik zu ermöglichen und um Änderungen leichter vornehmen zu können),

- Eindeutigkeit der Aussage (Das Ergebnis muß eindeutig aussagen, welche Alternative warum die günstigste ist und um wieviel sie besser ist als die nächstfolgende),

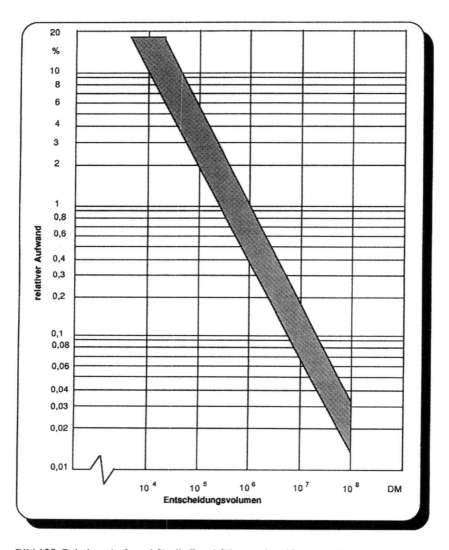

Bild 120. Relativer Aufwand für die Durchführung einer Nutzwert-Kosten-Analyse.

- Möglichkeit, eine Empfindlichkeitsanalyse vornehmen zu können,

dann stellt man fest, daß bis jetzt kein besseres Hilfsmittel zur systematischen Analyse einer Entscheidungssituation, bei der eine große Auswahl von Kriterien berücksichtigt werden muß, verfügbar ist.

In Bild 120 ist, ausgehend von den Daten des Bildes 118 der relative Aufwand für eine Nutzwert-Kosten-Analyse, in Abhängigkeit vom Entscheidungsvolumen aufgetragen. Es muß das Ziel sein, daß der Aufwand für eine qualifizierte Entscheidungsvorbereitung, nicht oberhalb der schraffierten Fläche in Bild 120 liegt.

Die Nutzwert-Kosten-Analyse ist inzwischen methodisch soweit ausgereift und ihre vielzähligen Vorteile überwiegen die genannten und meist vermeidbaren Nachteile, daß man sie als eine sehr brauchbare Methode bei Entscheidungsprozesssen empfehlen kann. Im Gegensatz zu einer intuitiven Vorgehensweise sind Entscheidungen, die aufgrund der Nutzwert-Kosten-Analyse getroffen werden fundiert, exakt, aussagekräftig, überprüfbar, objektiv und effektiv.

5 Begleitende Verfahren der Nutzwert-Kosten-Analyse

5.1 Gewichtungsverfahren

Die Gewichtung der Bewertungskriterien dient dazu, die unterschiedliche Bedeutung der Bewertungskriterien für das Gesamtziel durch numerische Werte zu kennzeichnen. Die wichtigsten Gewichtungsverfahren, Bild 121, werden im folgenden beschrieben. Dabei wird durchgängig die oberste Ebene des Zielsystems für den Kauf eines Pkws (s. Abschn. 3.2.3) verwendet.

Vorab soll darauf hingewiesen werden, daß bei allen Methoden zunächst eine qualitative Rangfolge gebildet wird, die in den weiteren Schritten dann in quantitative Gewichtungsfaktoren umgesetzt wird. Außerdem sei nochmals daran erinnert, daß in allen Fällen die Bedingung erfüllt sein muß, daß die Summe aller Gewichtungsfaktoren gleich 100 % sein muß.

5.1.1 Methode der direkten Gewichtung

Die direkte Gewichtung, Bild 122, zeichnet sich dadurch aus, daß die Gewichtungsfaktoren nach der Rangfolgebildung direkt vergeben werden, d. h. ohne jeden weiteren methodischen oder gar mathematischen Zwischenschritt.

Diese Methode erlaubt beliebige Gewichtungsfaktoren und ist um so leichter anzuwenden, je weniger Kriterien zu gewichten sind.

5.1.2 Methode der absoluten Gewichtung

Bei der Methode der absoluten Gewichtung wird im 1. Schritt ein Maßstab hierfür festgelegt, z. B. der im Bild 123 genannte.

Im zweiten Schritt wird dann beurteilt, wie wichtig die einzelnen Kriterien sind und anschließend über eine bestimmte rechnerische Methode, die auch für alle weiteren Verfahren gültig ist, die relativen Gewichte der Kriterien ermittelt. Dabei wird die Summe der absoluten Gewichte errechnet und anschließend das absolute Gewicht jedes Kri-

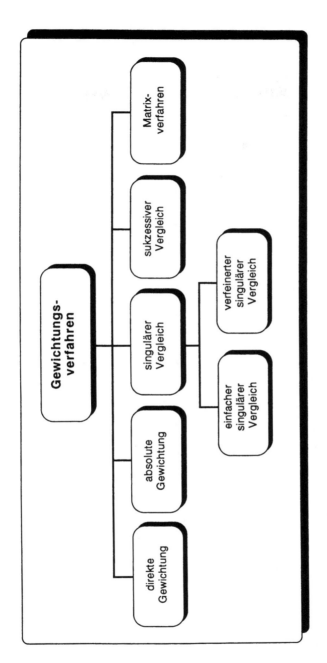

Bild 121. Darstellung der Gewichtungsverfahren.

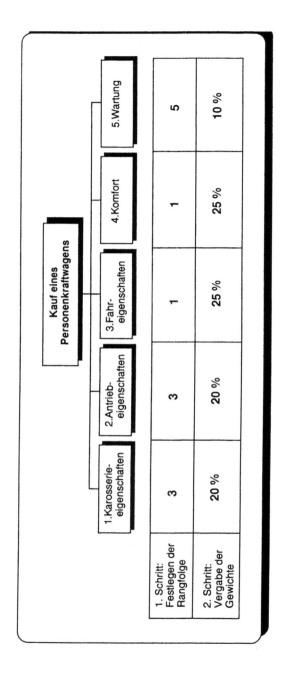

Bild 122. Beispiel für eine direkte Gewichtung.

1. Schritt : Absoluten Maßstab für die Gewichtung festlegen

äußerst wichtig	5
sehr wichtig	4
wichtig	3
weniger wichtig	2
unwichtig	1

2. Schritt : Gewichtung der obersten Ebene des Zielsystems bestimmen

	absolutes Gewicht	relatives Gewicht
1. Karosserie	4	4/20 = 0,20
2. Antrieb	4	4/20 = 0,20
3. Fahreigenschaften	5	5/20 = 0,25
4. Komfort	5	5/20 = 0,25
5. Wartung	2	2/20 = 0,10
Summe d. Gewichte	**20**	**20/20 = 1,00**

Bild 123. Beispiel für die Durchführung einer absoluten Gewichtung.

teriums durch diese Summe dividiert, um das relative Gewicht zu erhalten.

$$g_{i\,rel} = \frac{g_{i\,abs}}{\sum g_{i\,abs}} \qquad (15)$$

Die auf diese Weise errechneten Gewichte entsprechen der Einstufung von Kriterium K4 als äußerst wichtig, der Kriterien K1 und K2 als sehr wichtig, aber das Kriterium K5 als weniger wichtig, nicht nur in absoluter Hinsicht, sondern auch relativ zueinander. Allerdings ist darauf hinzuweisen, daß durch den absoluten Maßstab mit einer Differenzierung von jeweils einem Punkt eine Differenzierung im relativen Gewicht von fünf Prozentpunkten bewirkt wird.

Dieses Verfahren gilt als verhältnismäßig einfach und, falls nicht mehr als sechs bis acht Kriterien zu gewichten sind, auch als hinreichend genau einzustufen.

5.1.3 Methode der singulären Vergleiche

Bei der Methode der singulären Vergleiche werden die Kriterien oder Teilziele unter einem Oberziel zunächst ihrer Wichtigkeit gemäß in eine Rangfolge gebracht. Sodann wird das an erster Stelle stehende, also das für die Entscheidungsfindung wichtigste Kriterium, mit der Ziffer 1,0 belegt; als nächstes stellt sich die Frage, mit welchem Faktor dieses multipliziert werden muß, um die Wichtigkeit des an zweiter Stelle der Rangskala stehenden Kriteriums zu erhalten. Ebenso werden

Bewertungskriterien	Rang-folge	Wichtig-keit	Gewicht	
K 1. Karosserieeigenschaften	3	0,8	0,8/4,0=0,20	20 %
K 2. Antriebseigenschaften	3	0,8	0,8/4,0=0,20	20 %
K 3. Fahreigenschaften	1	1,0	1,0/4,0=0,25	25 %
K 4. Komfort	1	1,0	1,0/4,0=0,25	25 %
K 5. Wartung	5	0,4	0,4/4,0=0,10	10 %
Summe		4,0		100 %

Bild 124. Beispiel für die Gewichtung nach der Methode des "einfachen singulären Vergleichs".

alle übrigen Kriterien jeweils mit dem wichtigsten verglichen. Abschließend werden die ermittelten Wichtigkeitsfaktoren normiert, so daß ihre Summe 100 % ergibt, Bild 124.

Man kann dieses Verfahren noch dadurch verfeinern, daß man nicht jedes Kriterium nur mit dem wichtigsten Kriterium vergleicht, sondern immer das nachrangige mit dem davorliegenden, und jenen Faktor bestimmt, mit dem das vorrangige Kriterium multipliziert ist, damit man die Wichtigkeit des nachrangigen erhält, Bild 125.

Beide Methoden der singulären Vergleiche, der einfache und der verfeinerte Vergleich, sind relativ mühelos anzuwenden.

5.1.4 Methode der sukzessiven Vergleiche

Die Methode der sukzessiven Vergleiche ist eine simple und universell anwendbare Methode zur Bestimmung der Gewichte; man geht von der direkten Schätzung von Relevanzzahlen aus und überprüft deren Gültigkeit in mehreren Stufen derart, daß Gleichheits- und Ungleichheitsbeziehungen für einzelne Schätzwerte oder für Teilsummen von Schätzwerten aufgestellt werden. Die Anwendung der Methode vollzieht sich gemäß den in dem Beispiel in Bild 126 angebenen Schritten:

Im 1. Schritt werden die Kriterien nach ihrer jeweiligen Wichtigkeit geordnet, so daß eine ordinale Präferenzordnung entsteht,

$$g_1 > g_2 > g_i \ldots > \ldots g_n$$

Entsprechend der ordinalen Präferenzordnung werden im 2. Schritt Gewichtungsfaktoren für die einzelnen Kriterien abgeschätzt, wobei das wichtigste Kriterium den höchsten Faktor erhält.

Im 3. Schritt werden in Ergänzung der zuerst festgelegten Rangfolge bestimmte Abhängigkeiten der Kriterien untereinander bestimmt, an Hand derer dann sukzessiv die geschätzten Relevanzzahlen überprüft werden. Falls die ursprünglich geschätzten Relevanzzahlen eine der Abhängigkeiten nicht erfüllen, werden die erforderlichen Korrekturen vorgenommen. Es muß dabei darauf geachtet werden, daß die korrigierten Relevanzzahlen alle (auch die vorherigen) Abhängigkeiten erfüllen.

Bewertungskriterien	Rang	Vergleich	Ermittlung der Wichtigkeit	Ergebnis	Gewicht
K 3. Fahreigenschaften	1	1,0	1,0	=1,0	25
K 4. Komfort	1	K4/K3=1,0	1,0x1,0	=1,0	25
K 1. Karosserieeigenschaften	3	K1/K4=0,80	1,0x1,0x0,8	=0,8	20
K 2. Antriebseigenschaften	3	K2/K1=1,0	1,0x1,0x0,8x1,0	=0,8	20
K 5. Wartung	5	K5/K2=0,5	1,0x1,0x0,8x1,0x0,5	=0,4	10
Summe				4,0	100

Bild 125. Beispiel für die Gewichtung nach der Methode des "verfeinerten singulären Vergleichs".

1. SCHRITT: ERSTELLEN EINER RANGFOLGE	Bewertungs-kriterium	Fahr-eigenschaften	Komfort	Karosserie-eigenschaften	Antriebs-eigenschaften	Wartung
	Präferenz-ordnung	g_3 =	g_4 >	g_1 =	g_2 >	g_5
2. SCHRITT: **ABSCHÄTZEN VON GEWICHTUNGS-FAKTOREN**		1,0	1,0	0,8	0,8	0,4

3. SCHRITT

SUKZESSIVER VERGLEICH DER GEWICHTUNGS-FAKTOREN

1. Teilschritt

Forderung / IST / Korrektur

$$g_3 + g_4 \gtreqless g_1 + g_2 + g_5$$
$$1,0 + 1,0 \gtreqless 0,8 + 0,8 + 0,4$$
nicht erforderlich

2. Teilschritt

Forderung / IST / Korrektur

$$g_1 = g_2 \gtreqless 2 \cdot g_5$$
$$0,8 = 0,8 \gtreqless 2 \cdot 0,4 \; ;$$
nicht erforderlich

4. SCHRITT **NORMIERUNG**	Summe	g_3	g_4	g_1	g_2	g_5
	4,0	1,0	1,0	0,8	0,8	0,4
	1,0	0,25	0,25	0,20	0,20	0,10

Bild 126. Beispiel für die Gewichtung nach der Methode des "sukzessiven Vergleichs".

Um im 4. Schritt die relativen Gesamtgewichte ermitteln zu können, werden die Faktoren wieder nach der bereits bekannten Methode normiert.

Die Methode der sukzessiven Vergleiche weist folgende Vorteile auf:
- sie ist verhältnismäßig einfach und vielseitig anwendbar;
- es wird eine gute Verbesserung der Relevanzzahlen gegenüber einer direkten Abschätzung erreicht;
- das Verfahren hat einen hohen Grad an Reproduzierbarkeit.

Diesen Vorteilen steht als Nachteil gegenüber, daß das Verfahren bei vielen Kriterien unübersichtlich wird und ziemlich aufwendig ist, wobei die Genauigkeit nicht größer als bei dem zuvor beschriebenen Verfahren ist.

5.1.5 Matrixverfahren

Das Matrixverfahren ist ein sehr gründliches, aber auch ein sehr viel aufwendigeres als die zuvor beschriebenen Verfahren zur Ermittlung der Gewichte. Bei dieser Verfahrensweise werden die Bewertungskriterien sowohl in den Zeilen als auch in den Spalten einer Matrix aufgelistet, einzeln miteinander verglichen und entsprechend ihrer Wichtigkeit mit Punkten belegt, Bild 127.

Auch bei diesem Verfahren kann man mit einer Rangfolgebestimmung beginnen, z. B.:

$$g_3 = g_4 > g_1 = g_2 > g_5$$

Auf jeden Fall muß solch eine einmal festgelegte Abhängigkeit der Rangfolge dokumentiert werden.

Dies ist bei diesem Verfahren deshalb so wichtig, weil bei der Durchführung sogenannte "Zwangsbedingungen" entstehen können, die ohne die o. a. Festlegung der Rangfolge nicht ohne weiteres erkennbar sind. Eine Zwangsbedingung liegt z. B. dann vor, wenn zu Beginn festgelegt wurde, daß

$$g_1 = g_2 \text{ und } g_3 > g_1$$

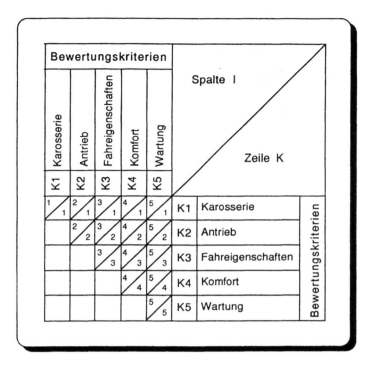

Bild 127. Bewertungsmatrix beim Matrixverfahren.

ist. Dann muß zwangsläufig

$g_3 > g_2$

sein und jede andere Festlegung wäre falsch.

Bei der Anwendung des Matrixverfahrens gelten folgende Regeln:
- Das wichtigere Kriterium erhält einen Punkt.
- Das unwichtigere Kriterium erhält null Punkte.
- Bei gleicher Wichtigkeit erhalten beide Kriterien einen halben Punkt.

Eine andere Einstufung als die oben angegebene (z. B. geringfügig wichtiger = 2 Punkte, viel wichtiger = 4 Punkte) ist nicht zulässig.

Folgende Beispiele sollen den Vergleich der Kriterien miteinander verdeutlichen:

x ist wichtiger als y; deshalb
erhält x = 1 Punkt , y = 0 Punkte

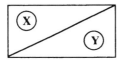

x und y sind gleich wichtig, deshalb
erhalten x und y jeweils 0,5 Punkte

Unter diesen Voraussetzungen werden dann die Kriterien in der Matrix zeilenweise verglichen, wobei die Zwangsbedingungen beachtet werden müssen. In Bild 128 ist der Vergleich in der 1. Zeile mit den

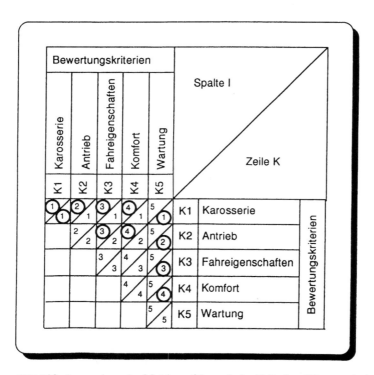

Bild 128. Anwendung des Matrixverfahrens beim Kriterium "Karosserieeigenschaften".

daraus folgenden Zwangsbedingungen dargestellt; diese ergeben sich natürlich auch aus der anfänglichen Rangfolgebildung.

Nachdem jedes Kriterium mit jedem Kriterium verglichen wurde und die höhere Wichtigkeit z. B. durch Einkreisen markiert ist, müssen im folgenden Schritt die absoluten Gewichtungsfaktoren der Kriterien ermittelt werden, was durch Auszählen der in den Spalten und Zeilen vergebenen Punkte geschieht, wie in Bild 129 dargestellt.

Abschließend müssen auch bei dieser Vorgehensweise die absoluten Gewichtungsfaktoren mit dem bekannten Verfahren (s. o.) in relative Gewichte umgerechnet werden.

Die auf solche Art zustande gekommenen relativen Gewichte stimmen jedoch verfahrensbedingt nicht mit denen der anderen Verfahren überein. Sie haben nämlich zum Prinzip, daß sie bestimmte Abstände zueinander haben, abhängig von der Anzahl der gerichteteten Kriterien:

Anzahl der Kriterien	1	2	3	4	5	6	7
Abstände der Gewichte von Kriterium zu Kriterium (%)	100%	33,3 %	16,7 %	10 %	6,7 %	4,7 %	3,6 %

Allgemeingültig kann man den Abstand der Gewichte auch nach der Formel

$$\text{Gewichtssprung} = \frac{1}{\sum \text{ der Kriterien}}$$

berechnen. Das bedeutet also, daß man die sehr sorgfältig ermittelte Rangfolgeziffern über ein starres Verfahren in Gewichtsziffern umrechnet. Statt dessen könnte man aber auch nach der Rangfolgeermittlung die Gewichtsziffern dreht (wie beim 1. Verfahren) vergeben, wobei man dann die freie Wahl der Gewichte hätte.

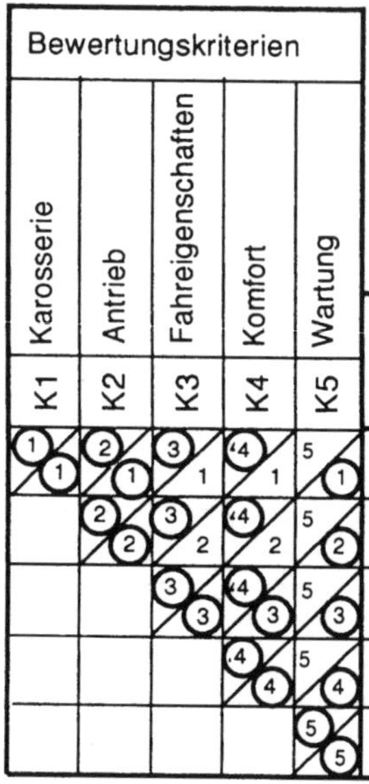

Bewertungskriterien		K1 Karosserie	K2 Antrieb	K3 Fahreigenschaften	K4 Komfort	K5 Wartung	Ermittlung der Punktzahl je Knoten und Kriterium					$\sum$	Normierung der Punktzahl	Bewertungskriterien	
K1	Karosserie	1	2	3	4	5	1	0,5	0	0	1	2,5	2,5/15=0,17	17 %	K1 Karosserie
K2	Antrieb	1	2	3	4	5	0,5	1	0	0	1	2,5	2,5/15=0,17	17 %	K2 Antrieb
K3	Fahreigenschaften		2	3	4	5	1	1	1	0,5	1	4,5	4,5/15=0,30	30 %	K3 Fahreigenschaften
K4	Komfort			3	4	5	1	1	0,5	1	1	4,5	4,5/15=0,30	30 %	K4 Komfort
K5	Wartung				4	5	0	0	0	0	1	1,0	1,0/15=0,06	6 %	K5 Wartung
												15,0		100 %	

Bild 129. Vollständig ausgefüllte Bewertungsmatrix, Ermittlung der Rangfolge und Festlegung der Gewichte beim Matrixverfahren.

Das Matrixverfahren

- erzielt durch kreuzweisen Vergleich der Kriterien eine weitgehende Objektivierung und Versachlichung des Prioritätenproblems,
- hat einen hohen Formalisierungsgrad und ist dadurch leicht nachzuvollziehen,
- zeichnet sich durch einen hohen Grad an Reproduzierbarkeit aus,
- ergibt stufenweise differenzierte Gewichte.

Diesen Vorteilen stehen folgende Nachteile gegenüber:

- Die Beachtung der Zwangsbedingungen erschwert die ansonsten einfache Anwendung.
- Das Verfahren wird bei sehr vielen Kriterien unübersichtlich.
- Es ist erheblich aufwendiger als die anderen Verfahren.

5.1.6 Vergleich der Gewichtungsverfahren

In Bild 130 sind diese Verfahren miteinander verglichen. Aus dem Vergleich ergibt sich:

- Die **direkte Gewichtung** sollte nur bei wenigen Kriterien angewendet werden und setzt voraus, daß das Bewertungsteam sich über die Vergabe der Gewichtungsfaktoren einig ist.
- Die **absolute Gewichtung** ist wegen hoher Objektivität und guter Reproduzierbarkeit ein sehr einfach anwendbares Verfahren. Obwohl es abgestufte Gewichte ergibt, wird es für die Anwendung von normalen, nicht außergewöhnlich komplexen Nutzwert-Analysen am meisten empfohlen.
- Der **einfache singuläre Vergleich** sollte immer dann zur Gewichtung verwendet werden, wenn nur wenige Kriterien gewichtet werden müssen, da er schnell und problemlos bei ausreichender Genauigkeit durchzuführen ist.
- Der **verfeinerte singuläre Vergleich** sollte Anwendung finden, wenn mehr als sechs Kriterien zu gewichten sind. Er ist

Gewichtungs-verfahren	Beurteilungskriterien					
	Aufwand	Handhabung	Genauigkeit	Objektivität	Reproduzierbarkeit	Anwendbarkeit
direkte Gewichtung	sehr gering	sehr einfach	nein	weniger hoch	gering	<4 Kriterien
absolute Gewichtung	sehr gering	sehr einfach	ja	hoch	gut	beliebig
einfacher singulärer Vergleich	sehr gering	sehr einfach	nein	hoch	gut	<6 Kriterien
verfeinerter singulärer Vergleich	gering	sehr einfach	nein	hoch	sehr gut	<10 Kriterien
sukzessiver Vergleich	groß	schwierig	nein	sehr hoch	sehr gut	< 10 Kriterien
Matrixverfahren	sehr groß	sehr schwierig	ja	äußerst hoch	sehr gut	beliebig

Bild 130. Vergleich der verschiedenen Gewichtungsverfahren.

etwas aufwendiger als der einfache singuläre Vergleich. Bei sehr vielen Kriterien fällt es ohne Hilfsmittel schwer, eine Rangfolge aufzustellen, so daß das Verfahren bei mehr als zehn Kriterien nicht mehr zu empfehlen ist. Wenn man sich aber an die Regel beim Aufstellen der Zielhierarchie (s. Abschnitt 3.2.3) gehalten hat, dann stellt dies keinen Nachteil dar.

- Durch den **sukzessiven Vergleich** erhält man das genaueste Urteil über die Wichtigkeit der Kriterien. Er ist viel aufwendiger und schwieriger zu handhaben als die beiden vorgenannten erfahren. Muß mit einer größeren Zahl von Kriterien gearbeitet werden, dann wird der sukzessive Vergleich meist schwer überschaubar und wird schwieriger zu bewältigen. Dennoch erzielt diese Art des Vergleichs ein befriedigenderes Ergebnis.

- Das **Matrixverfahren** ist das komplizierteste aller Gewichtungsverfahren; es ist jedoch nicht manipulierbar und damit äußerst objektiv und reproduzierbar. Seine Anwendung wird allerdings nur für solche Fälle empfohlen, bei denen höchste

Anforderungen an Genauigkeit der Gewichtung gestellt werden und der Aufwand nachrangig ist.

5.2 Skalierungsmethoden

Zur Bewertung der Alternativen sind

- im dritten Schritt Wertefunktionen oder Wertetabellen aufzustellen, damit man
- im vierten Schritt die Alternativen anhand dieser Wertefunktionen oder -tabellen bewerten kann.

Hierbei tritt die Frage nach einer geeigneten Skalierungsmethode auf, wobei als Skalierung die Einordnung der Alternativen in eine mit bestimmten Zahlen gekennzeichnete Folge oder Reihe verstanden wird.

Als allgemein bekannt gelten die in Bild 131 genannten Skalierungsmethoden; sie sollen im folgenden kurz erläutert werden.

5.2.1 Nominalskale

Mit Hilfe der Nominalskale werden Beurteilungskriterien nach Güteklassen bewertet; es wird ausgesagt, daß

- ein Ziel erfüllt wird (ja, gut = 1) oder
- ein Ziel nicht erfüllt wird (nein, schlecht = 0).

Mit dieser Skala kann man lediglich feststellen, ob ein Nutzen vorliegt; graduelle Unterschiede lassen sich damit nicht kennzeichnen, so daß numerische Operationen mit der Nominalskale nicht möglich sind; wohl aber können Aussagen über Häufigkeitsverteilungen gemacht werden, wie z. B. Alternative A erfüllt x-mal die Ziele und y-mal nicht.

5.2.2 Ordinalskale

Mit Hilfe der Ordinalskale können auch Nutzenunterschiede gekennzeichnet und deren Richtungen angegeben werden. Nutzenunterschiede werden durch Vergleich jeder Alternative mit jeder anderen festgestellt:

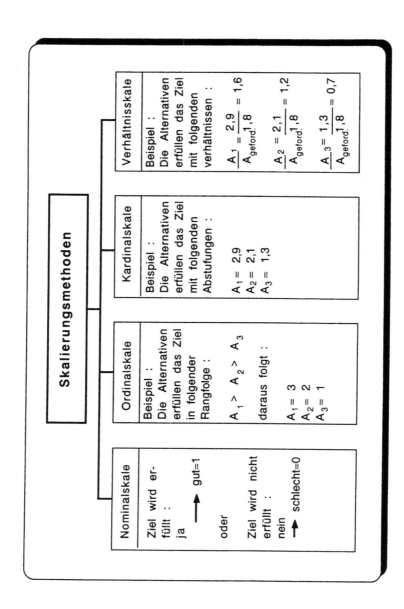

Bild 131. Zusammenstellung bekannter Skalierungsmethoden.

Vergleich:

$A_1 > A_2$; $A_3 < A_2$; $A_1 > A_3$

daraus folgt:

$A_1 > A_2 > A_3$

Richtung und Größenordnung der Nutzen werden dadurch festgelegt, daß man der besseren Alternative beispielsweise einen Punkt und der schlechteren Null Punkte zuordnet, Bild 132.

Damit sind die zur Auswahl stehenden Alternativen in eine Reihenfolge gebracht und durch entsprechende Ziffern kenntlich gemacht.

5.2.3 Kardinalskale

Bei Anwendung der Kardinalskale (die auch als Intervallskale bezeichnet wird) wird der Grad der Zielerfüllung direkt mit vorher festgelegten Skalenwerten (z. B. zwischen 1 = sehr gut und 6 = ungenügend)

Vergleich:	Daraus folgt im einzelnen:
$A_1 > A_2$	$A_1 = 1$ $A_2 = 0$ -
$A_3 < A_2$	- $A_2 = 1$ $A_3 = 0$
$A_1 > A_3$	$A_1 = 1$ - $A_3 = 0$
Insgesamt folgt	$A_1 = 2$ $A_2 = 1$ $A_3 = 0$

Bild 132. Beispiel für eine Ordinalskale.

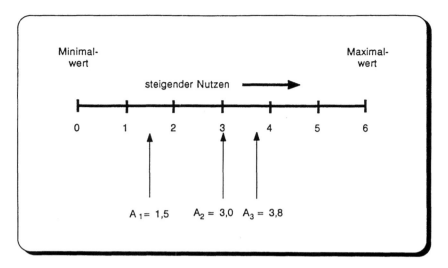

Bild 133. Beispiel für eine Kardinalskale.

markiert, so daß graduelle Nutzwertunterschiede mit der gewünschten Feinheit zahlenmäßig darstellbar sind; dabei sind Minimal- und Maximalwert wie auch Nutzenrichtung frei wählbar, Bild 133.

5.2.4 Verhältnisskale

Bei Benutzung der Verhältnisskale werden die Eigenschaften der zur Auswahl stehenden Alternativen direkt untereinander verglichen, d. h. zueinander ins Verhältnis gesetzt, und zwar wird keine absolute, sondern nur eine relative Nutzwertgröße ermittelt.

Die Umsetzung des Vergleichs der Eigenschaften in Skalenwerte, die den Nutzwert kennzeichnen, geschieht dann wie es in Bild 134 gezeigt wird. Faktoren, die kleiner als 1 sind, werden demnach an Eigenschaften vergeben, die schlechter sind als die geforderten und umgekehrt.

5.2.5 Eignung der Methoden für die Nutzwert-Kosten-Analyse

Die zuvor beschriebenen Skalierungsmethoden eignen sich für eine Anwendung im Rahmen der Nutzwert-Kosten-Analyse nicht alle gleichermaßen gut. Um eine problemrelevante Beurteilung vornehmen zu

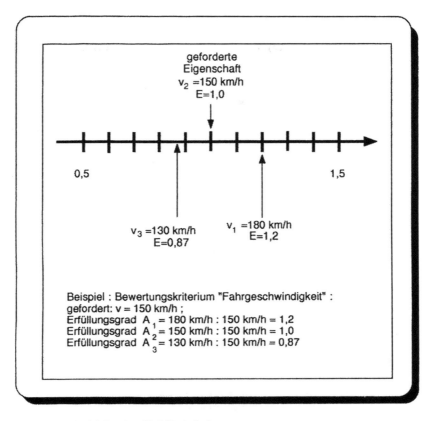

Bild 134. Beispiel für eine Verhältnisskale.

können, müssen die Anforderungen bekannt sein, die die Nutzwert-Kosten-Analyse an die Skalierung stellt; im wesentlichen sind dies die Eignung

- zur Transformation meßbarer Größen (z. B. Geschwindigkeit des Pkws),

- zur Transformation nicht meßbarer, also nur verbal beschreibbarer Größen (z. B. Prestige des Pkw-Typs),

- numerisch adäquate Ergebnisse zu liefern,

- zum Nutzwert-Kosten-Vergleich.

Beurteilungskriterium	Nominal-skale	Ordinal-skale	Kardinal-skale	Verhält-nisskale
Eignung z.Transformation meßbarer Größen	unge-nügend	mangel-haft	gut	sehr gut
Eignung z.Transformation nicht meßbarer Größen	unge-nügend	mangel-haft	gut	befrie-digend
Eignung, numerisch adäqua-te Ergebnisse zu liefern	nicht geeignet	mangel-haft	gut	gut
Eignung zum Nutzwert-Kosten - Vergleich	nicht geeignet	mangel-haft	gut	gut
Eignung für die Nutzwert-Kosten - Analyse	nicht geeignet	mangel-haft	gut	gut

Bild 135. Vergleich der bekannten Skalierungsmethoden.

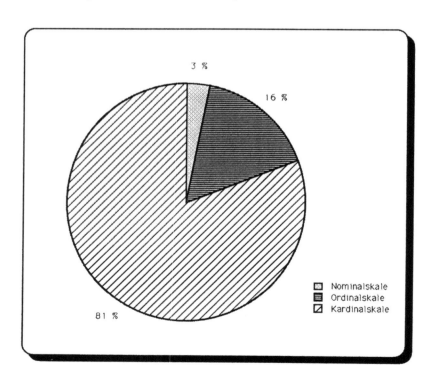

Es ergibt sich die in Bild 135 dargestellte Beurteilung der Skalierungsmethoden. Zusammenfassend läßt sich sagen, daß sich die Kardinalskalierung am besten für die Nutzwert-Kosten-Analyse verwenden läßt; als ungeeignet gelten die Nominalskale und die Ordinalskale. Diese Aussage wird bestätigt durch eine Auswertung verschiedener Nutzwert-Analyse-Anwendungen, deren Ergebnis in Bild 136 dargestellt ist.

5.3 Verfahren zur Mittelwertbildung

Im zweiten Schritt der Nutzwert-Analyse, der Gewichtung, kann, wenn verschiedenartige Gewichtungen vertreten werden, eine Mittelwertbildung vorgenommen werden; auch können im vierten Schritt der Nutzwert-Analyse bei der Bewertung der Alternativen gemäß der im dritten Schritt aufgestellten Wertetabellen und Wertefunktionen unterschiedliche Meinungen mehrerer Bewerter zu Mittelwerten zusammengefaßt werden, um anschließend den Nutzwert berechnen zu können.

Als Mittelwerte sind solche Werte zu verstehen, um die sich die übrigen Werte verteilen. Ein Kennzeichen für die Art der Verteilung ist die sog. Streuung oder Standardabweichung, die allerdings für die Nutzwert-Kosten-Analyse nicht von Bedeutung ist.

Im wesentlichen sind die in Bild 137 aufgeführten Verfahren der Mittelwertbildung bekannt; sie werden im folgenden an Hand eines Bewertungsbeispiels erklärt: Ein Bewertungsteam aus fünf Mitgliedern legt für eine zu bewertende Eigenschaft diese Bewertung fest:

5; 5; 4; 4; 1

und muß hierfür einen geeigneten Mittelwert finden. Auffällig ist dabei, daß ein - offensichtlich nicht kompromißbereiter - "Ausreißer" mit der Note 1 vorliegt.

5.3.1 Arithmetisches Mittel

Der am häufigsten verwendete Mittelwert ist das arithmetische Mittel x, der sich für eine Urliste mit den Werten, x_1, x_2, ...x_n errechnet

---

◄ Bild 136. Häufigkeit der Anwendung bekannter Skalierungsmethoden.

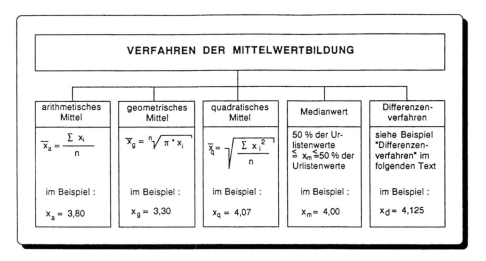

Bild 137. Zusammenstellung bekannter Verfahren der Mittelwertbildung.

nach der Formel

$$\bar{x}_a = \frac{1}{n} \cdot \sum_{i=1}^{n} \bar{x}_i \qquad (17)$$

Bei einer Reihe von konstanten Werten entspricht das arithmetische Mittel im übrigen dem Wert, bei dem die Summe der quadratischen Abweichungen ein Minimum ist.

Für das vorgegebene Bewertungsbeispiel ergibt sich folgender Mittelwert

$$\bar{x}_a = \frac{1}{5} \cdot (5 + 5 + 4 + 4 + 1) = 3{,}8$$

5.3.2 Geometrisches Mittel

Insbesondere bei Wachstumsprozessen wird das geometrische Mittel x_g verwendet, das sich für eine Urliste mit nur positiven Bestandswerten $x_1, x_2, ... x_n$ nach der Formel

$$\bar{x}_g = \sqrt[n]{\prod x_i} = \sqrt[n]{x_1 \cdot x_2 \cdot ... x_n} \qquad (18)$$

errechnet. Ein Wert 0 bewirkt, daß das geometrische Mittel 0 wird; auch wird das geometrische Mittel klein, sobald ein kleiner Urlistenwert vorhanden ist.

Der geometrische Mittelwert für das Beispiel errechnet sich wie folgt:

$$\bar{x}_g = \sqrt[5]{5 \cdot 5 \cdot 4 \cdot 4 \cdot 1} = \sqrt[5]{400} = 3{,}331$$

5.3.3 Quadratisches Mittel

Das für die Berücksichtigung von Beobachtungsfehlern bedeutende quadratische Mittel x errechnet sich nach der Formel

$$\bar{x}_q = \sqrt{\frac{1}{n} \cdot \sum_{i=1}^{n} x_i^2} = \sqrt{\frac{1}{n} \cdot (x_1^2 + x_2^2 + \ldots x_n^2)} \qquad (19)$$

Das quadratische Mittel für das Beispiel lautet

$$\bar{x}_q = \sqrt{\frac{1}{5} \cdot (25 + 25 + 16 + 16 + 1)} = \sqrt{\frac{1}{5} \cdot 83} = 4{,}07$$

5.3.4 Medianwert

Der Medianwert $\bar{x}_m$ zeichnet sich dadurch aus, daß (mindestens) 50 % der Urlistenwerte kleiner oder gleich und (mindestens) 50 % größer oder gleich x_m sind.

Liegt eine Urliste mit den ihrer Größe nach geordneten Merkmalwerten x_1 bis x_n vor, so ist x_m

- für eine ungerade Anzahl von Urlistenwerten gleich dem in der Mitte stehenden Wert,
- für eine gerade Anzahl von Urlistenwerten das arithmetische Mittel der beiden in der Mitte stehenden Werte.

Dementsprechend ergeben sich folgende Verfahren der Ermittlung des Medianwerts:

- ungerade Urlistenwerte: 1,4,4,5,5; Medianwert x_m = 4, weil jeweils zwei Werte kleiner m bzw. größer sind;
- gerade Urlistenwerte: 1,3,4,4,5,5;Medianwert x_m ist das arithmetische Mittel zwischen den beiden mittleren Zahlen 4 und 4

Bei diesem Verfahren werden also alle Ausreißer unterdrückt.

5.3.5 Mittelwert nach dem Differenzverfahren

Ein Mittelwert wird zweckmäßigerweise nach dem Differenzverfahren berechnet, wenn ein Wert sehr von einer nahe beieinanderliegenden Wertegruppierung abweicht. Für die Berechnung des Mittelwerts x_d wird üblicherweise keine Formel verwendet, weil diese zu unübersichtlich und zu aufwendig wäre; vielmehr wendet man ein relativ einfaches Schema wie bei dem in Bild 138 gezeigten Beispiel an.

Demnach ergibt sich ein Mittelwert von x_d= 4,125. Wie in Bild 139 zu sehen ist, wird damit die Wertung des Ausreißers weitgehend eliminiert, aber dennoch berücksichtigt.

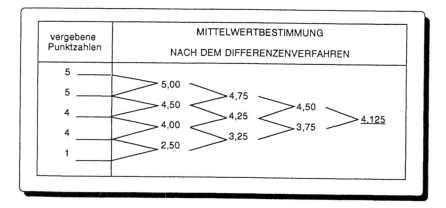

Bild 138. Beispiel für das Differenzenverfahren.

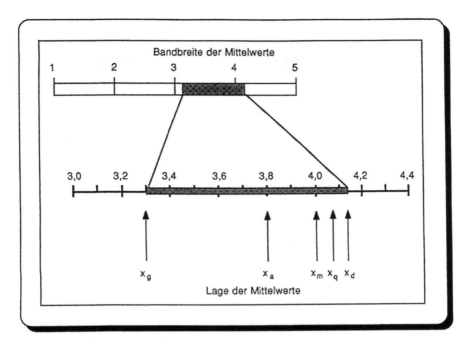

Bild 139. Vergleich der bekannten Skalierungsverfahren an einem Beispiel.

5.3.6 Eignung der Verfahren für die Nutzwert-Kosten-Analyse

Die beschriebenen Verfahren zur Mittelwertbildung ergeben zT. sehr unterschiedliche Ergebnisse. Bei dem gewählten Beispiel erhält man die in Bild 136 gezeigten Aussagen. Bemerkenswert ist die relativ große Streuung der Mittelwerte über die Bandbreite von 3,31 bis 4,125; was etwa 16 % der gesamten Skalenbreite entspricht. Wenn man allerdings den Ausreißer x_g eliminiert, verringert sich die Streuung auf 6,5 %. Das Ergebnis des Beispiels kann im übrigen als repräsentativ betrachtet werden, da folgende Beziehung allgemeingültig nachgewiesen ist:

$$\overline{x}_g \leq \overline{x}_a \leq x_g$$

Ausgehend von diesen Feststellungen kann man eine einfache Beurteilung der Eignung der angeführten Verfahren anhand folgender Kriterien vornehmen:

- Eignung zur problemrelevanten, d. h. etwa gleichmäßigen Berücksichtigung aller Werte,

- Eignung zur weniger starken Berücksichtigung erheblich abweichender Werte,

- Einfachheit aller Anwendungen.

Das Ergebnis dieser Beurteilung ist in Bild 140 zu sehen: Der Medianwert ist ungeeignet für die Nutzwert-Analyse, weil nur die ausgewogenen "mittleren" Meinungen berücksichtigt werden. Ebenso erscheint der geometrisch Mittelwert nicht sinnvoll einsetzbar, weil er in bestimmten Fällen (wie z. B. dem vorliegenden Zahlenbeispiel) erheblich von den übrigen Mittelwerten abweicht. Das Differenzverfahren wird dann empfehlenswert, wenn einer erheblich abweichenden Meinung keine große Bedeutung zugeordnet werden soll. Wenn die Mittelwertbildung möglichst einfach sein soll, ist die arithmetische Mittelwertbildung zu bevorzugen; zudem liegt diese etwa in der Mitte aller beschriebenen Mittelwerte.

Beurteilungskriterien	arithmet. Mittel	geometr. Mittel	quadrat. Mittel	Median-wert	Differenzenverf.
problemrelevante Berücksichtigung aller Werte	gut	gut	gut	schlecht	gut
weniger starke Berücksichtigung sehr abweich. Werte	neutral	schlecht	neutral	schlecht	gut
Einfachheit der Anwendung	gut	schlecht	schlecht	schlecht	gut
zusammenfassende Beurteilung	gut	schlecht	neutral	schlecht	gut

Bild 140. Eignung der Verfahren zur Mittelwertbildung für die Nutzwert-Analyse.

6 Darstellung des Verfahrens an einem Beispiel

Im folgenden wird das gesamte Verfahren noch einmal zusammenfassend an einem Beispielen dargestellt.

Zu diesem Zweck wurde die Auswahl einer Kopiermaschine herangezogen, da davon ausgegangen wird, daß den meisten Lesern ein solches Gerät bekannt ist.

6.1 Auswahl eines Kopierautomaten

6.1.1 Aufgabenstellung

In einem Unternehmen soll eine neue Kopiermaschine beschafft werden, die mindestens 20.000 Kopien im Monat erstellen muß. Die Maschine soll zentral im Unternehmen plaziert werden und wird von den Mitarbeitern bedient. Um möglichst wenig Arbeitszeit zu verlieren, ist die Kopiergeschwindigkeit von Bedeutung, d. h., daß das Gerät möglichst viele Kopien pro Minute schafft. Da auch viele Einzelkopien gemacht werden, ist die Zeit für die erste Kopie wichtig; ebenso sollte die Vorwärmzeit, die zwischen dem morgendlichen Einschalten und der Betriebsbereitschaft vergeht, möglichst kurz sein.

Die Design-Abteilung wünscht sich sowohl bei den Vorlagen als auch bei den Kopien, daß neben dem unbedingt geforderten DIN A4- und DIN A3-Format auch DIN A2- und DIN A5-Formate kopiert werden können und daß der Kopierer verschiedene Papiergewichte verarbeitet. Es wäre wünschenswert, wenn die Eingabe der Vorlagen automatisch erfolgen würde; dieser automatische Einzug sollte ein hohes Fassungsvermögen haben, die gängigsten Papiergewichte verarbeiten können und mit einer zuverlässigen Automatik ausgestattet sein. Da zahlreiche Mehrfachkopien gemacht werden müssen, ist ein Sorter unabdingbar; er sollte über möglichst viele Fächer verfügen und in jedem Fach eine große Anzahl von Blättern aufnehmen können.

Da das Gerät ständig von verschiedenen Mitarbeitern bedient wird, werden hohe Anforderungen an die Handhabung gestellt. Sehr wichtig ist, daß die Bedienungsweise eindeutig ist, wobei das Bedienpult übersichtlich und die Bedienung durch optische Hinweise erleichtert werden sollte. Damit nicht ständig neues Papier nachgefüllt werden muß, ist es von Vorteil, wenn das Gerät einen großen Papiervorrat

lichkeit neben den Formaten DIN A4 und DIN A3 auch DIN A2 und DIN A5. Das Gerät muß vergrößern und verkleinern können, und zwar in möglichst großer Bandbreite.

Ein Kostenstellenzähler ist zwar nicht unbedingt erforderlich, aber wenn er vorhanden wäre, könnte er den Nutzen der Maschine verbessern.

Eine Sekretärin soll für das Gerät verantwortlich sein und kleinere Bedienstörungen bewältigen können, so z. B. den Toner wechseln, neues Papier einlegen und Papierstaus beseitigen. Der Verantwortliche sollte möglichst wenig in seiner Hauptarbeit gestört werden.

Um die Papierflut in den Aktenschränken einzudämmen, wäre es gut, wenn der Kopierer doppelseitig kopieren könnte, was allerdings nicht Bedingung ist.

Aus ergonomischer Sicht ist wichtig, daß das Gerät eine günstige Arbeitshöhe hat, möglichst leise arbeitet und sowohl im Betrieb als auch im Bereitzustand möglichst wenig Wärme abgibt. Es würde außerdem die Handhabung erleichtern, wenn bestimmte, immer wiederkehrende Kopierprogramme abgespeichert und dadurch leichter wiederholt werden könnten und ein gerade ablaufendes Programm, um schnell einmal eine Kopie dazwischen machen zu können, auf Tastendruck unterbrochen werden kann.

Hin und wieder könnte ein sog. Deckblattprogramm, bei dem ein fertiger Bericht auf der Vorder- und Rückseite ein andersfarbiges Blatt, evtl. aus festerem Papier erhält, sinnvoll sein.

Im Unternehmen werden vor allem Berichte, üblicher Büroschriftverkehr, Literatur aus Zeitschriften und Büchern kopiert. Es wird daher erwartet, daß die weißen und schwarzen Flächen möglichst gut wiedergegeben werden, daß die Konturen scharf herauskommen und daß auch Halbtöne von Fotos möglichst gut reproduziert werden. Außerdem soll sich das Kopierte nicht wieder wegradieren lassen. Bei Bildmontagen sollten die eingeklebten Stellen möglichst wenig sichtbar sein. Die Belichtung sollte sich der jeweiligen Vorlage automatisch anpassen, aber auch manuell korrigiert werden können. Auf eine maßstabsgetreue Wiedergabe wird Wert gelegt.

Für Generalwartungen ist ein größerer Zeitaufwand erforderlich, was bedeutet, daß das Gerät für einige Stunden ausfällt. Daher wird erwartet, daß diese nur in möglichst großen Intervallen stattfindet. Allerdings wird die Bedingung gestellt, daß ein qualitativ guter Service bei Störungen, die von der zuständigen Sekretärin nicht beseitigt werden können, nach spätestens drei Stunden zur Stelle ist. Das Gerät muß an ein normales 220-V-Netz angeschlossen werden können; eine Kopie darf nicht mehr als 10 Pfennig kosten.

6.1.2 Nutzwert-Analyse

Aus dieser Aufgabenstellung lassen sich zunächst die "Unabdingbaren Forderungen", wie in Bild 141 dargestellt, ableiten.

Anschließend folgt die Aufstellung des Zielsystems und die Gewichtung der Ziele. Das Ergebnis dieser Arbeit ist aus Bild 142 ersichtlich. Die Plausibilitätsprüfung der Gewichtung zeigt Bild143.

Als nächster Schritt werden die Wertetabellen und Wertefunktionen aufgestellt (s. Bilder 144, 145 und 146.).

Im folgenden sind nun fiktive Prospekte für Kopiermaschinen angegeben, aus denen sich alle Angaben zum Ausfüllen der Bewertungstabelle entnehmen lassen.

FORDERUNGEN bezüglich des NUTZENS

Leistung :	20.000 Kopien/Monat
elektr. Anschluß :	220 V
besondere Leistungen :	Vergrößern und Verkleinern
Service :	< 3 Stunden
Zusatzgeräte :	Sorter
Formate :	DIN A4 und DIN A3

FORDERUNGEN bezüglich der KOSTEN

Kosten :	< 10 Pfennig/Kopie

Bild 141. "Unabdingbare Forderungen" für das Beispiel "Kopierautomat".

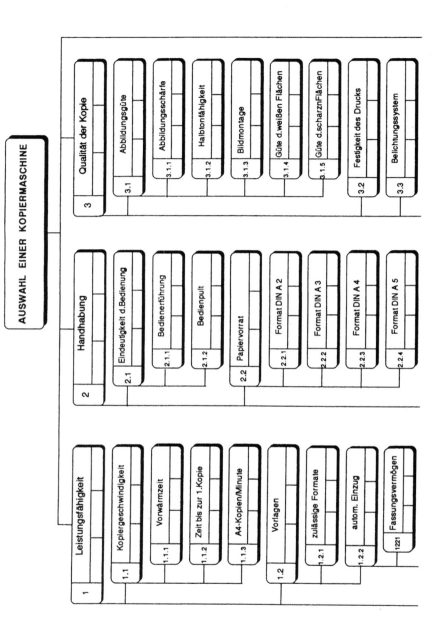

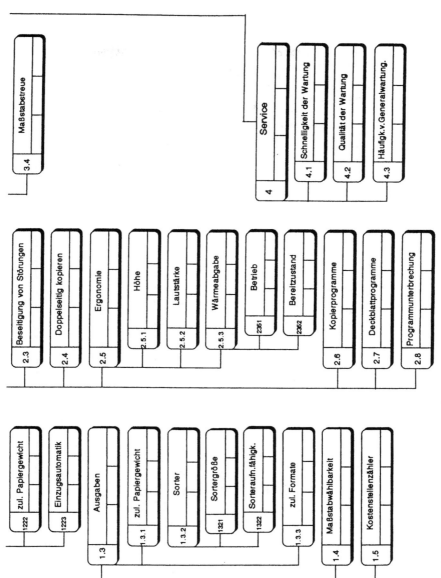

Bild 142. Zielhierarchie für die Auswahl einer Kopiermaschine.

Rang	Nutzwertkriterium	Gewicht	kum.Gew
1	Abbildungsschärfe	6,62	6,6
2	Beseitigung von Störungen	6,00	12,6
3	Sortergröße	5,89	18,5
4	DIN A4 Kopien/Minute	5,78	24,3
5	Bedienerführung	5,27	29,6
6	Zeit bis zur ersten Kopie	5,20	34,7
7	Halbtonfähigkeit	4,73	39,5
8	Belichtungssystem	4,05	43,5
9	Schnelligkeit der Wartung	4,00	47,5
10	Qualität der Wartung	4,00	51,5
11	Maßstabwählbarkeit	3,96	55,5
12	Doppelseitiges Kopieren	3,60	59,1
13	Zulässige Formate der Vorlagen	2,97	62,0
14	Güte der schwarzen Flächen	2,84	64,9
15	Güte der weißen Flächen	2,84	67,7
16	Bedienerpult	2,84	70,6
17	Einzugsautomatik	2,54	73,1
18	Sorteraufnahmefähigkeit	2,52	75,6
19	Festigkeit des Drucks	2,16	77,8
20	Höhe	2,16	79,9
21	Lautstärke	2,16	82,1
22	Papiervorrat DIN A4	2,03	84,1
23	Häufigkeit von Generalwartungen	2,00	86,1
24	Maßstabstreue	1,89	88,0
25	Bildmontage	1,89	89,9
26	Kopierprogramme	1,50	91,4
27	Papiervorrat DIN A3	1,35	92,8
28	Kostenstellenzähler	0,99	93,7
29	Zul. Papiergewicht (Ausgabe)	0,99	94,7
30	Wärmeabgabe im "stand by"	0,97	95,7
31	Programmunterbrechung	0,90	96,6
32	Papiervorrat DIN A5	0,90	97,5
33	Fassungsvermögen (Einzug)	0,73	98,2
34	Vorwärmzeit	0,58	98,8
35	Deckblattprogramm	0,50	99,3
36	zul.Papiergewichte d.Vorlagen	0,36	99,7
37	Papiervorrat DIN A2	0,23	99,9
38	Wärmeabgabe im Betrieb	0,11	100,0

Bild 143. Rangfolge der Gewichte bei der Auswahl einer Kopiermaschine.

NR.	KRITERIEN	ERFÜLLUNGSRAD	
		0	1
1.2.1	Zulassige Formate	DIN A3 u.DIN A4	DIN A3,A4 u.B3
1.2.3.2	zul. Papiergew.(Einzug)	80 g/m^2	70-90 g/m^2
1.2.3.3	Einzugsautomatik		autom.Einzelblatt-zuführung
1.3.1	zul. Papiergew.(Ausg.)	80 g/m^2	70-90 g/m^2
1.3.3	zul. Formate(Ausgabe)		DIN A3;A4;
1.4	Maßstabwählbarkeit	100%	80-120% Schritte 2%
1.5	Kostenstellenzähler	nein	
2.1.1	Bedienerführung		alphanum.Anzeige 5 Stellen;schwier. Symbole;Fehler leicht möglich
2.1.2	Bedienpult	unübersichtlich	
2.3	Beseitigung von Störungen	keine Anzeige, schwierig	keine Anzeige, einfach
2.4	doppelseitiges Kopieren	manuell durch Zurücklegen in den Papiervorrat	manuell durch Einschiebenin einen bes. Schlitz
2.7	Programmunterbrechung	nicht möglich	
2.8	Deckblattprogramme	nicht möglich	
3.1.1	Abbildungsschärfe	sehr unscharf	unscharf
3.1.2	Halbtonfähigkeit	schlecht	mangelhaft
3.1.3	Bildmontagen	nicht möglich	
3.1.4	Güte d.schwar.Flächen	schlecht	mangelhaft
3.1.5	Güte d.weißen Flächen	schlecht	mangelhaft
3.2	Qualität des Druckes		radierbar klebt an Folien
3.3	Belichtungssystem		vollautomatisch zus. 2 Stufen
3.4	Maßstabstreue	> 1,5 %	1 bis 1,5%
4.1	Schnelligkeit d.Wartung	> 3 h	3 h
4.2	Qualität der Wartung	schlecht	unbefriedigend

Bild 144. Bewertungstabelle für die nicht quantifizierbaren Kriterien bei der Auswahl einer Kopiermaschine.

ERFÜLLUNGSRAD

2	3	4	5
DIN A3,A4,A5	DIN A3,A4,A5	DIN A2,A3,A4,A5	
60-100 g/m^2	60-120 g/m^2	60-140 g/m^2	50-160 g/m^2
	automatisch vom Stapel		automatisch vom Stapel ; automatisch doppelseitig
60-100 g/m^2	60-120 g/m^2	60-140 g/m^2	50-160 g/m^2
	DIN A3;A4;A5		
80-120% Schritte 1%	70-141% Schritte 2%	64-141% Schritte 2%	64-141% Schritte 1%
alphanum.Anzeige 10 Stellen;schwier. Symbole;Fehler leicht möglich	alphanum.Anzeige 20 Stellen;schwier. Symbole;Fehler leicht möglich	alphanum.Anzeige 30 Stellen;eindeut. Symbole;keine Anforderungen	
mäßig übersichtlich	übersichtlich	gut übersichtlich	sehr übersichtlich
optische bzw.alphanumer.Anzeige; schwierig	optische Anzeige ; einfach	alphanumer.Anzeige; einfach	optische bzw.alph numer.Anzeige; einfach
	automatisch		automatisch mit Randverschiebung
mit Taste möglich		mit Taste möglich Berücksichtigung von Papierstaus	mit Taste möglich Berücksichtigung von Papierstaus ; Programmlöschung nach Kopiervorgang
			autom.vorne und hinten
etwas unscharf	Rand etw. unscharf	scharf	sehr scharf
mäßig	zufriedenstellend	gut	sehr gut
	mögl.m.2 Orginalen		
mäßig	zufriedenstellend	gut	sehr gut
mäßig	zufriedenstellend	gut	sehr gut
schwer radierbar; klebt an Folien			nicht radierbar; klebt nicht a.Folien
vollautomatisch zus. 3 Stufen	vollautomatisch zus. 5 Stufen	vollautomatisch zus. 7 Stufen	vollautomatisch zus. 9 Stufen
	< 1 bis 0,5 %		< 0,5 %
2,5 h	2 h	1,5 h	1 h
mäßig	befriedigend	gut	sehr gut

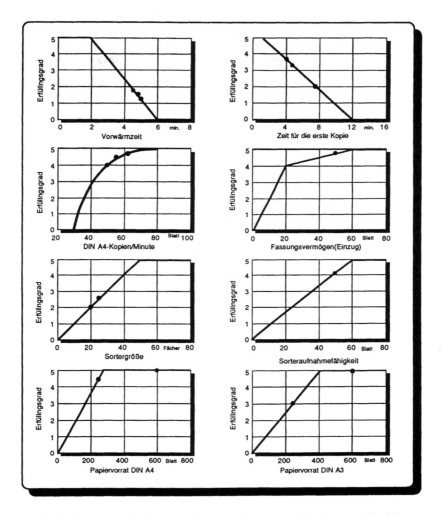

Bild 145. Bewertungsfunktionen für die quantifizierbaren Kriterien des Beispiels "Auswahl einer Kopiermaschine".

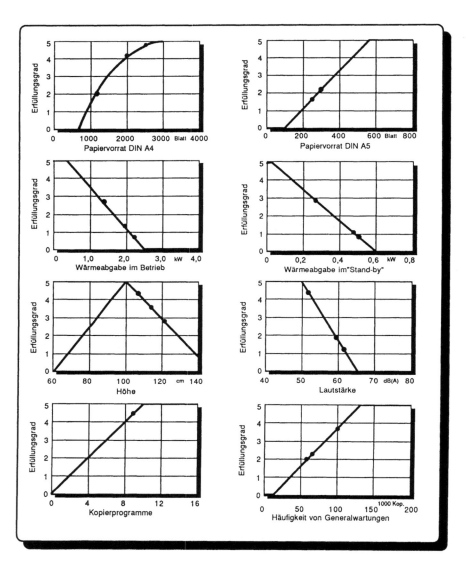

Bild 146. Bewertungsfunktionen für die quantifizierbaren Kriterien des Beispiels "Auswahl einer Kopiermaschine" (Fortsetzung).

Prospekt "ALPHARASANT"

Der Alpharasant ist ergonomisch gestaltet und hat eine Höhe von 1060 mm. Er arbeitet mit 52 dB(A) leise und kann an normalem Wechselstrom von 220 Volt, der mit 16 Ampere abgesichert ist, angeschlossen werden; im "stand-by" benötigt er 0,51 kW, im Betrieb 1,98 kW. Wenn er morgens eingeschaltet wird, ist die erste Kopie nach 4,5 min verfügbar.

Der Alpharasant arbeitet zuverlässig und schnell: Vorlage im Stapel in den automatischen Einzug, der 50 Blatt DIN A4 faßt und alle Papiergewichte von 50-120 g/m^2 verarbeitet, Kopienzahl vorwählen, Starttaste drücken, alles weitere geschieht automatisch. Nach 4,0 Sekunden erhalten Sie die erste Kopie, 62 Kopien DIN A4 sind in einer Minute geschafft. Gestochen scharf und im Maßstab 1:1 mit einer Verzerrung von max. ± 1,0 %. Das Gerät verarbeitet alle Vorlagenformate von B3 über DIN A2 bis DIN A5; zwei Magazine stehen für diese Formate zur Verfügung, die 250 Blätter aufnehmen, für das Format DIN A4 ein Papierlift mit 2000 Blatt. Problemlos werden verschiedene Papiergewichte von 50-200 g/m^2 verarbeitet. Auch Folien für den Overhead-Projektor im Format DIN A4 können erstellt werden. Die Maschine wählt automatisch die richtige Belichtung, die zusätzlich manuell in 9 Stufen korrigierbar ist. Doppelseitiges Kopieren ist automatisch auch von doppelseitig kopierten Vorlagen möglich, wobei man den Rand bis zu 16 mm verschieben kann.

Generalwartungen sind nach 60.000 Kopien erforderlich. Bei Bedienstörungen ist der Arbeitsaufwand sehr gering, da das Papier nur einen sehr kurzen Weg durch das Gerät hat; an welcher Stelle sich das Papier bei einem Stau befindet, wird optisch angezeigt.

Der Kundendienst ist nach ca. 3 Stunden zur Stelle, die Qualität der Wartung ist zufriedenstellend. Trotz seines hohen Leistungsstandes ist der Bürokopierautomat Alpharasant einfach zu bedienen, denn Bedienungskomfort wird hier groß geschrieben: Mit nur zwei Tasten steuern Sie fast alle Kopieraufträge. Das gut übersichtliche Leuchtdisplay erklärt dem Bediener jeden einzelnen Arbeitsschritt. Einmal eingegeben bleiben die Daten gespeichert, ebenso die Zahl der erstellten Kopien.

Der Kopierprogramm-Speicher erspart das erneute Eingeben von Arbeitsanweisungen nach Unterbrechungen durch Papiernachfüllen, Zwischendurchkopie oder Öffnen des Geräts.

Jede angefertigte Kopie wird automatisch registriert und gezählt nach Benutzern oder Kostenstellen.

Der Alpharasant zoomt in 1%-Schritten: Herauf bis 141 % - herunter bis 65 %, auf jedes Wunschformat von B5 bis A5, so kann Wichtiges groß herausgebracht, Kleingedrucktes besser lesbar gemacht oder unhandliche EDV-Listen auf Ablageformat verkleinert werden.

Der Alpharasant sortiert automatisch Kopie für Kopie, bis zu 50 Blatt pro Fach. Ob A4 oder A3, der 20-Fach-Sorter ist für beide Formate gerüstet.

Die Kopienqualität ist gut, da scharfe Kopien mit sehr guter Halbtonfähigkeit und sehr gut wiedergegebenen weißen und guten schwarzen Flächen erzeugt werden, die sich als radierfest erweisen. Bei Bildmontagen sind Klebestellen nur auf einer Seite erkennbar.

Die monatliche Miete beträgt 1.400 DM. In diesem Preis sind 15.000 Freikopien enthalten, jede darüber hinausgehende Kopie muß mit 5 Pfg. bezahlt werden. Für den Sorter beträgt die Monatsmiete 100 DM/Monat.

Prospekt "REPROEXAKT"

Der Kopierer Reproexakt erstellt 50 DIN-A4-Kopien in der Minute und benötigt 7,6 Sekunden für die erste Kopie. Jede Kopie wird über einen automatischen Einzug, der 50 Blätter aufnehmen kann und auch doppelseitig bedruckte Vorlagen berücksichtigt - hier sind die Formate von DIN A2 bis DIN A5 und Papiergewichte von 60-90 g/m² möglich - auf ein einfaches, weißes oder farbiges Papier gebracht. Wenn die Anlage morgens angeschaltet wird, ist sie schon nach 4 Minuten kopierbereit.

Sämtliche Bedientasten und Leuchtanzeigen sind auf dem Kontrollpult übersichtlich angeordnet. Leuchtziffern zeigen an, wieviel Drucke erstellt worden sind und Leuchtschriften halten über das jeweilige Stadium des Kopiervorganges auf dem laufenden. Vielseitig und doch leicht zu bedienen ist beim Reproexakt selbstverständlich. Die Drucktasten sind unverwechselbar beschriftet, so daß auch Ungeübte schnell mit ihnen vertraut sind. Die Kopien können auf alle Formate von DIN A3 bis DIN A5 erfolgen, wobei die Papiergewichte von 60-80 g/m zulässig sind. Die Ausgabe erfolgt in einem 20-Fach-Sorter, in dem jedes Fach 50 Kopien aufnimmt.

Das Gerät verfügt über drei Papierbehälter, von denen zwei 600 Blätter aufnehmen können und der dritte 1100 Blätter vom Format DIN A4. Das Gerät ist in der Lage, maßgenau - die Abweichung beträgt max. ± 1 % zu verkleinern und zu vergrößern und zwar in 1%-Schritten von 64 % bis 141 %. Außerdem ist es möglich, bei Berichten automatisch Deckblätter und Zwischenblätter einzufügen.

Das Gerät hat eine Höhe von 1230 mm, verursacht Arbeitsgeräusche von 63 dB(A), kann an das normale Wechselstromnetz mit 220 Volt angeschlossen werden, wenn es mit 16 Ampere abgesichert ist. In Betrieb benötigt es 2,2 kW und im Bereitzustand 0,266 kW. Eine Generalwartung ist nach 65.000 Kopien erforderlich. Da das Papier einen relativ langen Weg durch den Automaten zurücklegt, treten häufiger Bedienstörungen auf, die von den dafür zuständigen Bürokräften nicht immer problemlos beseitigt werden können, allerdings ist der Wartungsdienst nach weniger als vier Stunden zur Stelle, er arbeitet zufriedenstellend.

Die Kopienqualität ist befriedigend, da scharfe Kopien mit guter Halbtonfähigkeit, zufriedenstellend wiedergegeben und die weißen und schwarzen Flächen gut erzeugt werden; sie erweisen sich als radierfest. Bei Bildmontagen sind Klebestellen nur auf einer Seite erkennbar.

Die gute Kopienqualität ist auch auf das automatische Belichtungssystem zurückzuführen, das in sechs Stufen übersteuert werden kann.

Bestimmte, immer wiederkehrende Kopieraufgaben können abgespeichert werden und sind auf Knopfdruck wiederholbar, insgesamt können neun verschiedene Programme gespeichert werden. Natürlich kann jeder Kopierauftrag unterbrochen werden, um Papier nachzufüllen oder einen kleineren Kopierauftrag zwischenzuschieben.

Jede angefertigte Kopie wird automatisch gezählt und kann nach Benutzern oder Kostenstellen registriert werden.

Der Reproexakt ist extrem preisgünstig, er kostet 1.205 DM/Monat, zzgl. 95 DM/Monat für den Sorter. In diesem Preis sind 15.000 Kopien eingeschlossen, jede weitere Kopie kostet nur noch 3,7 Pfg.

Prospekt "COPYQUICK"

Der Copyquick liefert Ihnen kontrastscharfe Kopien mit guter Halbtonfähigkeit und gut wiedergegebenen weißen und schwarzen Flächen. Die Kopien sind radierfest, bei Bildmontagen sind Klebestellen nur auf einer Seite erkennbar. Seine Leistung liegt bei ca. 55 Kopien pro Minute. Genau dann richtig, wenn der Bedarf zwischen 5.000 und 50.000 Kopien pro Monat liegt. Die erste Kopie kommt bereits nach 4,5 Sekunden. Dieser Kopierautomat entstand aus der Notwendigkeit, die teuren Fehlzeiten zu vermeiden, die bei einfachen Kopiergeräten oftmals durch Reinigung, Wartung oder sonstigen Ausfall entstehen. Beim Copyquick muß eine Generalwartung nur alle 100.000 Kopien vorgenommen werden. Der Wartungsservice ist nach zwei, spätestens nach drei Stunden zur Stelle, die Wartung ist zufriedenstellend. Kleinere Störungen, die von Büromitarbeitern eigenständig behoben werden können, werden auf einer besonderen Anzeigetafel exakt angezeigt. Das Gerät kann an normalen Wechselstrom, der mit 16 Ampere abgesichert ist, angeschlossen werden, es hat eine Arbeitshöhe von 1133 mm, sein Arbeitsgeräusch beträgt 59,5 dB(A). Das Gerät arbeitet aus drei Papierkassetten, die 2500 DIN-A4-Kopien bzw. 250 Kopien DIN A3 bis DIN A5 enthalten. Das Papier sollte ein Gewicht von 60-90 g/m^2 haben.

Die Handhabung des Copyquick ist denkbar einfach, die Eingabe einzelner Papiervorlagen wird durch einen automatischen Papiereinzug, der bis zu 50 Kopien vom Stapel mit den Formaten von DIN A5 bis DIN A3, mit einem Papiergewicht von 50-105 g/m^2 verarbeiten kann, erleichtert. Die fertigen Kopien werden auf der linken Seite des Gerätes in einen 25-Fach-Sorter, wobei jedes Sorterfach 50 Blätter aufnimmt, ausgegeben. Das Bedienpult mit einem gut ablesbaren Leuchtzählwerk ist so gut übersichtlich gestaltet, so daß Bedienfehler kaum möglich sind; falls dort einmal ein Problem auftritt, weist der Copyquick durch ein Leuchtdisplay selbst daraufhin, wie es zu beseitigen ist.

Das Gerät kann bis auf 64 % verkleinern und auf 142 % vergrößern und zwar stufenlos in 1%-Schritten, wobei die Maßstabstreue ±1 % beträgt.

Während des Betriebes benötigt der Copyquick 1,38 kW, im Betriebszustand nur 0,482 kW; wenn die Anlage angeschaltet wird, kann die erste Kopie nach 5 min angefertigt werden.

Es kann ebenfalls doppelseitig kopiert werden und wenn nötig, können die angefertigten Kopien auch kostenstellenweise gezählt werden; das automatische Belichtungssystem kann in 9 Stufen übersteuert werden.

Bei aller technischer Perfektion liegt der Kopierpreis innerhalb vergleichbarer Grenzen: Er beträgt 4,3 Pfg/Kopie. Hinzukommen eine monatliche Miete von 675,-- DM für das Gerät und 95,-- DM/Monat für den Sorter. Auf den Gesamtpreis werden 20 % Rabatt gewährt.

Mit den Wertetabellen und Wertefunktionen und den Angaben aus den Prospekten kann der sich anschließende Schritt der Bewertung leicht vollzogen werden. Die Ermittlung der Nutzwerte wird somit zur einfachen Rechenaufgabe, die sich mit einem Personalcomputer oder einem Taschenrechner unschwer erledigen läßt. Das Ergebnis ist in Bild 147 wiedergegeben.

Aus dieser Tabelle erkennt man, daß der Alpharasant den höchsten Nutzwert mit 3,799 Punkten hat. Er hat das gesetzte Ziel mit 3,793/5,00 entsprechend 75,9 % erfüllt und kommt an die erste Stelle der Rangfolgenskala. Copyquick erhält den zweiten Rang mit 3,648 Nutzwertpunkten entsprechend einer Zielerfüllung von 73,0 %, während Reproexakt mit 3,319 Nutzwertpunkten und einer Zierfüllung von 66,4 % den dritten Platz erreicht.

Zwei Alternativen liegen in ihrem Nutzwert sehr dicht beieinander; Reproexakt ist jedoch deutlich "abgeschlagen".

Als nächstes werden die Alternativen auf die Erfüllung der Hauptziele hin untersucht. Bild 148 zeigt, daß Alpharasant dem Copyquick bzgl. der Leistungsfähigkeit überlegen ist. Dies ist auf eine höhere Kopiergeschwindigkeit, eine größere Flexibilität bei den Papiergewichten für den automatischen Einzug und die Fähigkeit, auch das Format A2 kopieren zu können, zurückzuführen. Bei der Handhabung sind Alpharasant und Copyquick nahezu gleichwertig. Zwar kann Alpharasant auch das Format DIN A2 bevorraten (hier liegt eine Überlappung der Bewertungskriterien vor, die sich jedoch nicht vermeiden läßt und nur auftritt, wenn das Format überhaupt nicht verfügbar ist), doch kann Copyquick diesen Nachteil durch einen größeren Papiervorrat bei dem Format DIN A4 wieder ausgleichen.

Bei der Qualität der Kopien ist Alpharasant durch die sehr gute Halbtonfähigkeit und die bessere Wiedergabe der weißen Flächen über-

Nummer	Nutzwertkriterium	Gewicht	Alpharasant Bewertungsbeschreibung	Erf.-grad	Nutz-wert	Reproexakt Bewertungsbeschreibung	Erf.-grad	Nutz-wert	Copyquick Bewertungsbeschreibung	Erf.-grad	Nutz-wert
1.	LEISTUNGSFÄHIGKEIT				1,398			1,168			1,264
1.1	Kopiergeschwindigkeit										
1.1.1	Vorwärmzeit	0,006	4,5 min	1,80	0,010	4,8 min	1,60	0,009	5,0 min	1,40	0,008
1.1.2	Zeit bis zur ersten Kopie	0,052	4,0 sec	3,65	0,190	7,6 sec	2,00	0,104	4,5 sec	3,40	0,177
1.1.3	DIN A4 - Kopien / min	0,058	62	4,80	0,277	50	4,00	0,231	55	4,50	0,260
1.2	Vorlagen										
1.2.1	zul. Formate der Vorlagen autom. Einzug	0,030	B 5, A5, A4, A3, A2	5,00	0,148	B 3, A5, A4, A3, A2	5,00	0,148	B 3, A5, A4, A3, A2	4,00	0,119
1.2.2	Fassungsvermögen (Einzug)	0,007	50	4,90	0,036	50	4,90	0,036	50	4,90	0,036
1.2.2.1	zul. Papiergewichte d. Vorlagen	0,004	50 - 200 g / m	5,00	0,018	60 - 90 g / m	1,50	0,005	50 - 105 g / m	2,50	0,009
1.2.2.2	Einzugsautomatik	0,025	autom. v. St., dopp.	5,00	0,127	autom. v. St., dopp.	5,00	0,127	autom. v. St., dopp.	5,00	0,127
1.2.2.3	Ausgabe										
1.3	zul. Papiergewichte (Ausgabe)	0,010	50-120 g / m	1,50	0,015	60-80 g / m	1,00	0,010	60-90 g / m	1,50	0,015
1.3.1	Sorter										
1.3.2	Sortergröße	0,035	20	2,00	0,069	20	2,00	0,069	25	2,50	0,087
1.3.2.1	Sorteraufnahme	0,015	50	4,10	0,061	50	4,10	0,061	50	4,10	0,061
1.3.2.2.	zul. Formate (Ausgabe)	0,040	A5 - A2	5,00	0,198	A5 - A3	3,00	0,119	A5 - A3	3,00	0,119
1.3.3	Maßstabwählbarkeit	0,040	65 - 141 %, i. 1%	5,00	0,198	64 - 142 %, i. 1%	5,00	0,198	64 - 142 %, i. 1%	5,00	0,198
1.4	Kostenstellenzähler	0,010	ja	5,00	0,050	ja	5,00	0,050	ja	5,00	0,050
1.5					1,041			1,020			1,041
2.	HANDHABUNG										
2.1	Eindeutigkeit der Bedienung										
2.1.1	Bedienerführung	0,053	Displ. f. Text eind.	4,00	0,211	Displ. f. Text eind.	4,00	0,211	Displ. f. Text eind.	4,00	0,211
2.1.2	Bedienpult	0,028	gut übersichtlich	4,00	0,113	gut übersichtlich	4,00	0,113	gut übersichtlich	4,00	0,113
2.2	Papiervorrat										
2.2.1	Papiervorrat DIN A 2	0,002	250	4,50	0,010	600	5,00	0,011		0,00	0,000
2.2.2	Papiervorrat DIN A 3	0,013	250	3,00	0,040	600	5,00	0,067	250	3,00	0,040
2.2.3	Papiervorrat DIN A 4	0,020	2000	4,20	0,085	1100	2,00	0,040	2500	4,80	0,097
2.2.4	Papiervorrat DIN A 5	0,009	250	1,75	0,016	275	2,10	0,019	250	1,75	0,016
2.3	Beseitigung von Störungen	0,060	alphan. Anz.einfach	3,00	0,180	optisch. Anz.einfach	4,00	0,240	alph.u.opt Anz.einf.	4,50	0,270
2.4	doppelseitige Kopien	0,036	autom. m. Randver.	5,00	0,180	autom. v.einseit.	3,00	0,108	autom. v. doppels.	4,00	0,144
2.5	Ergonomie										
2.5.1	Höhe	0,022	1060 mm	4,30	0,093	1230 mm	2,90	0,063	1133 mm	3,80	0,082
2.5.2	Lautstärke	0,022	52 dB(A)	3,50	0,076	63 dB(A)	1,25	0,027	59,5 dB(A)	1,90	0,041

			0,022	52 dB(A)	3,50	0,076	63 dB(A)	1,25	0,027	59,5 dB(A)	1,90	0,041
2.5.2	Lautstärke											
2.5.3	Wärmeabgabe			1,98 kW	1,25	0,012	2,20 kW	0,75	0,007	1,38 kW	2,65	0,026
2.5.3.1	Wärmeabgabe (Betrieb)		0,010	0,51 kW	0,80	0,001	0,266 kW	2,90	0,003	0,482 kW	1,05	0,001
2.5.3.2	Wärmeabgabe (Bereitzustand)		0,001	nicht möglich	0,00	0,000	9 Programme	4,50	0,040	nicht möglich	0,00	,0000
2.6	Kopierprogramme		0,009	ja	4,00	0,024	ja	4,00	0,024	nicht möglich	0,00	0,000
2.7	Programmunterbrechung		0,006	nicht möglich	0,00	0,000	autom. v.u.h.	5,00	0,045	nicht möglich	0,00	0,000
2.8	Deckblattprogramm		0,009			1,158			0,946			1,083
3	QUALITÄT DER KOPIE											
3.1	Abbildungsgüte		0,066	scharf	4,00	0,265	scharf	4,00	0,265	scharf	4,00	0,265
3.1.1	Abbildungsschärfe		0,047	sehr gut	5,00	0,236	zufriedenstellend	3,00	0,142	gut	4,00	0,189
3.1.2	Halbtonfähigkeit		0,019	Klebest. a. e. Seite	3,00	0,057	Klebest. a. e. Seite	3,00	0,057	Klebest. a. e. Seite	3,00	0,057
3.1.3	Bildmontage		0,028	sehr gut	5,00	0,142	gut	4,00	0,113	gut	4,00	0,113
3.1.4	Güte der weißen Flächen		0,028	gut	4,00	0,113	zufriedenstellend	3,00	0,085	gut	4,00	0,113
3.1.5	Güte der schwarzen Flächen		0,022	fest	4,00	0,086	fest	4,00	0,086	fest	4,00	0,086
3.2	Festigkeit des Drucks		0,040	autom. 9 Stufen	5,00	0,202	autom. 6 Stufen	3,50	0,142	autom. 9 Stufen	5,00	0,202
3.3	Belichtungssystem		0,019	± 1 %	3,00	0,057	± 1 %	3,00	0,057	± 1 %	3,00	0,057
3.4	Maßstabtreue					0,200			0,165			0,274
4.	SERVICE											
4.1	Schnelligkeit der Wartung		0,040	3 Stunden	1,00	0,040	4 Stunden	0,00	0,000	2,5 Stunden	2,00	0,080
4.2	Qualität der Wartung		0,040	zufriedenstellend	3,00	0,120	zufriedenstellend	3,00	0,120	zufriedenstellend	3,00	0,120
4.3	Häufigkeit von Generalwartungen		0,020	alle 60.000	2,00	0,040	alle 65.000	2,25	0,045	alle 100.000	3,70	0,074
Nutzwert						3,797			3,299			3,662
Rangfolge aus dem Nutzwert						1			3			2
Kosten bei 20.000 Kopien (DM / Monat)				1750 DM / mon=8,75 Pfg./ Kopie			1485 DM / mon=7,43 Pfg./ Kopie			1304 DM / mon=6,52 Pfg./ Kopie		
Rangfolge aus den Kosten						3			2			1

Bild 147. Bewertungstabelle zur Ermittlung der Nutzwerte und Festlegung der Rangfolge für das Beispiel "Auswahl einer Kopiermaschine".

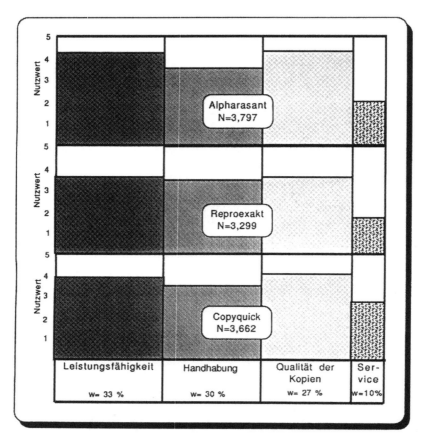

Bild 148. Darstellung der Teilnutzwerte für das Beispiel "Auswahl einer Kopiermaschine".

legen, während Alpharasant beim Service Schwächen gegenüber Copyquick zeigt.

6.1.3 Kostenanalyse

Aus den Prospekten können die einzelnen Kostenpositionen der drei Alternativen entnommen werden. Sie sind in Bild 149 wiedergegeben. Copyquick hat den niedrigsten Kopienpreis; je mehr Kopien pro Monat gemacht werden, um so größer wird der Kostenvorteil dieses Gerätes gegenüber den beiden anderen Alternativen.

Kostenkriterien	Dimension	Alpharasant	Reproexakt	Copyquick
monatliche Miete	DM / Monat	1.400	1.205	540
Freikopien/Monat	Stück / Monat	15.000	15.000	0
Kosten für zusätzl. Kopien	Pfg. / Monat	5,00	3,70	3,44
Miete für den Sorter	DM / Monat	100	95	76
monatl. Kosten bei 20.000 Kopien/Mon.	DM / Monat	1.750	1.485	1.304
Kosten pro Kopie b. 20.000 Kopien/Mon.	Pfg. / Kopie	8,75	7,43	6,52
Rangfolge der Kosten		3	2	1

Bild 149. Ermittlung der Kosten für das Beispiel "Auswahl einer Kopiermaschine".

6.1.4 Nutzwert-Kosten-Vergleich

Das Nutzwert-Kosten-Diagramm ist in Bild 150 wiedergegeben. Es wird deutlich, daß Reproexakt ausscheidet, da die Kosten höher sind und der Nutzen geringer ist als beim Copyquick.

Die Auswahlentscheidung ist nun nur noch zwischen Alpharasant und Copyquick zu fällen. Die Frage lautet hier: Ist der Mehrpreis von 2,23 Pfg./Kopie, was bei 20.000 Kopien/Monat 446,-DM/Monat entspricht, für den Mehrnutzen aus höherer Kopiergeschwindigkeit von 7 Kopien/ Minute, der Fähigkeit DIN A2 zu kopieren und den qualitativ besseren Kopien bei etwas schlechterem Service gerechtfertigt?

Für den Fall, daß die Kosten einen sehr hohen Stellenwert haben, wird das Unternehmen sich für den Copyquick entscheiden, da dieser nur 0,135 Nutzwertpunkte hinter dem Alpharasant liegt. Diese Entscheidung wird auch unterstützt durch den (höchsten) Nutzwert-Kosten-Quotienten des Copyquick. (Bild 151).

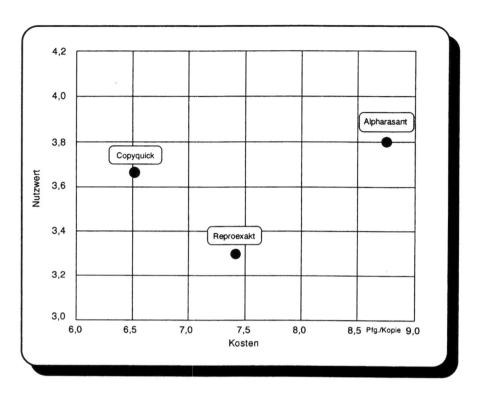

Bild 150. Nutzwert-Kosten-Diagramm für die "Auswahl einer Kopiermaschine".

		Alpharasant	Reproexakt	Copyquick
Nutzwert	Punkte	3,797	3,299	3,662
Kosten	DM	8,75	7,430	6,52
Nutzwert/Kosten	Punkte/DM	0,434	0,444	0,562

Bild 151. Nutzwert-Kosten-Quotient für die "Auswahl einer Kopiermaschine".

Für den Fall jedoch, daß man den Vorteilen des Copyquick bei den immerhin für sehr wichtig beurteilten Zielkriterien einen sehr hohen Stellenwert zumißt, wird man bereit sein, hierfür 2,23 Pfg/Kopie mehr zu zahlen. Man muß sich bei einer solchen Entscheidung bewußt sein, daß man für einen relativ geringen Mehrnutzen überproportionale Mehrkosten hat, wie aus dem Nutzwert-Quotienten-Verhältnis zu sehen ist.

7 Rahmenschema für die Nutzwert-Kosten-Analyse

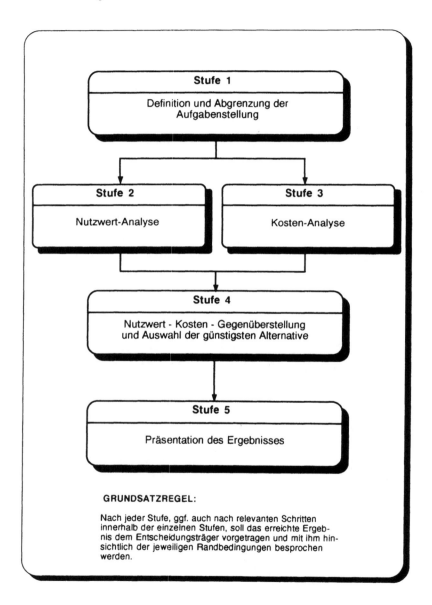

STUFE 1: DEFINITION U. ABGRENZUNG DER AUFGABENSTELLUNG

SCHRITT 1:	DEFINITION DER AUFGABENSTELLUNG
Schritt 2 :	Festlegen der "Unabdingbaren Forderungen"

TEILSCHRITTE :

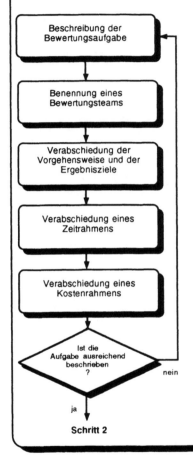

REGELN :

1. Die Aufgabenstellung muß eindeutig beschrieben und mit den Beteiligten abgestimmt sein.

2. Um bei komplexen Bewertungssituationen die Meinungen aller Beteiligten berücksichtigen zu können, soll ein Bewertungsteam benannt werden.

3. Dieses Team soll Vorgehensweise, Art und Umfang des Ergebniszieles, sowie Zeitrahmen und Kostenrahmen definieren und verabschieden (Planung der Bewertung).

4. Für den Fall, daß das Bewertungsteam das Bewertungsergebnis einer vorgesetzten Instanz zur Zustimmung bzw. Entscheidung vorlegen muß, soll der Plan mit dieser Instanz abgestimmt werden.

STUFE 1 : DEFINITION U. ABGRENZUNG DER AUFGABENSTELLUNG

Schritt 1:   Definition der Aufgabenstellung
SCHRITT 2: FESTLEGEN DER UNABDINGBAREN FORDERUNGEN

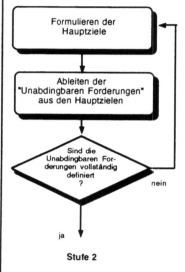

TEILSCHRITTE :

- Formulieren der Hauptziele
- Ableiten der "Unabdingbaren Forderungen" aus den Hauptzielen
- Sind die Unabdingbaren Forderungen vollständig definiert ?
  - nein → (zurück zu Formulieren der Hauptziele)
  - ja ↓
- Stufe 2

REGELN :

1. Die Ziele, die unbedingt erfüllt sein müssen, werden als "Unabdingbare Forderungen" zusammengestellt.

2. Diese "Unabdingbaren Forderungen" werden unterschieden in
   - Nutzwertforderungen
   - Kostenforderungen

STUFE 2 : NUTZWERT-ANALYSE

1. SCHRITT : AUFSTELLEN DES ZIELSYSTEMS
2. Schritt : Gewichtung
3. Schritt : Aufstellen der Wertetabellen und Wertefunktionen
4. Schritt : Offenlegung und Bewertung der Alternativen
5. Schritt : Berechnung der Nutzwerte und Ermittlung der Rangfolge
6. Schritt : Empfindlichkeits - Analyse
7. Schritt : Darstellung der Nutzwert-Analyse-Ergebnisse

TEILSCHRITTE :

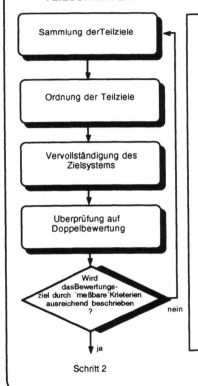

REGELN :

1. Das Aufstellen des Zielsystems soll im Team durchgeführt werden.

2. Die Teilziele werden gesammelt hierarchisch geordnet.

3. Alle untergeordneten Ziele müssen logische Elemente ihres Oberbegriffs sein und diese möglichst vollständig beschreiben.

4. Die Ziele einer horizontalen Ebene sollen in etwa die gleiche Wichtigkeit aufweisen.

5. Ein Oberziel soll weniger als acht Unterziele haben.

6. Die Zielhierarchie soll nicht mehr als vier Ebenen aufweisen.

7. Die Ziele der untersten Ebene (Kriterien) sollen weitgehend meßbar sein.

8. Überschneidungen der Ziele müssen vermieden werden.

9. Kosten dürfen in der Zielhierarchie nicht erscheinen.

STUFE 2 : NUTZWERT-ANALYSE

1. Schritt: Aufstellen des Zielsystems
2. SCHRITT: GEWICHTUNG
3. Schritt: Aufstellen der Wertetabellen und Wertefunktionen
4. Schritt: Offenlegung und Bewertung der Alternativen
5. Schritt: Berechnung der Nutzwerte und Ermittlung der Rangfolge
6. Schritt: Empfindlichkeits - Analyse
7. Schritt: Darstellung der Nutzwert - Analyse - Ergebnisse

TEILSCHRITTE:

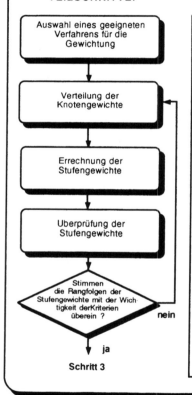

REGELN:

1. Die Gewichtung soll im Team erfolgen.
2. Bei einfachen Zielsystemen können alle Kriterien der untersten Ebene direkt gewichtet werden.
3. Bei komplexen Zielsystemen gewichtet man zweckmäßigerweise stufenweise von oben nach unten.
4. Zur Objektivierung der Gewichtung können formale Gewichtungsverfahren zur Anwendung gebracht werden.
5. Liegen unterschiedliche Gewichte von verschiedenen Personen vor, so werden diese gemittelt; bei großen Unterschieden muß mit jedem einzelnen Gewichtungssystem ein diesbezügl. Nutzwert errechnet werden.
6. Die unter einem Ziel zusammengefaßten Teilziele oder Kriterien sollen gegeneinander gewichtet werden (Knotengewichte).
7. Durch Multiplikation aller Knotengewichte der vertikal über einem Kriterium liegenden Teilziele erhält man dessen Stufengewicht.
8. Die Summe der Gewichte der zu einem Oberziel gehörenden Teilziele (Knotengewichte) muß 100 % sein; ebenso ist die Summe aller Stufengewichte 100 %.
9. Abschließend sollen die Kriterien des Zielsystems in eine Rangfolge ihrer Gewichte gebracht werden, damit eine Plausibilitätsprüfung durchgeführt werden kann.

STUFE 2 : NUTZWERT - ANALYSE

1. Schritt : Aufstellen des Zielsystems
2. Schritt : Gewichtung
3. SCHRITT : AUFSTELLEN DER WERTETABELLEN UND WERTEFUNKTIONEN
4. Schritt : Offenlegung und Bewertung der Alternativen
5. Schritt : Berechnung der Nutzwerte und Ermittlung der Rangfolge
6. Schritt : Empfindlichkeits - Analyse
7. Schritt : Darstellung der Nutzwert - Analyse - Ergebnisse

TEILSCHRITTE :

- Festlegen der Skalierung
- Aufstellen der Wertetabellen bei nicht quantifizierbaren Kriterien
- Aufstellen der Wertefunktionen bei quantifizierbaren Kriterien
- Sind für alle Kriterien Wertetabellen oder -funktionen vorhanden ? — nein
- ja → Schritt 4

REGELN :

1. Die Aufstellung der Wertetabellen und Wertefunktionen soll im Team vorgenommen werden.
2. Wertetabellen und -funktionen sollen vor der Offenlegung der Alternativen festgelegt werden.
3. Um eine transparente Vergabe von Erfüllungsgraden zu erzielen, sollte die Skala nicht mehr als zehn und nicht weniger als fünf Punkte aufweisen.
4. Steigender Nutzen muß durch steigende Erfüllungsgrade gekennzeichnet werden.
5. Innerhalb einer Bewertung muß für alle Transformationen von Eigenschaften in Erfüllungsgrade gleiche Skalenbreite und -richtung vorgesehen werden.
6. Nutzentheoretische Abhängigkeiten müssen berücksichtigt werden.
7. Nutzwert-Kosten-Abhängigkeiten müssen berücksichtigt werden.
8. Es muß jeweils festgelegt werden, welche Werte die Eigenschaften minimal und maximal erreichen sollen.
9. Es dürfen keine Wertefunktionen und -tabellen festgelegt werden, bei denen der niedrigste und der höchste Wert für die schlechteste bzw. beste Zielerfüllung unter den Alternativen vergeben wird.
10. Bei der Aufstellung der Wertetabellen sollen " Ja-Nein-Entscheidungen nach Möglichkeit vermieden werden.

STUFE 2 : NUTZWERT - ANALYSE

1. Schritt :   Aufstellen des Zielsystems
2. Schritt :   Gewichtung
3. Schritt :   Aufstellen der Wertetabellen und Wertefunktionen
4. SCHRITT :   OFFENLEGUNG UND BEWERTUNG DER ALTERNATIVEN
5. Schritt :   Berechnung der Nutzwerte und Ermittlung der Rangfolge
6. Schritt :   Empfindlichkeits - Analyse
7. Schritt :   Darstellung der Nutzwert - Analyse - Ergebnisse

TEILSCHRITTE :

- Offenlegung der Alternativen
- Prüfung der Alternativen auf Erfüllung der unabdingbaren Forderungen
- Bewertung nach Wertetabellen und Wertefunktionen
- Sind alle Alternativen vollständig bewertet ?
  - ja → **Schritt 5**
  - nein → Beschaffung der noch fehlenden Unterlagen

REGELN :

1. Die Alternativen dürfen erst nach der Durchführung der ersten drei Ablaufschritte bestimmt und offengelegt werden.
2. Die Alternativen, die eine oder mehrere unabdingbare Forderungen nicht erfüllen, sind von der weiteren Bewertung auszuschließen.
3. Quantifizierbare Eigenschaften werden anhand der Wertefunktionen (in Einzelarbeit) bewertet.
4. Nicht quantifizierbare Eigenschaften sollen im Team bewertet werden; dabei soll nach Möglichkeit durch einen kurzen Kommentar erläutert werden, warum man welche Punktzahl vergeben hat.
5. Unterschiedliche Erfüllungsgrade von mehreren Gruppenmitgliedern werden gemittelt.
6. Abweichende Meinungen soll einer Empfindlichkeitsanalyse unterzogen werden.

STUFE 2 : NUTZWERT - ANALYSE

1. Schritt :   Aufstellen des Zielsystems
2. Schritt :   Gewichtung
3. Schritt :   Aufstellen der Wertetabellen und Wertefunktionen
4. Schritt :   Offenlegung und Bewertung der Alternativen
5. SCHRITT :   BERECHNUNG DER NUTZWERTE UND ERMITTLUNG D. RANGFOLG
6. Schritt :   Empfindlichkeits - Analyse
7. Schritt :   Darstellung der Nutzwert - Analyse - Ergebnisse

TEILSCHRITTE :

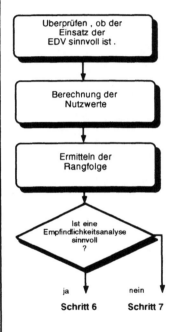

REGELN :

1. Der Nutzwert wird wie folgt errechnet:
   a) Multiplikation der Stufengewichte der Zielkriterien mit deren Erfüllungsgraden.
   b) Addition der so ermittelten Nutzwerte aller Zielkriterien, die unter einem Oberziel zusammengefaßt sind, und zwar ebenenweise solange, bis der Gesamtnutzwert errechnet ist.

2. Die Alternativen werden in eine Rangfolge gebracht, wobei die Alternative mit dem höchsten Nutzwert den ersten Rang erhält.

3. Die EDV wird für die Berechnung der Nutzwerte zweckmäßigerweise dann eingesetzt, wenn das Produkt aus der Anzahl der Alternativen und der Anzahl der Kriterien größer 100 ist.

4. Herrscht Unsicherheit über die Richtigkeit der Ergebnisse oder liegen die Nutzwerte der besten Alternativen sehr dicht beieinander, soll eine Empfindlichkeitsanalyse durchgeführt werden.

STUFE 2 : NUTZWERT - ANALYSE

1. Schritt : Aufstellen des Zielsystems
2. Schritt : Gewichtung
3. Schritt : Aufstellen der Wertetabellen und Wertefunktionen
4. Schritt : Offenlegung und Bewertung der Alternativen
5. Schritt : Berechnung der Nutzwerte und Ermittlung der Rangfolge
6. SCHRITT : EMPFINDLICHKEITSANALYSE
7. Schritt : Darstellung der Nutzwert - Analyse - Ergebnisse

TEILSCHRITTE :

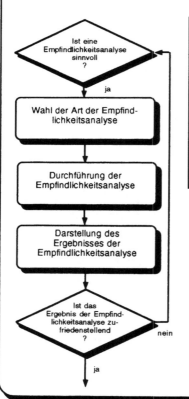

REGELN :

1. Wenn bei den Gewichten, Wertefunktionen oder Wertetabellen erheblich unterschiedliche Meinungen aufgetreten sind, sind Empfindlichkeitsanalysen sinnvoll.
2. Soweit verschiedene Empfindlichkeitsanalysen durchzuführen sind, mussen diese einzeln erfolgen.
3. Empfindlichkeitsanalysen aufgrund der Gewichtung sind nur auf der obersten Ebene der Zielhierarchie zweckmäßig.
4. Für die Durchführung von Empfindlichkeitsanalysen ist der Einsatz der EDV sinnvoll.

STUFE 2 : NUTZWERT - ANALYSE

1. Schritt : Aufstellen des Zielsystems
2. Schritt : Gewichtung
3. Schritt : Aufstellen der Wertetabellen und Wertefunktionen
4. Schritt : Offenlegung und Bewertung der Alternativen
5. Schritt : Berechnung der Nutzwerte und Ermittlung der Rangfolge
6. Schritt : Empfindlichkeits - Analyse
7. SCHRITT : DARSTELLUNG DER NUTZWERT-ANALYSE-ERGEBNISSE

TEILSCHRITTE :

- Nennung der Rangfolge der Alternativen
- Beurteilung der Ergebnisse anhand ausgewählter teilnutzwerte
- Analyse der Unterschiede der wichtigsten Kriterien
- Auswahl und Anwendung einer geeigneten Darstellungsmethode

Ist das Ergebnis ausführlich begründet und übersichtlich dargestellt ?

nein

ja
Stufe 3

REGELN :

1. Die Rangfolge der Alternativen ist indikativ für das Gesamtergebnis der Nutzwert - Analyse.
2. Insbesondere dann,
   - wenn die Alternativen mit den höchsten Rangziffern in ihren Nutzwerten sehr dicht beieinanderliegen oder
   - wenn sich bei der Empfindlichkeitsanalyse die Rangfolgen verschieben,
   sollen die Alternativen in ihren einzelnen Nutzwertbeiträgen verglichen werden.
3. Eine Einzelanalyse von Unterschieden erfolgt zweckmäßigerweise bei den wichtigsten A-Kriterien nach dem Prinzip der ABC - Analyse.
4. Das Ergebnis wird dann in einer geeigneten graphischen Form dargestellt, damit die Unterschiede deutlicher werden und leichter interpretiert werden können.

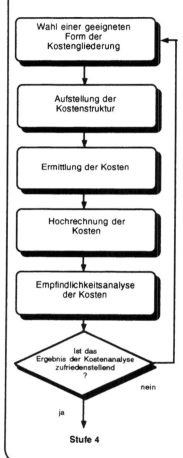

STUFE 4 : NUTZWERT - KOSTEN - GEGENÜBERSTELLUNG

TEILSCHRITTE :

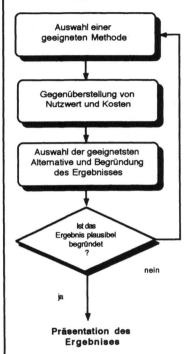

REGELN :

1. Nutzwerte und Kosten sollen nicht in irgendeiner Weise zusammengefaßt werden, weil hierdurch die Transparenz der Nutzwert-Kosten-Analyse verloren geht.
2. Es ist zweckmäßig, die Rangfolgen der Alternativen bei den Nutzwerten und den Kosten jeweils gesondert auszuweisen und den N/K-Quotienten zu ermitteln; hierdurch bleibt das Beurteilungsergebnis transparent.
3. Eine sehr übersichtliche Darstellungform des Nutzwert-Kosten-Analyse-Ergebnisses ist das Nutzwert-Kosten-Diagramm.
   Bei der Auswahlentscheidung mittels N/K-Diagramm muß die Frage beantwortet werden, ob man bereit ist, für einen bestimmten Mehrnutzen die entsprechenden Mehrkosten aufzuwenden.
4. Eine ergänzende Aussage kann durch die Bestimmung des Kostenvorteils auf dem Markt erreicht werden.
5. Die Auswahl bzw. der Vorschlag müssen plausibel begründet werden.

STUFE 5 : PRÄSENTATION DES ERGEBNISSES

TEILSCHRITTE :

REGELN :

1. Das Bewertungsergebnis muß in einem Abschlußbericht dokumentiert werden, der dem Entscheidungsträger zur Zustimmung vorgelegt wird.
2. Ebenso wichtig wie ein klarer und logischer Aufbau des Berichts ist auch eine optisch übersichtliche Darstellungsform.
3. Die Einzelschritte und ihre Ergebnisse sollten zum besseren Verständnis erläutert werden.
4. Die Auswahlempfehlung muß plausibel begründet werden; tendenziöse Aussagen sind zu vermeiden.
5. Der Abschlußbericht muß vom gesamten Bewertungsteam verabschiedet werden (Konsensnachweis).
6. Der Abschlußbericht soll - insbesondere wenn er eine Auswahlempfehlung gibt - im Rahmen einer abschließenden Projektbesprechung vorgetragen und erläutert werden.

8 Begriffserklärungen

Benennung	Definition	Beispiel
Alternativen	Handlungs- oder Lösungsmöglichkeiten eines Entscheidungsträgers, die die Voraussetzungen und Bedingungen der Entscheidungssituation berücksichtigen	Die in Betracht kommenden Pkw's, z. B. Vectra, Audi, Ford, Golf, Passat usw.
Eigenschaft	quantifizierbares (oder qualitativ bewertbares) Kennzeichen, das eine Alternative A bei dem gegebenen Bewertungskriterium aufweist	$v_A = 180$ km/h
Erfüllungsgrad	Wertziffer, die der Bewerter einer bestimmten Eigenschaft zuordnet; auch als Zielerfüllung, Ausprägung bezeichnet	$E = 5$ bei $v = 180$ km/h lt. Wertefunktion
Forderungen	Eigenschaften, die der Bewerter mindestens (Minimalforderung) oder höchstens (Maximalforderung) verlangt	$V_{min} = x_1$ km/h $V_{max} = x_2$ km/h, lt. Wertefunktion
Gewicht	Wertziffer, die die Bedeutung eines Kriteriums für einen Entscheigungsträger angibt; auch als Gewichtsfaktor bezeichnet	z. B. 30 % bezogen auf das übergeordnete Kriterium

Kriterium	quantitativ oder qualitativ bewertbares Merkmal (Gesichtspunkt) zur Beschreibung und Bewertung von Alternativen, auch Bewertungskriterium genannt	Geschwindigkeit v (km/h)
Nutzen	subjektiver Gebrauchswert, der den Grad der Bedürfnisbefriedigung ausdrückt; der Nutzen umfaßt den monetären Bereich (Erlöse) sowie den nicht-monetären Bereich (Nutzwerte)	
Nutzwert	das Ergebnis der Nutzwert-Analyse, der Bewertung im nicht-monetären Bereich; der Gesamtnutzwert einer Alternative ist die Summe aller Nutzwertbeiträge	$N_{ges} = \sum_{i=1}^{n} w_i \cdot E_i$ z. B. $= 1{,}5 + 2 + 3$ $= 6{,}5$
Nutzwertbeitrag	der Nutzwertbeitrag jedes Kriteriums ist das Produkt aus Gewichtsfaktor und Erfüllungsgrad und gibt an, wie gut eine Alternative ein Teilziel erfüllt	$N_i = w_i \cdot E_i$ z. B. $= 0{,}3 \cdot 5 = 1{,}5$
Nutzwert-Analys	Methode zur Auswahl von Alternativen und zur Entscheidungsvorbereitung im nicht-monetären Bereich	
Nutzwert--Kosten-Analyse	Methode zur Gegenüberstellung der monetär bewerteten Aufwände und des nicht-monetär bewerteten Nutzens	

Rangfolge	gibt die Reihenfolge der nach ihrem Nutzwert geordneten Alternativen an	z. B. Alternative A steht in der Rangfolge an zweiter Stelle
Wertefunktion	stellt den Zusammenhang zwischen den Eigenschaften und den Erfüllungsgraden in Form einer Funktion dar	s. Bild 51
Wertetabelle	stellt den Zusammenhang zwischen den Eigenschaften und den Erfüllungsgraden in Form einer Tabelle dar	s. Bild 55
Zielsystem	hierarchische Auflistung der Ziele (Teilziele und Kriterien) in Form eines Strukturplans, auch als Bewertungsbaum bezeichnet	s. Bild 27

9 Schrifttum

9.1 Schrifttum zur Nutzwert-Analyse

[1] Alt, F.: Über die Meßbarkeit des Nutzens. Z. f. National-Ökonomie (1936) B. VII.

[2] Aumann, G.: Grundlegung der Theorie der analytischen Mittelwerte. München: C. H. Beck 1934; aus: Sitzungsber. d. Bayer. Akad. d. Wiss. Mathe-naturwiss., Abt. Jg. (1934), S. 45/81 (DBV 1931-35, S. 138).

[3] Balzer, H.: Nutzwertanalyse: DNC-Systemauswahl: Der Betriebsleiter, 30 (1989) 9, S. 72 - 76.

[4] Beschorner-D., Boelter-M.: Schnell am Ziel. Nutzwert von Datenträgern analysieren und bewerten vereinfacht Systemauswahl. Der Maschinenmarkt, 94 (1988) 43, S. 102 - 106.

[5] Bosse, O., Kalk, W.D.: Kenngröße zum Bewerten von Bodenbearbeitungswerkzeugen und -geräten bei experimentellen Vergleichen. Grundlagen der Landtechnik, 38 (1988) 4, S. 106 - 113.

[6] Braun, M.: Ein LAN-Projekt im Überblick. Output, Goldach, 18 (1989) 11, S. 53 - 60.

[7] Breer, U.: Auswahl und Beurteilung EDV-gestützter IPS-Systeme. FIR + IAW Forschung für die Praxis, 21 (1989) Berlin: Springer-Verlag; New-York: Springer-Verlag, S. 1 - 155,

[8] Buck, W., Pflügner, W.: Nutzwertanalytische Bewertung auenökologischer Wirkungen - Pilotstudie für eine Hochwasserschutzmaßnahme. Die Wasserwirtschaft, 81 (1991) 12, S. 578 - 584 / 586 - 587.

[9] Bühler, W., Böse, B., Geiger, M.: Nutzwertanalyse als Entscheidungshilfe für die Komplettbearbeitung. VDI-Zeitschrift, 131 (1989) 5, S. 12 - 18.

[10] Burger, R.: Methoden zur Projektauswahl in der staatlichen Forschungsplanung. Planungsforschung und Forschungsplanung. Wien: Springer Verl. 1972.

[11] Dathe, H. M.: Moderne Projektplanung in Technik und Wissenschaft. München: Carl Hanser Verl. 1971.

[12] Dornis, P.: Die Bewertung von Projekten der Forschung und Entwicklung, Betriebswirtschaftliche Forschung und Praxis (1969) Nr. 2.

[13] Dreger, W.: Bewertungsprobleme in der Praxis aus dem Bereich der Wirtschaft. Vorlesungsmanuskript Brenn punkt Systemtechnik der TU Berlin 1973.

[14] Eekhoff, J.: Nutzen-Kosten-Analyse und Nutzwertanalyse als vollständige Entscheidungsmodelle. Raumforschung und Raumordnung 31 (1973) Nr. 2.

[15] Eversheim-W., Kettner, P., Becker, T.: Erweiterung klassischer Bewertungs- und Berechnungsmethoden. Auswahlentscheidung für flexible Fertigung. Industrie-Anzeiger, 110 (1988) 53/54, S. 30 - 33.

[16] Fakiner, Hans: Verfahren der Bewertung komplexer Projektalternativen-Methodendiskussion. Battelle Inform. 21, Frankfurt/Main (1975), S. 9.

[17] Filz, B.: Fremdbezug logistischer Leistungen - eine Kooperation mit zwei Gesichtern? Make or buy für Distributionslogistikfunktionen. Zeitschrift für Logistik, 12 (1991) 4, S. 54 - 56.

[18] Fischer, L.: Spezielle Aspekte der Anwendung von Nutzwertanalysen in der Raumordnung. Raumforschung und Raumordnung Bd. 29 (1971) Nr. 2, S. 57/64.

[19] Franzius, H.: Die Auswahl aufgabengerechter innerbetrieblicher Fördermittel. VDI-Z 115 (1973) Nr. 7, S. 550/56.

[20] Fröschle, H.P., Schäfer, M.: Nutzorientierte Wirtschaftlichkeitsrechnung durch Arbeitssystemwerteermittlung. Die CIM-fähige Fabrik, Vernetzte Systeme - Ein neues Denken, 2 TZN-Kongress, Forum 3, Technol Zentrum Nord, Celle, D, 30 1-1 2 1989, (1989) Feb, S. 1 - 28.

[21] Dr. Gablers Wirtschaftslexikon - Fischer-Handbücher; Fischer Taschenbuch-Verl./Betriebswirtschaftlicher Verlag Dr. Th. Gabler.

[22] Gäfgen, G.: Zur Theorie kollektiver Entscheidung in der Wirtschaft. Jahresz. f. Nationalökonomie und Statistik Bd. 173 (1961), S. 1/50 (Theorie)

[23] Gäfgen, G.: Theorie der wirtschaftlichen Entscheidung. 2. Aufl. Tübingen: I.C.B. Mohr (Paul Siebeck) 1968.

[24] Gebhard, H.: Wertvorstellungen als Elemente der Planung. Bauwelt 12/13 (März 1968).

[25] Genschow, H., Harnisch, H.G.: Auswahl einer optimalen Werkzeugmaschine. Datenbankauswertung mit Hilfe der Nutzwertanalyse. VDI-Zeitschrift, 131 (1989) 8, S. 38 - 42.

[26] Genschow, H.: Gesichtspunkte bei der Auswahl eines Bearbeitungszentrums. VDI-Zeitschrift, 132 (1990) 9, S. 50 - 54 /57.

[27] Geschka, H., u. V. Pausewang: Die systematische Diversifikation. Batelle Inform. Frankfurt/Main (1973), S. 16.

[28] Gerhard, E., Bartz, W.J.Hrsg.: Entwickeln und Konstruieren mit System. Wege zur rationellen Lösungsfindung - 2., aktualis. u. erg. Aufl. Kontakt und Studium: Konstruktion, 51 (1988) Ehningen bei Böblingen: expert, S. 1 - 228.

[29] Haseloff, W.: Zur Methodologie und Technik der Zielplanung. Berlin: Betriebswirtschaftlicher Verl.

[30] Hattwig, P.: Ein Beitrag zur Analyse und Synthese von Antiblockiersystemen für Personenkraftwagen. Deutsche Dissertation, (1990) Okt, S. 1 - 174.

[31] Heinen, E.: Grundlagen betriebswirtschaftlicher Entscheidungen. Das Zielsystem der Unternehmen. 2. Aufl. Wiesbaden: Betriebswirtschaftlicher Verl. 1971.

[32] Henning, H.J.: Mittelwert und Streuung. Im Auftr. d. Ausschusses f. techn. Statistik im AWF. (Hrsg.: Ausschuß für wirtschaftliche Fertigung e. V., Berlin u. Frankfurt/Main) 3. Aufl. Beuth 1966 (DGQ - Dt. Ges. f. Qualität) (AWF-Techn. Stat 2/II/1) (VIB).

[33] Hirsch, V.: Bewertungsprofile bei der Planung neuer Produkte. ZfbF (1968) Nr. 5, S. 300.

[34] Hoffmann, H.J.: Alternative Formen der Nutzwertanalyse für den Ausbau des technischen Kommunikationssystems - Gutachten im Auftrag der Kommission für den Ausbau des technischen Kommunikationssystems. (KtK9-DFVLR Ber. SK 1/75 (1975).

[35] Die Befragung. Hrsg.: Kurt Holm. München: Francke. 4: Skalierungsverfahren, Panelanalyse. 1979 (Uni-Taschenbücher. 434) (DB. WV A 76/29/143).

[36] Holtmann, D.: Multidimensionale Skalierung. Methode und ihre Anwendung in den Sozialwissenschaften. Köln: Univ. Wirtschafts- u. Sozialwiss. Fak., Diss. 1974 (DB75/H=8/191).

[37] Hoyer, J., Knoblau, R.: Personalarbeit optimieren durch Per- sonalcontrolling. Personal - Mensch und Arbeit im Betrieb, Heft 7, 1989, S. 274 - 277.

[38] Huhndorf, R., Monsler, D., Passinger, H.: Nutzen von Informationen quantitativ bewerten. Teil 1: Problemstellung und theoretische Lösungskonzepte. Management Zeitschrift, 59 (1990) 4, S. 43 - 45.

[39] Kallmeyer, J.: Der Einfluß der Informationsverarbeitung auf die Wettbewerbsfähigkeit. Online '88, 11 Europäische Kongreßmesse für technische Kommunikation, Kongress 5, Informationsmanagement und Software-Strategie: Der Produktionsfaktor Information, Hamburg, D, 2-05 02 1988, 5 (1988), S. 20.6.01 - 20.6.08.

[40] Kepner, Ch. H., u. B. B. Tregoe: Management-Entscheidungen, Vorbereiten und richtig treffen. 3. Aufl. München: Moderne Industrie 1971.

[41] Klein, B.: CAD-Pflichtenheft und Nutzwertanalyse. Der Konstrukteur, 21 (1990) 4, S. 84 - 86.

[42] Koelle, H.H.: Ansätze für ein praktikables, zielorientiertes Modell der gegenwärtigen Gesellschaft. Analysen und Prognosen (1972) Nr. 22, S. 22/28 u. Nr. 23, S. 23/28.

[43] Kredel, L.: Wirtschaftlichkeit von Bürokommunikationssystemen. Eine vergleichende Darstellung. Studien zur Wirtschaftsinformatik, 3 (1988) Berlin; New York; Walter de Gruyter, S. 1 - 368.

[44] Kreft, W.: Vergleich verschiedener Bypass-Systeme in Klinkerbrennanlagen. Zement, Kalk, Gips, 43 (1990) 1, S. 20 - 25.

[45] Kunze, D.M.: Nutzwertanalyse als Entscheidungshilfe. KTBL-Bauschriften (1970) Nr. 8.

[46] Kurth, H.: Nutzwertanalyse bei der Auswahl 'optimaler' ADV-Systeme. Online Journal für Informationsverarbeitung mit OeVG, (1988) 3, S. 72 - 74.

[47] Lackes, R.: Die Nutzwertanalyse zur Beurteilung qualitativer Investitionseigenschaften. Das Wirtschaftsstudium, Heft 7, 1988, S. 385 - 386.

[48] Lowka, D.: Zum Einfluß der Gewichtung bei Bewertungen. Konstruktion 27 (1975), S. 345/47.

[49] Markmiller, R.: Strukturiertes Auswahlverfahren verhindert Fehlinvestitionen. CIM Management, 5 (1989) 3, S. 10 - 14.

[50] Majus, J.: Erfahrungen bei der Durchführung einer Nutzwertanalyse für den Entscheidungsbedarf des BMFT am Beispiel der Fernseh-Rundfunk-Versorgung. DFVLR Ber. Nr. FV-6/75 (1975).

[51] Mertens, P.: Untersuchung zur Anwendbarkeit von Expertensystemen in der Produktionstechnik. Deutsche Dissertation, (1989), S. 1 - 97.

[52] Miessen, E.: Entwicklung und Erprobung eines Auswahlverfahrens für Standardsoftware zur Produktionsplanung und -steuerung unter besonderer Berücksichtigung der Softwareanpassbarkeit. FIR + IWA Forschung für die Praxis, 25 (1989) Berlin; Springerverlag; New York; Springerverlag S. 1 - 185.

[53] Michaletz, T.: Wirtschaftlichkeit automatisierter Lager- und Transportsysteme. Vor der Investition steht die Analyse. Logistik im Unternehmen, 4 (1990) 3, S. 74 - 76.

[54] Ministerialblatt des Bundesministers der Finanzen und des Bundesministers für Wirtschaft Z 4759 (1973) Nr. 13.

[55] Moore, J. R., u. N. R. Baker: A computational analysis of an R+D project scoring model Purdue Univ.: Inst. Paper No. 205, July 1968.

[56] Morgenthal, J.: Nutzung der Datenbasen für die Bewertung von Forschungsergebnissen. Probleme und Entwicklungsrichtungen der Wissenschaftsinformation mit Sicht auf die 90er Jahre, 5 wissenschaftliches Symposium der Akademie der Wissenschaften der DDR, Goehren-Lebbin, DDR, 12 - 14 Oktober 1987, (1988), S. 346 - 350.

[57] Müller, O., Maier, H.: Von CAD zum CIM. Das Vorgehen eines mittelständischen Unternehmens mit drei Standorten. Zeitschrift für wirtschaftliche Fertigung und Automatisierung ZWF/CIM, 86 (1991) 12, S. CA 280 - CA 281/CA 283 - CA 284 (Sonderteil CAD-CAM-CIM).

[58] Nicklau, R.G.: Kostengünstige Alternative. Gestelleinheiten aus Polymerbeton. Industrie Anzeiger, 111 (1989) 70, S. 127 - 128/130/133.

[59] Olesch, G.: Analyse zur Optimierung des Personalwesens. Personal - Mensch und Arbeit im Betrieb, Heft 4, 1990, S. 140 - 147.

[60] Peters, W.P.: Die Suche nach dem ganzheitlichen Konzept. ISDN und Marketing. net - Zeitschrift für angewandete Telekommunikation, 44 (1990) 6, S. 261 - 264.

[61] Pflügner, W.: Nutzen-Analyse im Umweltschutz. Der ökonomische Wert von Wasser und Luft. Göttingen, Vandenboeck & Ruprecht, 1988, 388 S., 39 Abb., 9 Übers.

[62] Poltavec, V.K.: Eine methodische Bewertungsgrundlage zum Vergleich der Informationspotentiale von Ländern. Probleme und Entwicklungsrichtungen der Wissenschaftsinformation mit Sicht auf die 90er Jahre, 5 wissenschaftliches Symposium der Akademie der Wissenschaften der DDR, Goehren-Lebbin, DDR, 12 - 14 Oktober 1987, (1988), S. 361 - 381.

[63] Proell, E.: Organisation der Fabrikplanung - Methoden, Werkzeuge und Nutzwert. VDI-Berichte, (1991) 949, S. 85 - 107.

[64] Reuter, J. F.: Verfahren zur betriebswirtschaftlichen Entscheidung über den Forschungs- und Entwicklungsaufwand. Z. f. Betriebswirtschaft 38 (1968) Nr. 7.

[65] Ruff, J.: Kriterien der CAD-Auswahl. Der Konstrukteur, 20 (1989) 11, S. 68 - 70/72/74.

[66] Scharf,P., Weger, H.J.: Auswählen. Rechnerunterstützte Nutzwertkostenanalyse führt zum 'idealen' Roboter. Der Maschinenmarkt, 94 (1988) 11, S. 36 - 38/40.

[67] Scheller, P.: Systematische Untersuchung bisheriger Anwendungen der Nutzwertanalyse zwecks Bestimmung der Möglichkeiten und der Grenzen dieser Bewertungsmethode. Forschungsreihe Systemtechnik der TU Berlin, Ber. 2 1974.

[68] Schumann, M.: Abschätzung von Nutzeffekten zwischenbetrieblicher Informationsverarbeitung. Wirtschaftsinformatik, Heft 4, 1990, S. 307 - 319.

[69] Schwinning, S.: Mobile Roboter auf der Basis automatischer Flurförderzeuge - Technische Gestaltung. Logistik Leidfaden - Mobile Roboter, (1990) Köln: Verlag TÜV Rheinland, S. 1 - 155.

[70] Strassert, G.: Nutzwertanalyse. In: Empirische Methoden der Regionalforschung. Forschungs- und Sitzungsber. der Akademie für Raumforschung und Landesplanung (1973).

[71] Strassert, G., u. G. Turowski: Nutzwertanalyse: Ein Verfahren zur Beurteilung regionalpolitischer Projekte. Inst. f. Raumordnung, Inform. 21 (1971) Nr. 2.

[72] Thieme, M.: Entwurf einer EDV-gestützten Nutzwertfunktion, Datei, Ber. Nr. 19 (1974). Inst. der Zukunftsforsch. TU Berlin.

[73] Thum, R., Zeidler, W.: Ökonomische und soziale Wirkungen im automatisierten Betrieb. Fertigungstechnik und Betrieb, 38 (1988) 12, S. 737 - 741.

[74] Turowski, G., u. G. Strassert: Ein nutzwertanalytischer Ansatz für die Freizeit- und Fremdverkehrsplanung. Raumforschung und Raumordnung 30 (1972) Nr. 1.

[75] Wagner, M. u. D. Stromberg: Der Nutzwert von Alternativen. Zur Anwendung der Delphi-Methode in der Stadtplanung. In: Bauwelt 60 (1969) Nr. 51/52 (Stadtbauwelt Nr. 26), S. 272/74.

[76] Weishaar, G., Salka, R.: PPS-Systemvergleich über Nutzwertanalyse. Die Arbeitsvorbereitung, 25 (1988) 2, S. 57 - 60.

[77] Wiese, G.: Eine pragmatische Bewertungsmethode für militärische Führungssysteme oder Teilsysteme. Wehrtechnik (1974) Nr. 10.

[78] Wunderer, R., Sailer, M.: Personal-Controlling in der Praxis - Entwicklungsstand, Erwartungen, Aufgaben. Personalwirtschaft, Heft 4, 1988, S. 177 - 182.

[79] Zangemeister, Ch.: Nutzwertanalyse in der Systemtechnik. Eine Methodik zur multidimensionalen Bewertung und Auswahl von Projektalternativen. München: Wittemannsche Buchhandlung 1970.

[80] Zangemeister, Ch.: Nutzwertanalyse von Projektalternativen. Vorlesungsmanuskript TU Berlin, Aufbauseminar, Systemtechnik. Berlin 1969.

[81] Zangemeister, Ch.: Nutzwertanalyse von Projektalternativen, Industrielle Organisation 40 (1971) Nr. 4, S. 159/68.

[82] Zangemeister, Ch.: Bewertung von Projektalternativen - Ein Methodenvergleich. Vorlesungsmanuskript Brennpunkt Systemtechnik der TU Berlin 1973.

9.2 Schrifttum zur Kosten-Analyse

[83] VDI 3221: Wirtschaftlichkeitsberechnung in der industriellen Fertigung. Hrsg. Verein Deutscher Ingenieure. Ausg. Mai 1977.

[84] VDMA-Bw B 7: Das Rechnen mit Maschinenstundensätzen. Frankfurt: Maschinenbau-Verl.

[85] VDMA-Bw 9: Investitionsrechnung im Maschinenbau. Frankfurt: Maschinenbau-Verl.

[86] BDI: Gemeinschafts-Richtlinie für die Kosten- und Leistungsrechnung. Bundesverband der deutschen Industrie, Köln.

[87] REFA: Platzkostenrechnung. REFA-Institut, Darmstadt.

[88] LSÖ: Leitsätze für die Preisermittlung aufgrund der Selbstkosten bei Leistungen für öffentliche Auftraggeber. Bundesanzeiger, Nachdruck im Haufe-Verl., Freiburg.

[89] VOPR 30/53: Verordnung über Preise bei öffentlichen Aufträgen vom 21. Nov. 1953; Bundesanzeiger, Nachdruck im Haufe-Verl., Freiburg.

[90] LPS: Leitsätze für die Preisermittlung auf Grund von Selbstkosten. Bundesanzeiger, Nachdruck im Haufe-Verl., Freiburg.

9.3 Schrifttum zur Nutzen-Kosten bzw. Nutzwert-Kosten-Analyse

[91] Aggteleky, B.: Entscheidungsfindung bei Fabrik-Planungs-Projekten. Werkstatt und Betrieb, 121 (1988) 3, S. 174-177.

[92] Alter, U.: Kosten-Nutzen-Analysen im Gesundheitswesen. Frankfurt: Batelle-Inform. 1974.

[93] Becker, M.: Strategien und Kosten-/Nutzenaspekte. Output, Heft 6, 1990, S. 61 - 68.

[94] Betge, P.: Anforderungen an betriebswirtschaftliche Rahmenbedingungen bei Produktion an Ost-Standorten. Betriebswirtschaftliche Forschung und Praxis, 43 (1991) 2, S. 138 - 154.

[95] Dieter, R.: CIM-Investitionsplanung. Europäische Hochschul-schriften, 1098 (1990) Frankfurt/M.: Peter Lang, S. 1 - 130.

[96] Dieter, R.: Es geht doch. Wirtschaftlichkeitsnachweis für eine Investition in CIM. Industrie Anzeiger, 111 (1989) 100, S. 22/24/26.

[97] Dreger, W.: Lieferantenbewertung kann sehr lohnend sein. Management Zeitschrift. Industrielle Organisation 50 (1989) Nr. 12 S. 588-591.

[98] Eckhoff, J.: Nutzen-Kosten-Analyse der Stadtsanierung - Methoden, Theorien. Frankfurt: Peter Lang 1972.

[99] EKS (Europäische Konvention für Stahlbau): Nutzwertanalyse zur Beurteilung von Geschoßbauten im Projektstadium, (März 1978).

[100] Fack, W.: Kosten-Nutzen-Relation krankenhaushygienischer Maßnahmen. Das Krankenhaus, Heft 4, 1988, S. 160 - 164.

[101] Filz, B.: Fremdbezug logistischer Leistungen - eine Kooperation mit zwei Gesichtern? Make or By für Distributionslogistikfunktionen. Zeitschrift für Logistik, 12 (1991) 4, S. 54 - 56.

[102] Fischer R., Lorenzen, K.D.: Logistik optimieren; Wertschöpfungskette. Packung und Transport, (1990) 10, S. 39 - 40.

[103] Flemming, M., Poenitzsch, W., Roth, S.: Die Jagdt nach Kosten- und Gewichtsreduzierungen. Kosten- und Gewichtseffizienz von duroplastischen und thermoplastischen Faserverbundschichtsstrukturen. Technische Rundschau, Bern, 82 (1990) 46, S. 36 - 49.

[104] Frankenhauser, B.: Planung flexibler Montagesysteme. Planungsmethoden zur Risikominimierung bei der Konzeption komplexer Montagesysteme. Technica, Zürich, 40 (1991) 14, S. 14 - 22.

[105] Gattinger, M.: Kosten-Nutzen-Überlegungen zur Internen Revision: Die Revisionsabteilung als Objekt von Wirtschaftlichkeitsanalysen und effizienzsteigernden Maßnahmen. Berlin, Erich Schmidt Verl., 1991.

[106] Gretz, W.: Möglichkeiten der Gemeinkostensenkung. Buchführung Bilanz Kostenrechnung, Heft 16, 1988, S. 619 - 632.

[107] Hahn, E., u. E. Blobel: Entwicklung einer einheitlichen Methodik zur Durchführung von Gebrauchswert-Kosten-Analysen. Luft- und Kältetechnik (1971) Nr. 3, S. 123/28.

[108] Heinz, K., Harsch, W.: Gestaltung und Bewertung manueller Verpackungsarbeitssysteme. Untersuchung liefert Daten zur Vorgehensweise. Logistik im Unternehmen, 4 (1990) 3, S. 80 - 83.

[109] Henning, D.: Bewertung alternativer Projekte. Jahrbuch der Logistik 1990, (1990) Düsseldorf; Frankfurt: Verlagsgruppe Handelsblatt, S. 207 - 208 / 210 - 211.

[110] Hensch, M.: Nutzwert-Profil nichtquantifizierbarer Auswirkungen. Industrieanzeiger 106 (1984) Nr. 11 S. 18-19.

[111] Herbert, H.P.: Investitionen im Zehn-Jahres-Plan. Computer Persönlich, (1989) t, S. 186/188.

[112] Hoering, K.: Kosten und Nutzen des Einsatzes organisatorischer Instrumente für die Gestaltung der Bürokommunikation. VDI-Bericht, (1990) 858, S. 189 - 204.

[113] Jones, C. R.: On the Theory of Cost-Benefit-Analysis. Manuskript des 33 National ORSA/TIMS Meeting, San Francisco 1968.

[114] Jungbluth, T.: Kosten von Feuchtgetreide-Konservierungsverfahren. Landtechnik, 45 (1990 4, S. 140 - 143.

[115] Kendall, M. G.: Cost-Benefit-Analysis. London: The English Univers. Press Ltd. 1971.

[116] Kirsch, G., u. B. Rürup: Die Notwendigkeit einer empirischen Theorie des Diskontierung in der Kosten-Nutzen-Analyse öffentlicher Projekte. Z. f. die gesamte Staatswissenschaft 127 (1971).

[117] Kunzi, H.P., u. J. Kohlhas: Zur Kosten-Nutzen-Analyse in staatlicher, wissenschaftlicher und industrieller Sicht. NZZ (1967) Nr. 3553 und 3564.

[118] Liebestueckel, K.: Kosten-Nutzen-Analyse von Standardsoftware zur Instandhaltung. Zeitschrift für wirtschaftliche Fertigung und Automatisierung. Heft 11, 1989, S. 655 - 658.

[119] Ludwig, J.: Nachweis der Wirtschaftlichkeit für Fertigungsinseln und -systeme. Werkstatt und Betrieb, 124 (1991) 1, S. 37 - 39.

[120] Majus, J.: Nutzen-Kosten-Untersuchung MINEMETSAT: Beispiel für die Anpassung eines Bewertungsverfahrens. DFVLR Bericht (1978).

[121] Mertens, P., Schumann, M.: Nutzen und Nutzenabschätzung von PPS und CAX-Techniken - eine Bestandsaufnahme. PPS im Wandel, Tagungsbericht 1990, Gesellschaft für Management und Technologie, Frankfurt/M., D, 26 - 27 6 1990, (1990), München: gfmt-Verlags KG, S. 27 - 66.

[122] Meyer, C.: Über die Wirtschaftlichkeit von Informatikinvestitionen. Führen und Wirtschaften im Krankenhaus, (1988) 6, S. 30 - 32/ 34 - 35.

[123] Meyer, H.-R.: Bemerkungen zur praktischen Anwendbarkeit der Nutzen-Kosten-Analyse bei der Evaluierung komplexer Verkehrssysteme. Z. Verkehrswiss. 45 (1974) Nr. 1.

[124] Meyer, M.: Planspiel Klinikmanagement. Endergebnisse als empirische Befunde zum Thema Krankenhausbetriebsvergleich. Führen und Wirtschaften im Krankenhaus, (1988) 6, S. 30 - 32 / 34 - 35.

[125] Meyke, U.: Hilfsmittel der Verkehrsinfrastrukturplanung: Nutzen-Kosten- oder Kosten-Wirksamkeits-Analyse. Internationales Verkehrswes. 24 (1972) Nr. 4.

[126] Müller-Seitz, P.: Investitionsentscheidungen bei unsicheren Erwartungen. Fortschrittliche Betriebsführung und Industrial Engineering, 37 (1988) 1, S. 30 - 34.

[127] Müller-Seitz, P.: Wechselwirkung. Wirtschaftlichkeit und Arbeitsschutz lassen sich optimieren bei gegenseitiger Beeinflussung. Der Maschinenmarkt, 96 (1990) 28, S. 32 - 35.

[128] Müller-Seitz, P.: Was kann angewandte Betriebswirtschaftslehre für den Arbeitsschutz leisten? Die BG (Die Berufsgenossenschaft), (1989) 9, S. 570/572/574.

[129] Oesterer, D.: Optimierung der Wartung von Waffensystemen. Wehrtechnik (1973) Nr. 7, S. 265/68.

[130] Otruba, H., Pelizon, P., Manner, G., Bleier, P., Hochreiner, M.: Kosten-Nutzen-Rechnung von Universitäten: Eine Fallstudie am Beispiel der Wirtschaftsuniversität Wien. Heidelberg, Springer Verl., 1991.

[131] Pilz, B.: Kosten und Nutzen eines innerdeutschen Schienenschnellverkehrs. Batelle Information 1972.

[132] Pörsch, M.: Lagertypen im Nutzwert-Vergleich. Management-Zeitschrift io 49 (1980), Nr. 3.

[133] Preis, A,; Wirtschaftlichkeit und Wirksamkeit einer DV-Maßnahme. ÖVD 12/81 S. 16-19.

[134] Prest, A. R., u. R. Turvey: Cost-Benefit-Analysis: A. Survey. In: Surveys of Economic Theory. Vol.III. London 1967.

[135] Rauch, W.: Was nutzt Information wirklich? Cogito, Heft 2, 1991, S. 12 - 22.

[136] Recktenwald, H.C.: Nutzen-Kosten-Analyse und Programmbudget. Tübingen: J.C.B. Mohr 1970.

[137] Recktenwald, H.C.: Die Nutzen-Kosten-Analyse. Tübingen: I. C. B. Mohr 1972.

[138] Runge, G.: Telefax - Telex - Teletex. Kosten und Nutzen der elektronischen Post. Der Arbeitgeber, Heft 13/14, 1988, S. 511 - 513.

[139] Scheffels, G.: Auswahlkriterien für Kompressoren. Verfahrenstechnik, 23 (1989) 12, S. 54/56-57.

[140] Schmidbauer, G., Schmidbauer, C.: Nutzwertanalysen beim Einsatz von Diamantwerkzeugen in der Optikfertigung. Industrie Diamanten Rundschau, 24 (1990) 2, S. 88 - 93.

[141] Schneeweiss, C.: Kostenwirksamkeitsanalyse und Multi-Attributive Nutzentheorie. Wirtschaftswissenschaftliches Studium, Heft 1, 1990, S. 13 - 18.

[142] Scholz, B.: Entscheidungshilfe für PCM-Investitionen. Computerwoche 10.10.1988, S. 70-71.

[143] Speck, P.: Effiziente Personalbeurteilung. Personal - Mensch und Arbeit im Betrieb, Heft 7, 1988, S. 284 - 287.

[144] Steiner, F.: Bewertungskriterien für Büroinformationssysteme. Entscheidungshilfe für den Anwender. Online 87, 10. Europäische Kongreßmesse für Techn. Kommunikation. 4.-7.2.1988 in Hamburg, Kongreßbericht F.3.

[145] Stohler, J.: Zur Rationalen Planung der Infrastruktur. Konjunkturpolitik 11 (1956).

[146] Stohler, J.: Zur Methode und Technik der Cost-Benefit-Analyse: In: H. C. Recktenwald: Finanzpolitik. Köln, Berlin: Verl. Kiepenheuer & Witsch 1969.

[147] Trostmann, A., Daldrup, B.: Angewandte Nutzwertanalyse zur Auswahl eines CaQ-Systems. Qualität und Zuverlässigkeit, 36 (1991) 6, S. 359 - 363.

[148] VDI (Verein Deutscher Ingenieure): VDI-Richtlinie 3592, Kriterien und Methoden zum Vergleich von Stückgutlagern. (November 1978).

[148] Wagenhals, G., Ahlheim, M.: Exakte Wohlfahrtsmaßnahme in der Nutzen-Kosten-Analyse. Zeitschrift für Wirtschafts- und Sozialwissenschaften, Heft 2, 1988, S. 169 - 194.

[149] Walter, J.: Die Wertschätzung der Natur in der Kosten-Nutzen-Analyse. Internationales Verkehrswesen, Heft 2, 1989, S. 103 - 106.

[150] Walter, J.: Die Wertschätzung der Natur in der Kosten-Nutzen-Analyse. Internationales Verkehrswesen, Heft 2, 1989, S. 103 - 106.

[151] Wandersleb, M.: Zur Berücksichtigung von nicht oder nur schwer quantifizierbaren Einflußfaktoren bei der Investitionsentscheidung (am Beispiel des hydraulischen Feststofftranporters. Dissertation an der Julius-Maximilian-Universität Würzburg (1984).

[152] Weber, A.: Telekommunikation mit ISDN. Fortschrittliche Betriebsführung und Industrial Engineering, Heft 6, 1990, S. 288 - 295.

[153] Wille, E.: Kosten-Nutzen-Aspekte in der Krankenhausdiagnostik. Zeitschrift für öffentliche und gemeinschaftliche Unternehmen, Heft 3, 1989, S. 329 - 345.

Heiko Mell
Karriereberatung Band 8
1992. 281 Seiten. DIN A5. Broschur.
DM 35,00/31,50* (unverbindl. Preisempfehlung)
ISBN 3-18-401240-9
Die Bände 6 und 7 der „Karriereberatung" sind noch lieferbar)

Dieter Audehm/Ulrich Nikol
Bewerbungstechnik
3. Auflage 1991. 160 Seiten. DIN A5. Broschur.
DM 30,00/27,00* (unverbindl. Preisempfehlung)
ISBN 3-18-401080-5

Heiko Mell
Bewerben – Beruf – Karriere
1990. 124 Seiten. DIN A5. Broschur.
DM 25,00/22,50* (unverbindl. Preisempfehlung)
ISBN 3-18-400943-2

Lothar J. Seiwert
(unter Mitarbeit von Winfried U. Graichen)
Das 1 x 1 des Zeitmanagement
1989. 96 Seiten. DIN A5. Broschur.
DM 20,00/18,00* (unverbindl. Preisempfehlung)
ISBN 3-18-400919-X

Ingenieure im Europäischen Management
Karrieren von Ingenieuren im Topmanagement von Europäischen Industrieunternehmen.
1991. VII, 186 S., 51 Abb., 16 Tab. DIN A5. Broschur.
DM 48,00/43,20* (unverbindliche Preisempfehlung)
ISBN 3-18-401127-5

Ingenieure in Europa
Ausbildung – Einkommen – Tätigkeit.
1991. VI, 104 S., 2 Abb., 26 Tab. DIN A5. Broschur.
DM 30,00/27,00* (unverbindliche Preisempfehlung)
ISBN 3-18-401162-3

Franz Käppeler
Leitfaden für Existenzgründer
1991. 301 Seiten. DIN A5. Broschur.
DM 35,00/31,50* (unverbindl. Preisempfehlung)
ISBN 3-18-401096-1

Albert Thiele
Überzeugend präsentieren
Präsentationstechnik für Fach- und Führungskräfte.
1991. V, 112 S., 22 Abb. DIN A5. Broschur.
DM 20,00/18,00* (unverbindliche Preisempfehlung)
ISBN 3-18-401048-1

Im Frühjahr 1993 erscheinen:

Einkommensanalyse 1992
Ingenieurgehälter in Deutschland.
1993. Ca. 100 S., 50 Abb., 10 Tab. DIN A5. Broschur.
Ca. DM 30,00/27,00*
(unverbindliche Preisempfehlung)
ISBN 3-18-401223-9

Dieter Audehm u. a.
Marketing praxisnah für Ingenieure
1993. Ca. 190 Seiten. DIN A5. Broschur.
Ca. DM 30,00/27,00* (unverbindl. Preisempfehlung)
ISBN 3-18-400962-9

Dieter Audehm
Kreativitätstechniken
1993. Ca. 240 Seiten. DIN A5. Broschur.
Ca. DM 35,00/31,50* (unverbindl. Preisempfehlung)
ISBN 3-18-400973-4

VDI VERLAG, Vertriebsleitung
Postfach 10 10 54, 4000 Düsseldorf 1
Tel. (02 11) 61 88-0, Fax (02 11) 61 88-133

*Preis für VDI-Mitglieder, auch im Buchhandel

FRANZ KÄPPELER
LEITFADEN FÜR EXISTENZGRÜNDER
WAS INGENIEURE WISSEN MÜSSEN

Speziell für junge Ingenieure, die sich selbständig machen wollen, werden alle wesentlichen sachlichen, finanziellen und rechtlichen Punkte vorgestellt und erläutert, die bei einer Existenzgründung unbedingt beachtet werden müssen. Der Inhalt basiert auf dem neuesten Wissensstand und wird durch viele Checklisten nutzbar genmacht.

1991. 293 S., 10 Abb.,
8 Tab., DIN A 5, Broschur.
DM 35,–/31,50*
ISBN 3-18-401096-1

DIETER AUDEHM
SYSTEMATIK DER IDEENFINDUNG
KREATIVITÄT BEI ENTWICKLUNG VON PRODUKTEN UND DIENSTLEISTUNGEN

Kreative Denkprozesse folgen ganz bestimmten, heute bekannten Bahnen. Diese können bewußt provoziert und initiiert werden. Das Buch beschreibt die nutzbaren Wege und Systematiken der bewußten und vorsätzlichen Ideenfindung und ist damit eine unentbehrliche Hilfe bei der Lösung schwieriger Probleme.

1992. Ca. 240 S., ca. 15 Abb.,
ca. 6 Tab., DIN A 5, Broschur.
DM 35,–/31,50*
ISBN 3-18-400973-4

WALTER SCHMIDT
WIE FÜHRE ICH RICHTIG?
PERSONALFÜHRUNG MIT AUTORITÄT

Es wird die Notwendigkeit der Autorität in der Personalführung beschrieben und aufgezeigt, wie diese Autorität im positiven Sinn zum Vorteil von Unternehmen, Vorgesetzten und Mitarbeitern in humaner Weise ausgeübt werden kann. Viele Checklisten führen den Vorgesetzten zu richtigem Verhalten.

1990. 160 S., DIN A 5, Broschur.
DM 30,–/27,–*
ISBN 3-18-400957-2

EDGAR BRODTMANN/
THILO BRODTMANN
ERFOLGREICHE BETRIEBS- UND UNTERNEHMENSFÜHRUNG
EIN LEITFADEN FÜR DIE PRAXIS

Eine verständliche Darstellung zum Problemkreis „Moderne Führungstechniken im Betrieb".

4. erw. Auflage 1990. 247 S., 29 Abb.,
DIN A 5, Broschur.
DM 30,–/27,–*
ISBN 3-18-400956-4

* Preis für VDI-Mitglieder, auch im Buchhandel

VDI VERLAG
Vertriebsleitung
Postfach 10 10 54, 4000 Düsseldorf 1

Printed in Germany
by Amazon Distribution
GmbH, Leipzig